四川师范大学学术专著出版基金资助

2022年四川省哲学社会科学规划一般项目（SC22B076）成果

2024年成都市哲学社会科学规划项目（2024CZ172）成果

# 新时代民营经济高质量发展的
## 评价体系构建与实践探索
### —— 以四川民营经济为例 ——

方译翎　唐承林◎著

THE EVALUATION SYSTEM CONSTRUCTION AND
PRACTICAL EXPLORATION FOR
THE HIGH-QUALITY DEVELOPMENT OF
THE PRIVATE ECONOMY IN THE NEW ERA:
A CASE STUDY OF SICHUAN'S PRIVATE ECONOMY

经济管理出版社
ECONOMY & MANAGEMENT PUBLISHING HOUSE

**图书在版编目（CIP）数据**

新时代民营经济高质量发展的评价体系构建与实践探索 ：以四川民营经济为例 / 方译翎，唐承林著 .
北京 ：经济管理出版社，2025. 8. -- ISBN 978-7-5243-0325-1

Ⅰ．F127. 71

中国国家版本馆 CIP 数据核字第 2025ED5710 号

组稿编辑：郭丽娟
责任编辑：郭丽娟
责任印制：许　艳
责任校对：王淑卿

出版发行：经济管理出版社
　　　　　（北京市海淀区北蜂窝 8 号中雅大厦 A 座 11 层　　100038）
网　　　址：www. E-mp. com. cn
电　　　话：（010）51915602
印　　　刷：唐山玺诚印务有限公司
经　　　销：新华书店
开　　　本：720mm × 1000mm/16
印　　　张：12. 25
字　　　数：247 千字
版　　　次：2025 年 9 月第 1 版　　2025 年 9 月第 1 次印刷
书　　　号：ISBN 978-7-5243-0325-1
定　　　价：88. 00 元

# 前　言

　　党的十八大以来，在习近平新时代中国特色社会主义思想科学指引下，民营经济持续发展壮大，已经成为高质量发展的重要基础和推动我国全面建成社会主义现代化强国、实现第二个百年奋斗目标的重要力量。在新征程上，续写中国式现代化发展的新篇章，需要进一步鼓励和支持民营经济和民营企业发展壮大、激发民营经济发展活力与动力。推进民营经济的持续、健康和高质量发展研究，既是对现实焦点问题、深层理论问题的关注，又是对民营企业健康发展和民营企业家健康成长以及建设现代化经济体系的智力支持。

　　本书聚焦民营经济"两个健康"、高质量发展等理论内涵，并基于成渝地区双城经济圈建设战略背景，精准剖析四川民营企业高质量发展态势和企业家健康成长状态，科学、全面构建民营经济高质量发展的评价体系，探索四川民营经济高质量发展的培育路径及策略，为中国民营经济的高质量发展提供一定的理论参考。本书具体研究内容如下：

　　（1）研究了我国民营经济健康高质量发展的背景和意义。本书从经济社会高质量发展、成渝地区双城经济圈建设、民营经济"两个健康"的角度，提出了民营经济健康高质量发展的时代背景和巨大意义，指出推动民营经济健康高质量发展是我国经济高质量发展的必然选择。

　　（2）研究了民营经济高质量发展的内涵和特征。本书通过文献梳理回顾民营经济政策发展与制度变迁，在界定高质量发展概念的基础上，探讨民营经济高质量发展的内涵及特征。本书认为民营经济高质量发展是贯彻新发展理念的根本体现，是建设现代化经济体系的必由之路，是发展新质生产力的必然要求。

　　（3）研究了四川民营经济高质量发展的重要背景——成渝地区双城经济圈建设国家战略的实施。本书探讨了成渝地区双城经济圈建设这一国家战略的重大意义，结合成渝地区这一经济区域的战略定位，阐述了成渝经济圈的决策部署及战略演进，解读成渝地区双城经济圈的概念和内涵，并在产业互联、数字基建驱动下，以及"一干多支、五区协同"战略方针下，探索双城经济圈的核心动能、空间结构及推进政策。

（4）研究了新时代四川民营经济健康高质量发展现状。本书在梳理国家层面和四川省促进民营经济发展的政策性支持的基础上，分析近年来四川民营经济高质量发展态势，总结四川民营企业发展和企业家成长的现实状况，分析四川民营经济高质量发展面临的时代契机和挑战。

（5）构建了民营经济健康高质量发展评价体系并开展落地评价。本书从民营经济健康高质量发展时代背景与内涵出发，探讨民营经济健康高质量发展评价体系构建原则和编制思路。构建民营企业健康发展和民营企业家健康成长的"两个健康"评价体系，结合民营经济"两个健康"的高质量发展原则，定量构建多层级评价指标体系。以成都市新津区为例对四川民营企业健康发展进行评价，以四川省乐山市为例对四川民营企业家健康成长进行评价，分析民营企业健康高质量发展的主要短板以及影响民营企业健康高质量发展的相关因素，并探讨了民营企业家健康成长环境和自身综合能力培养。

（6）探索了四川民营经济健康高质量发展实践。本书在分析浙江省温州市民营经济"两个健康"高质量发展案例的基础上，借鉴沿海地区民营企业在机制创新、环境治理以及产业集聚等方面的发展成果，对四川新津、乐山以及成渝地区双城经济圈万达开地区等区域民营经济高质量发展模式展开较为全面的分析。结合四川民营经济发展实际，以典型案例的方式，从民营企业健康发展和民营企业家健康成长两个方面探讨四川民营经济健康高质量发展情况，解读民营企业和企业家在数字化赋能、绿色低碳发展、乡村振兴助力、社会责任承担、"一带一路"建设等方面的做法。

（7）提出了新时代民营经济健康高质量发展的对策建议。本书以四川部分民营企业与企业家为样本，结合成渝经济圈战略，通过调研走访、专家研讨与实地访谈，针对不同企业梯队，分析民营经济高质量发展的指导思想、原则和目标，分析四川民营企业高质量发展和民营企业家健康成长的主要路径。基于高质量发展的评价指标，构建成渝经济圈建设背景下动态培育机制。结合四川民营经济营商环境，提出政策、组织、要素和监督等方面的保障举措。

# 目　录

# 第一章 绪论

## 第一节 研究背景

### 一、推动民营经济健康高质量发展是我国经济高质量发展的必然选择

近年来，我国经济已逐渐由高速增长向高质量发展阶段转变。实现高质量发展是中国式现代化的本质要求，也是全面建设社会主义现代化国家的首要任务[①]。经济的高质量发展，标志着中国特色社会主义经济迈入新时代的核心特征，其蕴含的意义深远、内容丰富，展现出鲜明的特性及广泛的涵盖面。这一进程深切关联着新时代我国经济社会发展的全方位，是一项既系统又复杂的长期性工作，挑战与机遇并存。

2017 年 12 月，习近平总书记在中央经济工作会议上提出，推动高质量发展是当前和今后一个时期确定发展思路、制定经济政策、实施宏观调控的根本要求。为响应这一核心要求，我们必须紧跟新时代的步伐，瞄准新的发展目标，切实执行新的战略规划，以确保经济的高质量发展为全面建成小康社会，进而全面建设社会主义现代化强国打下牢固的物质根基[②]。

民营经济是高质量发展的重要基础，也是推进中国式现代化的生力军，是推动我国全面建成社会主义现代化强国、实现第二个百年奋斗目标的重要力量[③]。民营经济在稳增长、促创新、增就业和改民生方面作用显著，是产业转型的重要动力源泉，也是中国式现代化的重要力量。改革开放以来，我国民营经济总体规模快速增长，提供了"56789"的重大贡献，即 50% 以上的税收，60% 以上的国内生产总值，70% 以上的技术创新成果，80% 以上的城镇劳动就业和 90% 以上的企业数量[④]。截至 2024 年 5 月底，全国实有民营经济主体总量达 18045 万户，

---

① 张占斌，毕照卿. 经济高质量发展 [J]. 经济研究，2022, 57 (4)：21-32.
② 郑文涛. 用好推动高质量发展的辩证法 [N]. 经济日报，2018-07-12.
③ 周文，白佶. 民营经济发展与中国式现代化 [J]. 社会科学研究，2023 (6)：1-11.
④ 王磊. 推动民营经济高质量发展的制度创新研究 [D]. 北京：中国社会科学院研究生院博士学位论文，2019.

占全部经营主体的 96.4%①。

民营经济作为中国经济的重要组成部分以及市场的主要参与者，其发展不能脱离中国经济迈向高质量发展的时代背景及其内在的必然要求。当前，中国民营经济进入转型升级的关键时期，也面临技术创新、品牌提升和国际化的挑战与机遇。推动民营经济高质量发展，走内涵创新道路是我国经济高质量发展的必然选择。

进入新时代，民营经济应当遵循经济高质量发展的核心理念与标准，坚持将质量放在首位，效率作为优先考量，致力于转变发展模式，优化内部结构，推动转型升级并强化创新驱动的发展战略。政府及社会各界需密切关注民营经济在发展过程中所面临的挑战，应制定并实施一系列切实有效的政策措施，以支持民营经济的成长。同时，要积极落实这些政策，加速构建和完善有利于民营经济发展的制度框架与商业环境，从而促进民营经济顺利迈向高质量发展之路（王磊，2019；侯冠宇，2024）。

**二、成渝地区双城经济圈建设为四川民营经济健康高质量发展提供战略机遇**

推动成渝地区双城经济圈建设是党中央着眼"两个大局"打造带动全国高质量发展重要增长极的战略决策。成渝地区双城经济圈建设是重大国家发展战略，是四川省在历史交汇期迎来的重大战略机遇，对于四川省加快在西部地区形成高质量发展的重要增长极、协同带动经济高质量发展起到重要作用。

2020 年 1 月 3 日，中央财经委员会第六次会议研究指出，推动成渝地区双城经济圈建设，在西部形成高质量发展的重要增长极。推动成渝地区双城经济圈建设，有利于在西部形成高质量发展的重要增长极，打造内陆开放战略高地，对于推动高质量发展具有重要意义。推进成渝地区统筹发展，要尊重客观规律，发挥比较优势，促进产业、人口及各类生产要素合理流动和高效集聚，强化重庆和成都的中心城市带动作用，使成渝地区成为具有全国影响力的重要经济中心、科技创新中心、改革开放新高地、高品质宜居地，助推西部乃至全国高质量发展②。

2021 年 10 月 20 日，中共中央、国务院印发《成渝地区双城经济圈建设规

---

① 资料来源：国家市场监督管理总局。
② 杨钢，李云.成渝地区双城经济圈中心城市知识密集型服务业与高技术制造业共生关系研究［J］.中国西部，2020（2）：24-35.

划纲要》，成为指导当前和今后成渝地区双城经济圈建设的纲领性文件。在此战略背景下，高质量发展民营经济既是推动地区经济增长的关键要求，又是响应全国经济发展方式转变的必然选择，更是实现经济"质的有效提升"和"量的合理增长"的应有之义。

在新时代、新理念、新经济的引领下，民营企业仍然面临转型升级、提质增效等挑战，部分民营企业家存在"不安全感""创新发展劲头不足""内生动力不够"等问题。因此，基于成渝地区双城经济圈建设的战略背景，评价四川民营经济高质量发展态势，研究其赋能新质生产力发展和推动供给侧结构性改革等的影响，对于推进区域民营经济的发展壮大，促进民营企业健康发展与民营企业家健康成长至关重要，对于更好地实现我国经济高质量发展、构建现代化经济体系具有重要的理论意义与实践价值。

### 三、新质生产力赋能民营经济高质量发展

2024 年 1 月，习近平总书记在中共中央政治局第十一次集体学习时指出，新质生产力是由技术革命性突破、生产要素创新性配置、产业深度转型升级而催生，以劳动者、劳动资料、劳动对象及其优化组合的跃升为基本内涵，以全要素生产率大幅提升为核心标志，特点是创新，关键在质优，本质是先进生产力。[①]

在过去四十余年的改革开放历程中，民营经济凭借敢闯敢干、资源禀赋及政策扶持等有利条件取得了显著成就。然而，随着其步入高质量发展阶段，原有的要素驱动模式正逐步向创新驱动转变，政策优势也逐渐被更为稳固的制度优势所替代。新阶段下，促进民营经济高质量发展需依赖科技创新、产业升级及制度支撑等新型驱动力，以培育新形态的生产力。新质生产力的核心要义是"以新促质"，关键特征是"以新发展理念为思想指引，以科技创新为根本驱动力，以产业培育为重要着力点"（徐政，2023）。新技术、新经济、新业态的涌现，为新质生产力蓄积增长点和激发优势，为高质量发展赋能。

生产力的发展不仅是社会主义建设成效的衡量标尺，也与科技创新和生产模式变革息息相关。当前，全球经济复苏面临诸多挑战，贸易保护主义与单边主义抬头，逆全球化趋势加剧，国际环境日益复杂。在此背景下，新质生产力凭借其独特优势，成为驱动民营经济高质量发展的新引擎。它以技术创新为核心，通过产业转型与核心技术突破，不断催生新经济、新业态，为民营经济注入新活力。

---

① 周文，叶蕾.新质生产力与数字经济［J］.浙江工商大学学报，2024（2）：17-28.

这种新型生产方式、科技和产业形态，正是我国经济转型的关键支撑①。

新质生产力的形成不仅提升了生产要素的质量，还催生了新型生产组织方式，促进了产业间的深度融合与协同发展。同时，它也是实现高质量发展的核心所在。高质量发展需要关键性、颠覆性的技术创新，而新质生产力正是基于这些创新，为民营经济提供了坚实的物质基础和技术支撑。这种新型生产力形态，不仅体现了新发展理念下民营经济竞争力的导向，更是构建现代化产业体系的强大动力。

在中国经济版图中，民营经济的占比持续上扬，已然成为支撑社会主义现代化强国建设的主要力量。其蓬勃发展的轨迹，不仅是中国经济崛起的生动写照，更是其从"粗放式增长"迈向"精细化深化"转型的深刻体现。在此过程中，民营企业勇立科技创新潮头，为新质生产力的孕育与壮大提供了强劲驱动力。

面对全球产业变革和技术革命的浪潮，各国都在加速发展先进生产力，以争夺国际竞争的领先地位。作为面向未来的先进生产力——新质生产力通过转换发展动力、提升发展质量，助力民营经济在国际合作与竞争中塑造新优势。这种新优势将使民营经济更加自信地应对挑战，实现从高速增长向高质量发展的转变。因此，必须高度重视新质生产力的培育与发展，通过强化科技创新、推动产业升级、优化资源配置等措施，不断提升其整体水平和竞争力。同时，要积极引导民营经济把握新质生产力的发展机遇，抢占先机，为推动我国经济高质量发展作出更大贡献。

### 四、"两个健康"建设是新形势下推动民营经济做优做强的关键

改革开放40多年也是民营经济风雨激荡、跌宕起伏的40多年。实践表明，"两个毫不动摇"和"两个健康"是中国经济增长奇迹的重要经验。要毫不动摇巩固和发展公有制经济，毫不动摇鼓励、支持、引导非公有制经济发展，促进和引导"非公有制经济的健康发展和非公有制经济人士的健康成长"。

事实上，早在2015年的中央统战工作会议上，习近平总书记就指出，非公有制经济的健康发展和非公有制经济人士的健康成长，不仅是重大经济问题，也是重大政治问题。要坚持团结、服务、引导、教育的方针，一手抓鼓励支持，一手抓教育引导。②

---

① 张晨雪，徐晓阳.新质生产力助力民营经济高质量发展的思路与路径[J].老字号品牌营销，2024（11）：73-75.

② 沈慎.以"两个健康"助力民营经济做优做强[N].贵州民族报，2018-10-19.

党的二十大以后，我国政府高度重视民营经济高质量发展，强调通过持续的制度供给和创新来持续激发民营企业的成长活力。当前，我国民营企业经济高质量发展成绩斐然，但高质量发展阶段中民营企业也面临着诸多问题，如企业生存和发展困难、产业结构不尽合理、资金筹措困难、账款欠账严重等，以及创新发展动能不强、诚信经营亟待提升等诸多挑战（周文和叶蕾，2024）。面对经济下行压力与外部环境恶化的双重挑战，众多中小微企业正遭遇生存困境。同时，部分民营企业正处于转型升级和向高质量发展迈进的紧要关头，这对民营经济的整体转型与升级提出了更为迫切的要求。唯有妥善应对这些难题，才能确保民营经济稳健前行，为社会与民众带来福祉。

因此，有效促进民营经济健康高质量高水平发展走深走实、再上台阶，有效提升民营企业家的发展信心和乐观预期，成为当前中国式现代化进程的当务之急。在成渝地区双城经济圈国家战略背景下，探讨基于四川民营经济健康高质量发展的主要态势与困境挑战，结合民营经济"两个健康"（企业健康发展和企业家健康成长），探究如何科学、合理地构建民营经济高质量发展的评价体系，深入研究先发地区和四川本土民营经济发展及民营经济人士成长的实践案例，有针对性地提出推动民营经济壮大发展的对策建议显得尤为必要。

# 第二节　研究目标与意义

## 一、研究目标

本书研究的主要目标是基于成渝地区双城经济圈建设的国家战略背景，精准剖析四川民营企业的发展态势和企业家的发展状态，科学、全面地构建四川民营经济高质量发展的评价体系，探索民营经济高质量发展的主要培育路径及策略。

其分目标主要包括：①开发契合四川区域的民营企业健康高质量发展的指标量表，运用量表对四川乐山和成都新津区"两个健康"开展落地评价，揭示成渝地区民营经济高质量发展的提升机制。②深化城市一体化、产业群以及企业高质量发展等主要理论，为民营经济的产业生态圈、民营企业战略理论等进行补充和完善。③结合理论分析和经验借鉴，明确成渝地区双城经济圈建设中的企业高质量发展方面的重要举措，为川渝地区民营企业协同共生、互利合作提供重要思路，为地方企业家提振发展信心和发展预期，为地方政府出台民营经济发展政策提供一定的参考依据。

## 二、研究意义

本书旨在成渝地区双城经济圈建设的国家战略背景下，为地方政府制定关于促进壮大民营经济的政策措施提供参考借鉴，为川渝地区民营企业互利共生、抱团发展提供时效性策略，在学术上与实践上都有重要和深远的意义。

（一）理论意义

本书研究的学术价值体现在构建指标评价体系、案例分析借鉴、探究机制路径三个方面。

1. 构建民营经济健康高质量发展评价体系

本书针对民营企业经济效益、产业结构、融资状况、人才培养等问题，基于学术界有关民营经济、民营企业健康发展等基础理论，从党建引领、经济贡献、产业升级、创新驱动、营商环境、社会责任方面构建民营企业高质量发展的评价体系，为民营经济"两个健康"评价体系设计和具体评价研究的内容提供理论铺垫。

2. 借鉴典型案例探讨民营经济健康高质量发展模式

温州是中国改革开放的先行地区和民营经济的主要发源地之一，在新时期出台并确立了温州"两个健康"标准，创造了令世界瞩目的"温州模式"。本书通过分析和借鉴温州民营经济发展，拓展了其评价标准在民营经济领域的地方运用。本书深度剖析民营企业与企业家现状并提出指导方向，同时以四川新津、乐山等地的民营经济"两个健康"评价为案例，深入分析代表性企业和企业家样本，努力探索民营经济高质量发展的"四川模式"。

3. 探索民营经济健康高质量发展的路径策略

本书深入挖掘四川省民营企业高质量发展具体机理和途径，找出制约中国民营企业成长的症结机理，并对民营企业成长提出相关政策建议，以期推动中国民营企业可持续发展和提高中国企业国际竞争力。

（二）实践价值

本书提出民营经济健康高质量发展的适宜路径与模式，旨在助推民营企业高质量发展，提升民营企业家成长动力，进一步解决民营经济"两个健康"的难题，从而促进民营经济发展壮大以及高质量发展。

1. 服务于国家经济战略转型的重大需求

中国经济从高速增长过渡到高质量增长阶段，国内外环境正在发生深刻变化。在这一背景下，民营经济发展面临诸多挑战，如结构升级、动力转换等，民营企业家面临发展信心不足等问题。充分研究民营经济健康高质量发展的路径，是服务于国家经济战略转型的重大需求，也是我国经济高质量发展的必由之路。

2. 为我国民营企业健康高质量发展和企业家健康成长提供思路指引和方法参考

本书在案例应用分析时，重点对案例企业的主体信息、创新发展、相对优势，以及企业家成功创业和经营管理进行深度剖析，为四川乃至全国民营经济持续、健康和高质量发展战略的选择提供路径方向。本书通过理论研究、实地调研、专家讨论等方法构建完善的高质量发展评价体系，具有较强的实践价值。

3. 基于先发地区民营经济启示务实探究本土举措

本书从新时代民营经济高质量发展的政策变迁与制度诉求入手，借鉴和总结先发地区的实践经验，并深度探究四川民营经济发展的路线和应对方案，进而提出构建新时代推进民营经济健康高质量发展的政策支持体系，从而更好地服务于地方政府的宏观决策。

# 第三节　研究的主要内容

本书以"问题提炼—理论探索—实践应用—对策建议"为研究主线，基于四川"十四五"规划战略部署，探索成渝地区双城经济圈建设背景下四川民营经济高质量发展的路径，为川渝民营企业健康发展和民营企业家健康成长提供参考思路，为促进经济发展和社会稳定提供一定借鉴。

本书的基本框架和内容结构如下：第一部分是理论研究相关内容，包括第一章、第二章、第三章，重点阐述民营经济健康高质量发展理论基础、时代背景。第二部分为落地评价内容，包括第四章、第五章，重点分析四川民营经济健康高质量发展态势，落地评价四川典型区县民营经济"两个健康"情况。第三部分为实践案例探讨，第六章主要通过案例的形式探索四川民营经济健康高质量发展的企业与企业家实践。第四部分为对策建议和全书总结，主要为第七章和第八章的内容，基于前面章节的分析，为新时代民营经济健康高质量发展提出对策建议并对本书予以总结展望。

第一章为绪论。说明本书研究的背景、目标、意义、内容和方法。本章从经济社会高质量发展、成渝地区双城经济圈建设、民营经济"两个健康"的角度，提出了民营经济健康高质量发展的时代背景和巨大意义，指出推动民营经济健康高质量发展是我国经济高质量发展的必然选择。

第二章为新时代民营经济健康高质量发展的理论研究。本章介绍民营经济和民营企业的概念，通过文献梳理回顾民营经济政策发展与制度变迁，在界定高质量发展概念的基础上，探讨民营经济高质量发展的内涵及特征。本书认为民营经济高质量发展是贯彻新发展理念的根本体现，是我国建设现代化经济体系的必由之路，是发展新质生产力的必然要求。本章还研究了民营经济"两个健康"的相关研究成果，包括理论内涵、时代背景等。

第三章为四川民营经济高质量发展背景——成渝地区双城经济圈建设国家战略。本章从成渝地区双城经济圈建设的时代背景出发，探讨成渝地区双城经济圈建设这一国家战略的重大意义。结合成渝地区这一经济区域的战略定位，本章主要阐述成渝经济圈的决策部署及战略演进，解读成渝地区双城经济圈的概念和内涵，并在产业互联、数字基建驱动下，以及"一干多支、五区协同"战略方针下，探索双城经济圈的核心动能、空间结构及推进政策。

第四章为新时代四川民营经济健康高质量发展现状。本章在梳理国家层面和四川省促进民营经济发展的政策性支持的基础上，分析近年来四川民营经济高质量发展态势，总结四川民营企业发展和企业家成长的主要困境，分析四川民营经济高质量发展面临的时代契机和挑战。

第五章为民营经济健康高质量发展评价。通过构建民营经济健康高质量发展评价体系并开展落地评价。本章从民营经济健康高质量发展时代背景与内涵出发，探讨民营经济健康高质量发展评价体系构建原则和编制思路。构建民营企业健康发展和民营企业家健康成长的"两个健康"评价体系，结合民营经济"两个健康"的高质量发展原则，构建多层级评价指标体系。基于样本问卷调查开发测量量表，通过层次分析法（AHP）构建评价体系，利用专家评分赋予指标权重建立层次结构模型，从而考察企业可持续发展能力和企业家健康成长的能力。同时，以成都市新津区为例对四川民营企业健康发展进行评价，以四川省乐山市为例对四川民营企业家健康成长进行评价，分析民营企业健康高质量发展的主要短板以及影响民营企业健康高质量发展的相关因素，并探讨了民营企业家健康成长环境和自身综合能力培养。

第六章为四川民营经济健康高质量发展的实践探索。本章在分析浙江省温州市民营经济"两个健康"高质量发展案例的基础上，借鉴先发地区民营企业在机制创新、环境治理以及产业集聚等方面的发展成果，对四川新津、乐山、成渝地区双城经济圈万达开地区等区域民营经济高质量发展模式展开较为全面的探讨。本章还结合四川民营经济的发展实际，以典型案例的方式，从民营企业健康发展和民营企业家健康成长两个方面探讨四川民营经济健康高质量发展情况，解读民营企业和民营企业家在数字化赋能、绿色低碳发展、乡村振兴助力、社会责任承担、"一带一路"建设等方面的做法，为推进四川民营经济高质量发展提供应用参考。

第七章为新时代民营经济健康高质量发展的对策建议。首先，本章以四川部分民营企业与民营企业家为样本，通过实地调研、专家研讨与深度访谈，针对不同企业的规模和企业家梯队，分析民营经济高质量发展的指导思想、原则目标。其次，分析四川民营企业高质量发展和民营企业家健康成长的主要路径。基于高质量发展的评价指标，构建成渝经济圈建设背景下动态培育机制。最后，结合四川民营经济的营商环境，提出政策、组织、要素和监督等方面的保障举措。

第八章为研究结语。在总结全书的基础上，提炼当前研究存在的主要不足，并展望未来民营经济健康高质量发展方向与趋势，从而更好地为中国民营经济高质量发展和"两个健康"建设提供理论参考与经验启示。

# 第四节　研究方法与创新

本书以成渝地区双城经济圈建设国家战略为背景，以四川民营经济健康高质量发展为出发点，以民营经济"两个健康"评价体系和落地评价为支撑点，分析民营经济健康高质量发展的基本内涵、发展现状与发展趋势，探究四川民营经济高质量发展态势以及健康指标体系的构建，从而进一步聚焦民营企业健康发展的高质量路径，以及企业家健康成长的培育策略。

## 一、研究方法

1. 文献计量法

收集、筛选、整理现有的关于成渝经济圈发展、民营经济"两个健康"、经济高质量发展等相关文献，并形成科学认识。采用 Cite Space 等软件挖掘有关民营企业竞争力发展、企业家健康成长的研究现状及发展趋势。

2. 层次分析法

本书通过专家评分法、层次分析法构建健康评价模型。层次分析法（Analytic Hierarchy Process）是将与决策有关的元素分解成目标、准则、方案等层次，在此基础上进行定性和定量分析的决策方法。在评价指标基础上，本书建立层次结构模型，构造判断矩阵，进行层次单排序及其一致性检验。

3. 扎根编码与访谈调研法

选取行业代表性民营企业，将扎根理论与实地走访、深度访谈相结合，并进行开放编码、主轴编码与选择性编码，科学提取企业发展的主要问题与对策。

4. 政策评价与分析法

结合行业专家、学者的理论探讨，评价和优化现有的战略政策体系，对接关于成渝地区双城经济圈建设国家战略，以及新质生产力发展背景下民营企业转型升级等理论框架，并对比分析不同区域政策的有效性差异。

5. 问卷调查法

问卷调查法是社会调查中较为广泛使用的统计和调查方法，主要以设问的方式表述问题，设计要求规范化并可计量。本书通过发放上百份问卷以收集多位专家学者、企业家和政府相关部门领导的意见，为四川民营经济构建高质量发展的指标体系提供样本支撑。

6. 案例分析法

案例分析法是对有代表性的现象进行周密、深入的研究，从而获得总体认识的一种科学分析方法。本书以四川部分民营企业和民营企业家为代表性案例，通过一二手数据收集、资料分析、撰写案例报告等，对当前民营经济的现状、成绩与问题等进行提炼和总结，旨在为新时代民营经济高质量发展提供案例样本和经验支持。

## 二、主要创新点

1. 学术思想方面的创新

已有研究主要从宏观角度探索高质量发展，对企业微观视角的涉及较少。本书既探究了企业高质量发展内涵、逻辑等相关理论，又坚持与四川民营企业实践相结合。本书通过 6 个一级指标、26 个二级指标、77 个三级指标开发了民营企业高质量发展量表，构建了 6 个一级指标、23 个二级指标组成的民营企业家健康评价体系，在一定程度上丰富了区域民营经济高质量发展的测度与优化路径研究。

2. 学术观点方面的创新

针对现有研究缺乏对民营企业高质量测度和实践探索，本书基于四川民营企业发展现状，探究出在成渝地区双城经济圈建设过程中，四川民营经济应以"保市场主体稳增长"为主线，紧抓数字化转型契机和"瞄准重点领域、激发改革活力"等健康、高质量发展思路。

3. 研究方法方面的创新

本书使用扎根理论定性研究四川民营企业案例，特别是针对百强头部企业、"专精特新"中小企业的样本进行分析。同时，结合层次分析法和熵值法定量构建高质量发展指标体系，并通过政策评估、案例分析等综合方法，探索四川民营经济高质量评价体系、构建原则以及发展策略。

# 第二章 新时代民营经济健康高质量发展的理论研究

## 第一节 民营经济与民营企业的基本概念

### 一、民营经济

民营经济这一术语在 20 世纪 90 年代中期被首次提出，国内学者对其在概念、范畴、制约因素、路径建议等方面进行了探究。

针对民营经济一词的概念界定与范畴划分，学术界存在分歧，不同学者对此持有不同观点，尚未对民营经济形成统一、权威的界定。目前关于民营经济的概念界定主要分成以下三大类：第一类是从生产资料所有制这一角度出发，用非公有制经济来代表民营经济[①]。民营经济的范围既包括个体工商户和私营企业两大主体，又包括外资、合资和集体所有制以及股份公司内个人股份等多种经济形式[②]。第二类是从经营者角度定义民营经济。这类学者认为民营经济并非属于所有制概念，只要经营主体包含"民"，则均应该纳入民营经济的范畴。董辅祁[③]、木志荣[④] 等均是这类观点的代表学者。第三类是从所有制性质与经营主体等多个角度加以界定。这类学者认为民营经济是一种多元化的经济形态，它涵盖了国有经济、私营经济、港澳台资企业以及外资企业等多种所有制，为社会发展提供了多元化的支撑。例如，秦海林则认为民营经济的内涵不能仅从某一角度去理解，其范围涵盖了大部分公有制经济和全部非公有制经济[⑤]。

① 黄文夫 . 走向 21 世纪的中国民营经济 [J]. 管理世界，1999（6）：135–143.
② 茅于轼，张玉仁 . 中国民营经济发展与前景 [J]. 国家行政学院学报，2001（6）：43–49.
③ 董辅祁 . 市场经济漫笔 [M]. 南宁：广西人民出版社，1999：23.
④ 木志荣 . 对民营经济概念的修正 [J]. 云南财贸学院学报，2002（5）：81–85.
⑤ 秦海林 . 中国民营经济发展模式研究：一个制度理论的解读 [D]. 长春：吉林大学博士学位论文，2007.

新中国成立以来，人们对民营经济地位和作用的认识越来越高。1997 年，国家实施了国有经济战略性调整，民营经济逐渐被允许进入，这给民营经济提供了更为广阔的空间。截至 2025 年 3 月底，全国登记在册的民营企业超过 5700 万户，占企业总量的 92.3%[①]，全国民营经济占 GDP 的比重超过了 60%，撑起了中国经济的"半壁江山"。

通过对四川民营经济发展历程进行总结梳理可以发现，四川民营经济实现了由小到大、由弱变强的转变，逐渐发展成为四川省的重要经济组成部分。王磊（2019）将四川民营经济的发展历程归纳为五个阶段：社会主义改造与限制发展阶段、探索发展阶段、加快发展阶段、快速发展阶段以及高质量发展阶段[②]。四川民营经济的主要成就在改革开放后表现得尤为显著。改革开放 40 多年来，四川民营经济产值由 1978 年的 6.36 亿元增长至 2018 年的 22868.4 亿元，GDP 占比由 3.4% 上涨至 56.2%，规模实力显著提升；四川民营经济对 GDP 增长贡献率在 2018 年已高达 57.1%，不仅成为吸收就业的最大主体，也贡献了四川国税收入的 67%，综合贡献日益增加；民营企业投资实现由传统行业向高新技术和现代服务业方面发展，继续打破行业垄断和拓展经营领域。因此，民营经济已成为主要创业就业领域和国家税收主要来源，是推动我国经济发展不可或缺的力量。

## 二、民营企业

我国民营企业发展历程艰难，走过了一条从肯定到否定再到认可的曲折道路。从改革开放到 20 世纪 80 年代末这一阶段，民营企业得到了初步发展，并于 1988 年在《中华人民共和国宪法》中规定私营经济是社会主义市场经济的重要组成部分，从根本上奠定了私营经济在中国经济发展中的正当性。1992 年邓小平南方谈话提出"三个有利于"标准，加之相关政策与法律的颁布让民营企业免去后顾之忧，使其再度处于恢复发展状态，并在之后迎来第一个发展高潮。从 20 世纪 90 年代末至今，民营企业处于迅速发展阶段。

当前学术界对民营企业基本概念缺乏统一的界定，对此具有代表性的观点主要分成以下三种：第一种观点是从重视经营特征出发来剖析民营企业，即所有制问题并不在民营企业范畴之内，而是与企业形式有关，它将民营企业定义为个体、私营企业、自然人以及私营企业控股或由其运营的各种组织形式的企业[③]。第二种观点则把民营企业视为所有制企业范围以外的企业，即把民营企业和私营

---

① 资料来源：新浪财经，https://finance.sina.com.cn/jjxw/2025-04-22/doc-inetyazq1561156.shtml。

② 王磊. 新中国 70 年四川省民营经济发展历程及经验启示 [J].邓小平研究，2019（4）：80-90.

③ 何芳英. 发展民营经济需拓宽民营企业的融资渠道 [J].企业技术开发，2004（6）：53-54.

企业在概念上画等号，并建议把民营企业作为相对于国有企业的一种类型。第三种观点将民营企业定义为非国有经营的资产经营方式与所有制形式的企业统称，即以民间资产为资本的企业均可统称为民营企业，包括有限责任公司、股份有限公司、个人独资企业等。此外，依据民营企业概念范围，学术界也存在三派观点，分别为宽派观点、中派观点和窄派观点，这三派观点分别将民营企业定义为国有经济以外的经济、非官营经济以及非公有制经济。

伴随着市场经济的深入发展，民营企业在国家经济发展过程中逐步凸显出它的重要性，2012 年民营经济占 GDP 的比重上升到 60% 以上。与 1980 年 22% 的比重相比，民营企业在国民经济中所占的分量得到了充分的论证。同时，民营企业成本较低，劳动密集程度高，对社会剩余劳动力有较强的吸纳能力，能在较大范围内解决社会人员就业问题。

此外，民营企业的发展能够为农业产业结构的优化提供坚实的基础，让大量农村劳动力往农产品增值产业流动，有助于农业产业结构的调整与优化。因此，民营企业的兴起与发展极大地促进了我国经济的高质量发展，在国民经济发展中扮演极其重要的角色，在稳定就业、维护社会稳定、促进产业结构升级等方面发挥着巨大的作用。

## 第二节　民营经济政策及制度变迁

新中国成立以来的经济史亦是一部国有经济改革与民营经济发展的起伏演进史，民营经济在计划经济体制向市场经济体制转轨过程中脱胎而生并成长壮大。事实上，"民营经济"概念蕴含着中国社会主义市场经济的思想指向和改革路径（郭朝先和李成禅，2019），经历了从艰难探索到稳步前行等发展阶段。

### 一、民营经济的艰难探索期（1978—1992 年）

改革开放初期，为解决回城知青、待业青年的就业压力，我国开始探索允许个体户发展。在党的十一届三中全会前召开的中央工作会议闭幕会上邓小平讲道，要允许一部分地区、一部分企业、一部分工人农民，由于辛勤努力成绩大而收入先多一些，生活先好起来。[①] 1979 年后，国家开始逐步肯定个体工商户的有

---

① 辛向阳.改变中国：二十年的二十个决策——邓小平的决策活动与当代中国的飞跃发展 [J].中国特色社会主义研究，1998（4）：20-24.

利作用，并允许其登记注册。1981年党的十一届六中全会审议通过的《关于建国以来党的若干历史问题的决议》，就个体经济的发展问题指出，一定范围的劳动者个体经济是公有制经济的必要补充①，解决了个体经济的合法地位问题。1982年，党的十二大提出，鼓励劳动者个体经济在国家规定的范围内和工商行政管理下适当发展，作为公有制经济的必要的、有益的补充。② 1982年修订的《中华人民共和国宪法》进一步将城乡劳动者个体经济正式作为社会主义公有制经济的补充成分纳入体制之内。1984年党的十二届三中全会通过的《中共中央关于经济体制改革的决定》，鼓励为城乡个体经济的恢复和发展扫清障碍，提出应大力发展个体经济、私营经济。1987年国务院颁布《城乡个体工商户管理暂行条例》，为个体工商业的合法权益提供法律保护，个体经济在国民经济中的地位进一步得到确认。

在国家政策的支持下，我国城乡个体户得以较快发展。1987年，党的十三大进一步提出，私营经济一定程度的发展，有利于促进生产，活跃市场，扩大就业，更好地满足人民多方面的生活需求，是公有制经济必要的和有益的补充。1988年《宪法修正案》更是明确规定，"私营经济是社会主义公有制经济的补充。国家保护私营经济的合法权利和利益"，肯定了私营经济的合法性和在国民经济中的地位。1988年6月，国务院以"鼓励、引导私营企业健康发展，保障私营企业的合法权益，加强监督管理，繁荣社会主义有计划商品经济"为立法宗旨，颁布了《中华人民共和国私营企业暂行条例》，鼓励私营企业的健康发展，引导私人资本成为公有制经济的补充，放宽了对私营企业经营管理自主性的约束，初步形成了一套在弱化国家计划、强化自主经营基础上的引导私营经济健康发展的新模式和制度安排。随之展开的经济体制改革，更是为民营经济营造了良好的发展环境。党的十二大、十三大、十四大都针对我国所有制的结构改革提出了总体设想和战略部署，重新引入民营经济作为国民经济的补充成分的经济格局基本形成。

## 二、民营经济的竞相发展期（1993—2002年）③

1992年邓小平南方谈话后，党的十四大提出"建立社会主义市场经济体制"

---

① 姜力.新世纪10年新的社会阶层人士理论及实践的新发展［J］.吉林省社会主义学院学报，2010（3）：28-33.

② 王磊.推动民营经济高质量发展的制度创新研究［D］.北京：中国社会科学院研究生院博士学位论文，2019.

③② 王磊.新中国70年四川省民营经济发展历程及经验启示［J］.邓小平研究，2019（4）：80-90.

的目标,并将非公有制经济作为社会主义市场经济体系的重要主体来培育。党的十五大将"公有制为主体、多种所有制经济共同发展"确立为我国的基本经济制度,明确提出"非公有制经济是社会主义市场经济的重要组成部分",肯定了民营企业是社会主义市场经济主体的法律地位,为民营经济发展注入了巨大活力。四川省先后颁布了《四川省个体工商户条例》(1993 年)和《四川省私营企业条例》(1994 年),为民营经济发展提供了更细化的法制保障。此外,从 1997 年起,国家开始对国有经济进行战略性调整,逐步从一般竞争性行业中退出,并允许民营经济进入,也为民营经济发展提供了更广阔的空间。党的十五大做出了坚定不移地沿着党的十一届三中全会以来的正确路线前进的重要决策,赋予了民营经济的平等市场地位与公平公正的市场环境。党的十六大对非公有制经济在我国社会、经济领域的地位和作用予以了充分肯定,将改革过程中出现的民营企业从业者等社会阶层称为中国特色社会主义事业的建设者,并首次提出"两个毫不动摇"方针,民营经济获得了应有的合法地位,也为以后有关民营经济发展的政策机制奠定了坚实的理论基础。

### 三、民营经济的稳步前行期(2003—2012 年)[②]

党的十六大提出"必须毫不动摇地鼓励、支持和引导非公有制经济发展",党的十七大进一步明确"要坚持和完善公有制为主体、多种所有制经济共同发展的基本经济制度,坚持平等保护物权,形成各种所有制经济平等竞争、相互促进新格局"。党的十七大首次提出"两个平等"的思想,确定和强调了以公有制为主体、多种所有制经济共同发展的基本经济制度,营造民营经济与公有制经济平等竞争的环境,将发展和保障民营经济与发展和保障国有经济的重视程度提升到了同一层面。2005 年和 2010 年,国务院先后出台了"非公经济 36 条"和"新非公经济 36 条",全力支持民营经济发展。随着《中华人民共和国公司法》《中华人民共和国证券法》《物权法》等法律的多次修订及颁布,促进民营经济发展的政策、法律体系日益完善,市场环境逐步改善。同时,中国加入世界贸易组织、经济全球化的快速推进及信息技术革命的兴起等,也为民营经济发展提供了更广阔的空间和机遇。民营企业应紧抓政策红利,顺应中国加入 WTO、西部大开发等历史机遇,克服"5·12"汶川特大地震和国际金融危机的严重影响,展现出其特有的智慧与韧性,实现民营企业数量和规模上的持续增长。

### 四、中国特色社会主义新时代的民营经济(2013 年至今)

进入新时代,中共中央、国务院高度重视民营经济发展,多次强调坚持

"两个毫不动摇"，提出了"促进非公有制经济健康发展和非公有制经济人士健康成长"，明确了民营经济在国民经济中的重要地位，指明了民营经济改革创新发展的重点，引导它们逐步改变传统的发展模式，走高质量发展之路。党的十九大报告把"两个毫不动摇"写入新时代坚持和发展中国特色社会主义的基本方略，作为党和国家的大政方针政策进一步确认下来，提出要构建"亲""清"新型政商关系，促进非公有制经济健康发展和非公有制经济人士健康成长。全面实施市场准入和负面清单制度，清理废除妨碍统一市场和公平竞争的各种规定做法，支持民营企业发展，激发各类市场主体活力。2018 年 11 月，习近平总书记在主持召开的民营企业座谈会上指出："非公有制经济在我国经济社会发展中的地位和作用没有变，我们毫不动摇鼓励、支持、引导非公有制经济发展的方针政策没有变，我们致力于为非公有制经济发展营造良好环境和提供更多机会的方针政策没有变。"[①]这为民营经济在未来的高质量发展指明了方向，扫清了障碍。

四川省按照中央部署，先后出台了《支持民营经济发展十五条措施》（2014年）、《关于促进民营经济健康发展的意见》（2018 年）等一系列政策措施，全力优化营商环境、鼓励民间投资、助推民营企业转型升级，有效促进了四川省民营经济的高质量发展。

## 第三节　民营经济高质量发展的时代要求

改革开放 40 多年来，中国经济增长令世人瞩目。作为全球第二大经济体，我国 GDP 年均实际增长 9.5%，对世界经济增长贡献率超过 30%。但是，"唯 GDP 论"只注重数量、规模和速度。外延、粗放经济发展方式也让中国付出了沉重的代价，如效率低下、结构失衡、污染严重、差距拉大、发展不平衡不充分等问题，严重影响着经济持续健康发展，不利于社会主义现代化强国目标的顺利实现（王磊，2019；郭朝先，2019）。

党的十九大报告指出，中国特色社会主义进入新时代，我国社会主要矛盾已经转化为人民日益增长的美好生活需要和不平衡不充分的发展之间的矛盾。2018年的《政府工作报告》提出要求，坚持新发展理念，紧扣我国社会主要矛盾变

---

① 关邨.践行习近平经济思想，坚持"两个毫不动摇"——《习近平谈治国理政》学习笔记［J］.中关村，2022（8）：88-90.

化，按照高质量发展的要求，统筹推进"五位一体"总体布局和协调推进"四个全面"战略布局，坚持以供给侧结构性改革为主线，统筹推进稳增长、促改革、调结构、惠民生、防风险各项工作，大力推进改革开放，创新和完善宏观调控，推动质量变革、效率变革、动力变革，特别在打好防范化解重大风险、污染防治的攻坚战方面取得扎实进展，引导和稳定预期，加强和改善民生，促进经济社会持续健康发展。① 支持民营企业发展，坚持"两个毫不动摇"，坚持权利平等、机会平等、规则平等，全面落实支持非公有制经济发展的政策措施，认真解决民营企业反映的突出问题，坚决破除各种隐性壁垒。构建"亲""清"新型政商关系，健全企业家参与涉企政策制定机制。激发和保护企业家精神，壮大企业家队伍，增强企业家信心，让民营企业在市场经济浪潮中尽显身手。

在党的二十大报告中，高质量发展被提到了重要位置，强调"高质量发展是全面建设社会主义现代化国家的首要任务"，经济高质量发展取得新突破被列为未来五年首要目标和任务。这充分表明了在百年未有之大变局环境下，中国共产党坚持以高质量发展解决现阶段人民日益增长的美好生活需要和不平衡不充分的发展之间矛盾的决心，表明了坚持构建新发展格局和建设"中国式现代化"的坚定态度。

习近平总书记针对新时代的高质量发展提出了深入的论述，多次强调经济高质量发展的核心要求以及必须遵循的基本原则。党的十八大以来，党中央直面我国经济发展的深层次矛盾和问题，提出创新、协调、绿色、开放、发展的新发展理念。只有贯彻新发展理念才能增强发展动力，推动高质量发展。应该说，高质量发展就是能够很好满足人民日益增长的美好生活需要的发展，是体现新发展理念的发展，是创新成为第一动力、协调成为内生特点、绿色成为普遍形态、开放成为必由之路、共享成为根本目的的发展。② 当前，中国经济正处于从高速增长模式向高质量发展模式转型的攻坚阶段，必须坚持以创新为核心驱动力，注重增长的稳定性、环境的可持续性与全面发展的均衡性，推动经济在质量、效率和动力上的全面革新，从而不断实现经济的高质量发展。

同时，中央各部委颁布了相关政策以聚力增效推动高质量发展。国家发展改革委、工业和信息化部等部门通过供给侧改革、创新管理制度、制造业转型升级等方面推出相应政策内容（见表2–1）。浙江、江苏、四川等地方政府，结合自

---

① 尚正.中央经济工作会议指明2018年大方向 这些内容与你的投资密切相关 [J].中国外资，2018（1）：22–24.

② 余东华.制造业高质量发展的内涵、路径与动力机制 [J].产业经济评论，2020（1）：13–32.

身实际对高质量发展量化、细化，提出评价指标体系，以反映经济发展的"质"与"效"，力争以高质量发展宏观引导，促进区域经济协调发展。

表2-1 党的十九大以来关于"高质量发展"的相关重要政策文件

| 政策主题 | 主要文件 | 文号 | 与民营企业相关的解读 |
|---|---|---|---|
| 创新驱动 | 《中共中央 国务院关于完善促进消费体制机制进一步激发居民消费潜力的若干意见》（2018年9月） | — | 引导企业以市场需求为导向推动技术创新、产品创新、模式创新；扩大服务消费；强化消费信用 |
| | 《国务院关于同意深化服务贸易创新发展试点的批复》（2018年6月） | 国函〔2018〕79号 | 激发云服务、大数据营销、语言服务等服务贸易活力 |
| | 《国务院关于同意宁波、温州高新技术产业开发区建设国家自主创新示范区的批复》（2018年2月） | 国函〔2018〕13号 | 激发民营经济创新活力：民间资本投资创新创业、科技成果转化、科技金融结合、知识产权保护与运用、人才培养引进、区域协同和开放合作创新 |
| | 《国务院办公厅关于推进农业高新技术产业示范区建设发展的指导意见》（2018年1月） | 国办发〔2018〕4号 | 构建以企业为主体的创新体系，促进农业科技成果集成、转化培育农业高新技术企业和产业；农村一二三产业融合发展 |
| | 《关于推动民营企业创新发展的指导意见》（2018年5月） | 国科发资〔2018〕45号 | 推动民营企业提高科技创新能力，做优做强做大做实，支持民营企业建立高水平研发机构，发展产业技术创新战略联盟，推动"大众创业、万众创新"，激发全社会创造活力 |
| | 《企业技术创新能力提升行动方案（2022—2023年）》（2022年8月） | 国科发区〔2022〕220号 | 提升企业技术创新能力，支持企业前瞻布局基础前沿研究，促进中小企业成长为创新重要发源地，为民营企业提供更加公平公正的创新环境 |
| | 《关于加快场景创新以人工智能高水平应用促进经济高质量发展的指导意见》（2022年7月） | 国科发规〔2022〕199号 | 鼓励企业主导场景创新全过程，推动企业成为场景创意提出、场景设计开发、场景资源开放、场景应用示范的主体，特别是为中小企业推动场景项目建设提供资金支持 |
| 高质量发展 | 《国务院关于推动创新创业高质量发展打造"双创"升级版的意见》（2018年9月） | 国发〔2018〕32号 | 增强创业带动就业能力、增强科技创新能力、市场活力与社会创造力 |
| | 《国务院关于积极有效利用外资推动经济高质量发展若干措施的通知》（2018年6月） | 国发〔2018〕19号 | 投资环境、外商投资稳定增长、实现以高水平开放；促进经济高质量发展 |

续表

| 政策主题 | 主要文件 | 文号 | 与民营企业相关的解读 |
|---|---|---|---|
| 高质量发展 | 国务院办公厅关于印发《促进创业投资高质量发展的若干政策措施》的通知（2024年6月） | 国办发〔2024〕31号 | 促进创业投资高质量发展，支持创业投资做大做强，充分发挥创业投资支持科技创新的重要作用，按照市场化法治化原则引导创业投资稳定和加大对重点领域投入，强化企业创新主体地位，促进科技型企业成长，为培育发展新质生产力、实现高水平科技自立自强、塑造发展新动能新优势提供有力支撑 |
| | 《关于进一步支持专精特新中小企业高质量发展的通知》（2024年4月） | 财建〔2024〕148号 | 深入贯彻习近平总书记关于"激发涌现更多专精特新中小企业"的重要指示精神，通过中央财政资金进一步支持"专精特新"中小企业高质量发展，为加快推进新型工业化、发展新质生产力、完善现代化产业体系提供有力支撑，重点支持"小巨人"企业高质量发展，打造新动能、攻坚新技术、开发新产品，强化产业链配套能力 |
| 转型升级 | 《国务院关于推行终身职业技能培训制度的意见》（2018年5月） | 国发〔2018〕11号 | 适应产业转型升级需要，加强高技能人才培训、建立多元化人才评价体系 |
| 要素供给 | 《国务院关于全面加强基础科学研究的若干意见》（2018年1月） | 国发〔2018〕4号 | 引导鼓励地方、企业和社会力量增加基础研究投入 |
| 职能转换 | 《国务院办公厅关于印发全国深化"放管服"改革转变政府职能电视电话会议重点任务分工方案的通知》（2018年8月） | 国办发〔2018〕79号 | 降低企业行政事务成本 |
| 优化市场格局 | 《国务院办公厅转发商务部等部门关于扩大进口促进对外贸易平衡发展意见的通知》（2018年7月） | 国办发〔2018〕53号 | 主动扩大进口、优化进口结构 |
| 减资增效 | 《国务院关于优化科研管理提升科研绩效若干措施的通知》（2018年7月） | 国发〔2018〕25号 | 科研强自主、提经费、减审批、并检查 |
| | 《国务院办公厅关于进一步压缩企业开办时间的意见》（2018年5月） | 国办发〔2018〕32号 | 激发市场主体创业活力 |
| 营商环境 | 《中华人民共和国环境保护税法实施条例》（2017年12月） | 国令第693号 | 高危害污染因子多征税 |

续表

| 政策主题 | 主要文件 | 文号 | 与民营企业相关的解读 |
|---|---|---|---|
| 营商环境 | 《国务院关于积极有效利用外资推动经济高质量发展若干措施的通知》（2018年6月） | 国发〔2018〕19号 | 改善营商环境、主动扩大开放 |
| 数字融合 | 《国务院办公厅转发证监会关于开展创新企业境内发行股票或存托凭证试点若干意见的通知》（2018年3月） | 国办发〔2018〕21号 | 互联网、大数据、云计算、人工智能、软件和集成电路、高端装备制造、生物医药等高新技术产业和战略性新兴产业规模性创新企业融资 |
| 行业发展 | 《国务院关于印发打赢蓝天保卫战三年行动计划的通知》（2018年6月） | 国发〔2018〕22号 | "散乱污"企业综合整治、绿色产业发展、低能耗体系建设 |
| | 《国务院关于加强质量认证体系建设促进全面质量管理的意见》（2018年1月） | 国发〔2018〕3号 | 推广质量管理先进标准和方法、质量认证改革和国际互认 |
| | 《国务院办公厅关于推进电子商务与快递物流协同发展的意见》（2018年1月） | 国办发〔2018〕1号 | 智能快递、绿色包装 |
| | 《国务院办公厅关于促进全域旅游发展的指导意见》（2018年3月） | 国办发〔2018〕15号 | 工业旅游、商贸旅游、农业旅游、智能旅游 |
| | 《国务院办公厅关于深化产教融合的若干意见》（2017年12月） | 国办发〔2017〕95号 | 强化企业重要主体作用；推进产教融合人才培养改革 |

资料来源：笔者整理所得。

事实上，高质量发展是"质"与"量"的科学统筹。一方面，高质量发展并非认为量的扩张不重要，而是进一步实现量的合理增长。另一方面，高质量发展最终应落脚于经济发展"质的有效提升"上，从而推动经济发展方式与动力从粗放增长、要素驱动转向集约增长、创新驱动演进。抓牢高质量发展首要任务，要着力推动经济发展质量变革、效率变革、动力变革，在质的大幅提升中实现量的持续增长。

实现中国经济质的有效提升和量的合理增长，推动高质量发展，核心要义是全面贯彻新发展理念，加快构建新发展格局。具体而言，创新驱动是发展的动力、绿色低碳是发展的底色、数字化转型是发展的必然、共享开放实现共同富裕是发展的根本目标。我们必须在未来较长一段时间内实现更有效率、更高水平的"质升量长"，才能守住经济稳定运行的底线和社会稳定的大局。

# 第四节　民营经济高质量发展的相关研究

## 一、新时代企业高质量发展的理念与内涵

党的十九大以来，党中央对我国经济做出了"新常态"的准确研判，从实际出发对战略进行了动态调整，将经济发展目标转变为追求高质量发展。通过对国内外学者的研究成果进行梳理归纳，发现当前学术界对于高质量发展的内涵特征尚无统一定论。

"经济高质量"概念最初源自西方社会，后在世界范围内广泛传播。已有文献深入分析了高质量发展内涵。我国有学者提出高质量发展定义，即一种经济发展方式，强调追求经济增长的同时，注重提高经济质量、促进社会公平和保护生态环境，实现全面可持续发展。高质量发展的结构是一个综合性、系统性的概念，涵盖了经济、社会和环境等多个层面，满足人民群众日益增长的现实需求。从长远来看，国家向居民提供品种越来越多的经济产品的能力得到了提高（Kuznets，1973），而高质量意味着国家生产的经济产品的质量与功能需符合较高标准（张长江等，2022）。欧进锋等（2020）、王伟（2020）等学者认为，高质量发展主要包含创新、协调、绿色、开放、共享五大新发展理念。从文献可以看出，学者们对高质量发展的认识都是基于"满足人民对美好生活不断增长的需求"这一根本宗旨，属于质和量的协调演进发展（任保平，2012；赵华林，2018）。

现有文献对企业高质量发展的定义多是结合相关理论，通过与经济高质量发展进行对比与推论得出，缺乏普适性。企业高质量发展的内涵是指企业具备内外部资源配置协调、内部管理机制完善、生产经营方式绿色化、产品服务质量优、科技自主创新能力强、利益相关方合作共赢等多种特征的一种理想状态（张涛，2020；王瑶和黄贤环，2021；周志龙等，2021；张长江等，2022）。在数字化背景下，有关企业高质量发展的内涵主要包括企业文化、发展潜力与核心竞争力等方面（程苗，2021）。也有学者通过扩展企业家时代精神内涵来推动企业高质量发展（温刚，2020）。由此可见，多数学者以发展状态或范式来定义企业高质量发展，对于高质量发展的定义具有一定程度的统一性。

有学者提炼总结了企业实现高质量发展，具有以社会价值为驱动、以资源能力为凸显、以一流产品服务为支撑、以透明开放运营为基础、以高效管理机制为保障、以优秀综合绩效为支撑、以良好社会声誉为支撑的七大特质。研究以不同产业为切入点，制造业的高质量发展又包括创新能力的提升、结构的优化升级、要素效率的提升、质量效益的提高和品质品牌的优化、融合发展水平不断提升、绿色制造加速发展的特点（余东华，2020）。周志龙等（2021）等认为，企业高质量发展具有以安

全合规为前提、优质产品为核心关键、技术手段为发展动力、利益贡献为终极目标的特点。刘戒骄（2019）提出要发挥市场主导和政府引导作用，优化高技术要素、土地要素、资本要素、高层次人力资本合理流动，从而促进民营经济的高质量发展。

## 二、民营企业高质量发展评价与发展路径研究

### （一）民营企业高质量发展的指标测度与评价

徐辉等（2020）在深刻认识经济社会发展与生态安全基础上，构建了 5 个建设维度，提出黄河流域经济高质量发展的评价指标体系需要从经济发展、创新驱动、民生改善、环境状况和生态状况等建构。通过汇集指标数据，学者基于不同分析方法进行了高质量发展水平的测度研究，并通过实证分析检验指标体系的合理性。师博和任保平（2018）运用均等权重法赋值测度了基于经济增长基本面和社会成果两个主要维度的高质量发展指标。辛岭和安晓宁（2019）分别运用熵值法和多目标线性加权函数法，对 2018 年 31 个省份农业高质量发展水平进行测度，客观判断各省份农业高质量发展的综合指数。

现有文献对于企业高质量发展评价进行直接探讨并不多见，且对企业高质量发展的评价研究较分散，多聚焦于国有、大中型企业，指标数量并不受限。国有企业高质量发展要素主要涉及社会价值、资源能力、产品服务、运营等特点（李翼恒，2020）。师博和任保平（2018）运用均等权重法赋值测度了基于经济增长基本面和社会成果两个主要维度的高质量发展指标，客观判断各省份农业高质量发展的综合指数。针对"企业高质量发展"的其他评价指标选择主要包括效益效率、自主创新、转型发展、开放发展、风险控制、节能环保、特色创新等多指标评价（杨波，2019；张涛，2020；董志愿和张曾莲，2021；李粮，2021）。也有学者采取单一指标替代的测度方法，如全要素生产率等（刘和旺等，2021；陈昭和刘映曼，2019；石大千等，2019；杨林和沈春蕾，2021；沈勇涛等，2021）。

关于民营企业高质量发展的评价体系，现有文献主要关注综合评价与专项评价。就综合评价而言，主要是基于纯理论分析来建构评价指标体系。例如，程子潇（2020）提出应侧重于国有企业的专项评价方面，确保评价指标维度更聚焦和细化。王雅秋（2019）提出民营企业高质量发展路径为文化建设、科技创新、开放运营和校企深度融合。也有研究主要从企业实力、活力和创新力等层面构建发展的指标体系（卢燕，2016）并强调了企业的未来发展潜力（彭剑锋，2019）。

在专项评价中，以"创新、协调、绿色、开放、共享"五大理念视角出发的文献居多。例如，付朋霞和刘青松（2020）以创新、协调、绿色、开放为依据，用熵值法构建了经济效益、绿色生态、中小企业发展和开放创新的评价体系。专项评价

侧重于财务绩效和社会责任评价两方面，指标更加聚焦和细化。一是以王济民和赵奇（2016）为代表的财务绩效评价，以反映短期经营业绩的经营指标为主；二是以沈乐平等（2015）为代表的社会责任评价，重点评价企业市场经营主体的核心属性。

（二）民营企业高质量发展的困境与路径研究

1. 民营企业高质量发展的困境分析

从外在制度环境视角来看，民营企业实现高质量发展亟须解决的主要问题是落实一视同仁的产权保护与确立公开透明的市场规则，推行现代化企业治理模式，推进企业之间互助协作等（厉以宁，2020）。事实上，现阶段中国民营经济面临创新成本高、动力不强、市场开拓困难、营商环境不佳、治理水平不高等主要问题。面对市场准入壁垒大、转型升级难度大、融资难度大、制度环境差和市场环境差等困难局面，瞄准高质量发展，降本减负，融资纾困"双发力"，促进营商环境和体制机制"双优化"，依靠管理和科技"双创新"（赵丽和陈剑，2021）。为了提高民营经济的转型、升级以及高质量发展能力，需要进一步放宽民营企业的市场进入准则。且为了协助民营企业摆脱融资的困境，须建立"亲""清"型政商关系，持续优化营商环境，加强政策措施的落实，增强民营企业"获得感"的力度，提振民营企业家的信心（刘现伟和文丰安，2018）。

从内部自身能力这一视角出发，当前中小企业自身产能大小、产品质量、产业规模等方面均与人民日益增长的美好生活需要不匹配，难以适应高质量发展的本质要求（张培丽，2019）。总体而言，在如今大环境下民营企业要想实现高质量发展，无论是外部环境还是内部能力均存在一定的阻碍。因此，实现民营企业的高质量发展是当前企业与企业家亟待解决的一大难题。

2. 民营企业高质量发展的路径研究

现有文献主要从动态过程与研究范式两个角度着手探讨民营企业高质量发展的路径。基于动态过程视角探索民营企业高质量发展路径建议，企业面临着生产要素成本显著增加和资金链断裂的风险，提高了生产组织管理的难度，对系统性风险产生了深刻的负面影响，加速了产品更新，增加了创新成本和市场变化等结构性风险。在短期内，要注重资金链和供应链管理能力的提高，确保供应流通畅通，维护生产经营平稳；中期需要促进核心价值创造和改变更高效的生产组织和管理方式；从长远来看，要以市场需求为取向，坚持创新与独立，从根本上提高核心竞争力（林雪芬和陈仪，2020）。齐嘉（2019）等则建议民营企业高质量发展的实现从完善企业认定标准、增强企业发展后劲、完善风险投资体系三个方面入手。在高质量发展战略框架下，微观层面的科技创新主体企业需构建"创新链—资金链—产业链—政策链"四链协同机制。通过要素聚合实现三大价值跃迁：其一，驱动新材料应用与新品类拓展，加速传统产品智能化迭代；其二，推进管理范式革新与技术能级提升的螺旋演进；其三，形成以技术增值为核心的质量变革动力系统，最终构建"要素重组—价值裂变—生态进化"的新型发展范式（任保平和文丰安，2018）。

在成渝地区相关企业高质量发展等方面，不少学者提出适应地域特色的高质量路径推动。例如，王现宁等（2021）提出重庆装备制造业高质量发展内涵应立足"两点"定位，在高效率上实现科技成果转化与效益提高的质与量的转化，在高水平上增强上下游行业技术支持与融合创新能力。贺晓宇和沈坤荣（2018）提出了高质量发展就是经济提质增效的发展范式，全要素生产率的提升对于民营企业高质量发展至关重要。

### 三、民营企业高质量发展与共同富裕的关系研究

共同富裕既是社会主义的本质要求，又是实现企业高质量发展的应有之义。将高质量发展与共同富裕进行结合并对其关系进行研究是当前学界的一大热点（徐政和郑霖豪，2022）。推动高质量发展中的共同富裕是使共同富裕有经济基础、有政治保证并得以实现的必要条件（黄新华和韩笑，2022）。企业贯彻ESG思想（环境、社会与公司治理），有助于推动共同富裕（聂辉华等，2022）。新时期民营经济在参与共同富裕过程中，应遵循效率和公平、强制性和自愿性、营利性和公益性等原则。强化企业党组织与工会组织建设，建立和谐劳资关系；实现民营经济的高质量发展和人民高品质生活的持续满足；推动了民营经济的整体发展，给共建带来了更广泛的契机，促进共同富裕（邹升平和程琳，2021）。民营经济高质量发展扎实推进共同富裕（周文和司婧雯，2022）。强制压力、规范压力和模拟压力对共同富裕计划具有正向影响，各企业可以通过共同富裕计划的实施显著改善员工所感知的分配公平和他们对公司的组织承诺（Chen et al.，2018；Kropp et al.，2020；孙淑文和王勇，2022）。

推动中国民营经济现代化发展是实现共同富裕目标的关键路径（陈健，2022）。在共同体理论框架下，企业需构建与利益相关者的共生关系，并通过正式制度与非正式制度的协同作用，方能有效履行共同富裕使命（简冠群，2022）。研究表明，企业社会责任与共同富裕在价值内核与发展目标上具有高度一致性：从社会嵌入性视角来看，企业的社会使命属性决定了其资源整合的社会化特征；从价值循环机制分析，企业的盈利来源社会性与财富反哺社会性特征，促成了有形资产与无形资产的动态转化，最终形成可持续发展与共同富裕的良性互馈系统（李海舰和杜爽，2022）。政策层面可通过完善"凡进必评"机制，构建民营企业参与公益慈善的激励约束体系，进而引导市场力量深度融入第三次分配格局（黄伟和陈钊，2022）。

# 第五节　民营经济"两个健康"理论研究

党的二十大报告提出，要优化民营企业发展环境，依法保护民营企业产权和企业家权益，促进民营经济发展壮大。领会和贯彻"两个健康"重要论述精神，推动"两个健康"理论的发展，对于厘清民营经济发展基本逻辑、促进民营经济高质量发展具有重要的指导意义。民营经济"两个健康"研究主要集中在民营企业健康发展（主要包括企业治理、持续创业等）和民营企业家健康成长（主要包括企业家精神的培育、企业家政治参与等）上。

## 一、关于民营企业健康发展的研究

### （一）关于民营企业治理发展的相关研究

国内外学者关于家族企业治理的相关研究代表成果（见表2-2）主要包括：①所有权与控制权：重点研究了家族企业控制权增长方式和转移方式，探究了家族所有权与控制权对企业价值的影响。②社会情感财富：重点探究了社会情感财富的内涵、构成维度和测量方法，以及从社会情感财富视角出发对不同情境下家族企业行为决策进行解读等。③现代治理：主要探究家族企业治理结构的表现形式、治理模式选择和演变的影响因素、家族企业治理效应的影响因素、现代治理途径等。④治理转型：主要探讨家族企业治理转型的本质和核心、治理转型模式选择和演进的影响因素、治理转型成功的关键和微观基础等。

表2-2　国内外学者关于家族企业治理研究的代表性成果

| 研究视角 | 主要作者 | 主要内容 |
|---|---|---|
| 所有权与控制权 | 辛金国（2017）；魏春燕和陈磊（2015）；王宣喻（2014）；孙学军（2013）；王春秀（2012）；周颖等（2012）；朱富强（2011）；杨臣（2010）；王明琳和周生春（2006）；Maury（2006）；Villalonga 和 Amit（2006）；Chrisman 等（2005）；苏启林和朱文（2003）；张余华（2002，2003）；Anderson 和 Reeb（2003）；Habbershon 等（2003）；Schulze 等（2001，2003a，2003b）；刘海建（2003）；Hart（2001） | 家族企业控制权增长方式：发行多种股票、交叉持股和金字塔式控股；家族企业控制权的转移方式：子承父业、委托—代理机制和混合形式；家族所有权与经营权存在代理冲突；家族所有权和控制权的分离程度与企业价值存在负相关关系；控制权过度集中会催发侵占效应，增加家族体系对企业的掏空动机和利益侵占能力，损害公司价值；所有权较为集中会使家族体系与企业利益产生趋同效应，便于有效监督和做出有利决策，提升企业价值 |

续表

| 研究视角 | 主要作者 | 主要内容 |
|---|---|---|
| 社会情感财富 | 焦康乐等（2019）；严若森和肖莎（2019）；周立新（2018）；胡旭阳和吴一平（2017）；窦军生等（2017）；陈凌和陈华丽（2014）；严若森和叶云龙（2014）；吴炳德和陈凌（2014）；王霄和李宗波（2013）；朱沆等（2012）；Zell-weger 等（2012）；Berrone 等（2012）；Gómez-Mejía 等（2010）；Cruz 等（2010） | 社会情感财富的内涵是指企业满足家族情感需求的非经济效用；社会情感财富的构成维度；社会情感财富的测量方法；社会情感财富是家族企业决策的重要参照点，学者从社会情感财富视角出发对家族企业风险承担、环境绩效、慈善捐赠、产品多元化、国际化战略、代理合约、代际传承、管理专业化、人力资源管理等行为进行研究 |
| 现代治理 | 吴炯和马凤（2018）；赵宜一（2017）；Tricker 和 Robert（2015，1984）；葛永盛和张鹏程（2014）；陈林荣（2012）；许叶枚（2009）；何轩和陈文婷（2008）；薛求知（2006）；李庚寅（2004）；Christina（2004）；王志明和顾海英（2003）；吴淑和席酉民（2001）；庄贵军（2002）；Berghe 和 Ca-chon（2001）；Steier（2003，2001）；Leach 等（1999）；Gersick（1998）；Shleifer 和 Vishny（1997）；Lanseberg（1988）；Tagiguri 和 Davis（1982） | 家族企业治理结构的表现形式主要有市场治理、关系治理和混合治理；治理模式选择和演变影响因素：企业发展阶段、产业技术特点、法律法规和政策制约程度、文化差异潜在影响、企业家个人特质、企业成长与扩张机制、信任水平等；治理效应的影响因素：股权融资偏好、董事会配置、股权结构等；现代治理途径：实现产权多元化、健全企业治理结构和经营管理体制，建立人力资源管理机制，营造以人为本的管理文化，倡导和培养现代企业家精神 |
| 治理转型 | 徐细雄和淦未宇（2018）；Huotari 等（2017）；Gawer（2015）；Pindado 等（2014）；杨高举（2014）；Cennamo 和 Santalo（2013）；徐细雄和刘星（2012）；杜传忠（2012）；John 和 Kedia（2011）；Boudreau（2010）；Yan 和 Kellermanns（2010）；李东升（2010）；陈云娟（2010）；周文和李晓红（2009）；Eisenmann 等（2008）；杨蕙馨（2007）；Bennedsen 等（2007）；Lee 等（2006）；Villalong 等（2006）；Pérez-González（2006）；Burkart 等（2003）；West（2003）；刘海建（2003）；林汉川（1999） | 家族企业治理转型本质上表现为企业"控制权"由创业家族向职业经理人的转移重置过程，其核心是如何实现控制权在创业家族和职业经理人之间的合理配置；家族企业治理转型（治理模式选择和动态演进）的影响因素：创始人家族结构、制度环境、儒家"差序格局"、法律环境、经理人市场、技术能力；治理转型成功的关键与微观基础：优化权力配置，形成核心控制权、一般控制权和现金流权之间的合理匹配与均衡；中国企业治理转型的演进路径研究；企业转型升级应从技术创新、管理创新、企业家理念、企业家身份提升、激励机制、企业文化等方面来实现 |

资料来源：笔者整理所得。

（二）关于民营企业持续创业的研究

国内外学者关于民营企业持续创业的相关研究（见表2-3）主要包括：①二次创业：重点研究了民营企业二次创业的内涵、遇到的问题、面临的机遇、基本方略等。②企业内创业：重点探讨了民营企业内创业能力的影响因素、企业内创业的维度、路径、对企业转型发展的必要性等。③可持续成长：重点讨论了民营企业可持续成长对国民经济的影响、评价指标体系的构建、模式及战略等。

表2-3　国内外学者关于民营企业持续创业研究的代表性成果

| 研究视角 | 主要作者 | 主要观点 |
|---|---|---|
| 二次创业 | 贝洪俊（2002）；张成君和肖丕楚（2002）；李伟铭和崔毅（2008）；杨美沂（2004）；王翔鸿和季建华（2003）；史榕华（2000）；蓝红兴和陈高林（2005）；张德和潘文君（2005）；赵莹（2006）；Jeffry（2005） | 二次创业的过程是权力、责任、机制和利益关系重新调整的过程；二次创业面临着管理体制不健全、管理决策不科学等问题；相关政策的出台、WTO的加入等为二次创业带来了新的机遇；二次创业的基本方略：产权制度创新、拓宽融资渠道等；企业必须进行规模、制度等方面的蜕变才能实现二次创业 |
| 企业内创业 | 李先军（2017）；吴道友（2005）；苗莉（2004）；蒋勤峰等（2007）；王延荣（2005）；张健楠等（2009）；王蕭和倪安平（2007）；谭力文（2001）；Carrier（1996）；Haase等（2015）；Burgelman（1991） | 企业内创业可以分为新风险事业、创新、自我变革、领先行动四个维度；企业可以形成目标、行为和结果演化三条基本路径融合的企业内创业路径；企业内创业是促进中小企业持续创新和转型发展的关键；构建企业内创业知识管理体系，提高企业内创业的效率；企业内创业能力会受到组织、团队和个体因素的影响 |
| 可持续成长 | 曹细玉和覃艳华（2006）；罗锋（2008）；杨铭和周丽等（2004）；廖世福（2005）；尹育航等（2008）；王璜和张聪群（2013）；刘正方（2004）；阮兢青和陈文标（2009）；徐仲伟（2005）；Chaston和Mngles（1997）；Churchil和Lewis（1983）；Jacqueline和Jouahn（2002） | 民营企业可持续成长对国民经济可持续发展非常关键；构建完整的可持续成长能力的指标评价体系，实现企业可持续发展；企业应选择合适的可持续成长模式，应对环境挑战；构建三维冲突模型，寻找企业可持续成长的内在动力；资本轴、产权轴与主体轴与民营企业可持续成长有关；企业实现可持续成长的战略：培育核心竞争力、建立健全质量体系、营造良好的企业文化 |

资料来源：笔者整理所得。

## 二、关于民营企业家健康成长的研究

### （一）关于民营企业家精神的研究

国内外学者关于民营企业家精神的相关研究（见表2-4）主要包括：①企业家素质：重点讨论了企业家素质的内容、作用、面临的挑战等。②创新精神：重点研讨了企业家创新精神的培育、动力体系、对经济的影响等。③创业精神：重点研究了企业家创业精神的地位、作用、影响因素等。④工匠精神：重点讨论了企业家工匠精神的作用、工匠精神与创新精神的关系等。

表2-4　国内外学者关于民营企业家精神研究的代表性成果

| 研究视角 | 主要作者 | 主要观点 |
|---|---|---|
| 企业家素质 | 吴先明和徐剑（2013）；宋宝香和彭纪生（2007）；徐礼伯和施建军（2009）；何潇（2009）；柯江琴（2017）；李勇（2007）；陈晶瑛和单名（2006）；李代红和牛丽琴（2006）；卢红（2003）；罗永禄（2006）；刘思聪（2003）；田晓霞和程秀生（2005）；Andrew和Michael（2000） | 企业家素质包括核心素质和基础素质两个方面；企业家素质是民营企业可持续发展的关键，是民营经济健康发展的前提；民营企业家存在诚信不够、社会责任感不强等问题；民营企业家素质面临新的挑战；知识经济等要求民营企业家努力提高自身素质；民营企业家素质的提升是内因和外因共同作用的结果 |
| 创新精神 | 李宏彬等（2009）；Wong等（2005）；李维安和王辉（2003）；陈云娟（2010）；绍传林（2015）；岳瑨（2001）；孙慧琳等（2015）；常建坤（2006）；赵薇（2010）；庄子银（2007）；Gancia和Zilibotti（2005）；Peter（2000） | 企业家创新精神对经济增长有显著的正效应，对经济的持续发展至关重要；企业家的创新精神是企业经济转型的动力；建立健全企业管理制度、培育企业家创新精神；强化企业家创新意识，发挥政府鼓励创新的政策支持作用，培养企业家创新精神；企业家创新精神的动力体系可分为内在动因和环境激励两个方面 |
| 创业精神 | 李宏彬等（2009）；徐建平和王重鸣（2008）；Wennekers和Thurik（1999）；王敏（2012）；Shan和Venkataraman（2000）；陈寒松（2007）；Donald等（2005）；胡万钦和蒋泳（2005）；邵传林和王丽萍（2017）；袁红林和蒋含明（2013）；代明和郑闽（2008） | 创业精神是企业家精神最根本、最核心的价值取向；企业家的创业精神对企业的经济增长产生了显著的正效应；企业家创业精神推动经济创新驱动发展；创业精神有助于形成造造机制、激励机制和诱导机制，刺激中小企业为发展而创新；区域的文化特征，影响企业家的创业精神；市场化和外贸开放化程度与创业精神呈正相关 |
| 工匠精神 | 刘志彪和王建国（2017）；苏勇和王茂祥（2018）；傅宁（2018）；沈洪波（2017）；陈姝宇（2016）；谭福龙和王建刚（2016）；陈翰永（2016）；吴维库（2016）；贺铿（2016）；Alec（2014）；Macintyre（2003）；Richard（2015） | 创新精神与工匠精神对立统一；打造匠心网络、匠心产品、匠心服务和匠心管理；弘扬工匠精神，推动企业转型升级；弘扬工匠精神，推动企业创新驱动发展；以质取胜，中国制造；专业精神、工匠精神和企业家精神层层递进；以优秀传统文化涵养培育工匠精神 |

资料来源：笔者整理所得。

（二）关于民营新生代企业家的研究

国内外学者关于民营新生代企业家的相关研究（见表2-5）主要包括：①代际传承：重点讨论了新生代企业家代际传承的影响因素、默会知识和隐性知识的传承等。②培养路径：重点研究了新生代企业家培养路径的内容、优化模式、重要性等。③"创二代"：重点探讨了创二代的创业幸福感、成长提升等。

表2-5　国内外学者关于民营新生代企业家研究的代表性成果

| 研究视角 | 主要作者 | 主要观点 |
| --- | --- | --- |
| 代际传承 | 刘剑虹（2008）；窦军生和贾生华（2008）；Cadieux 等（2002）；File 和 Prince（1996）；Handler（1991）；余向前等（2013）；Baraeh 和 Gantisky（1995）；Goldberg 和 Wooldridge（1993）；孙秀峰等（2017）；杨玉秀（2016）；蔡双立等（2012）；周鸣阳（2015） | 企业家隐性知识在代际之间有效转移是家族企业成功传承的关键；跨代创业是企业家隐性知识代际传承的有效途径；企业家默会知识、关系网络和精神是代际传承过程中的三个要素；提高区域教育国际化水平，提高新生代企业家素质 |
| 培养路径 | 曹胜和杜裕禄（2016）；陈姝和陈芳（2013）；周江明（2006）；赵欣浩（2017）；刘大明等（2010）；裴亚飞（2018）；陈柳（2017）；廖小清等（2015）；李强（2012）；陈仁荣和钱祚胤（2011） | 通过"一三九"路径模式，提高新生代企业家的影响力；把握新生代培养重点，营造新生代培养环境；制定新生代培养规划，注重培养方式的结合；优化培育模式，提升企业家整体素质；加大新生代企业家培养力度，推动民营经济的发展 |
| "创二代" | 魏江和权予衡（2014）；邓良（2014）；宋波（2013）；杨新红和苏青场（2015）；裴益明（2014）；杨勇（2011）；吴海燕和莫婷婷（2012）；丁宏彬（2011）；张东亚（2012）；高静（2011）；杨思卓（2015）；苏庆华（2009） | "创二代"对于创业的政策环境因素更加敏感；"创二代"机会导向动机对创业幸福感存在显著的正向影响；打造融合工程、素质工程、发展工程、关爱工程，培育引领"创二代"；"富二代"向"创二代"转变，解决代际传承问题 |

资料来源：笔者整理所得。

# 第三章 四川民营经济高质量发展背景——成渝地区双城经济圈建设国家战略

## 第一节 成渝地区双城经济圈建设的时代背景

在党的十九届五中全会上，党中央提出了"新发展阶段、新发展理念、新发展格局"这一论断，这是党中央在"两个一百年"奋斗目标的历史交汇点、我国全面建成小康社会胜利在望、即将开启全面建设社会主义现代化国家新征程之际总结出的中国现代化新征程发展三要素[①]，成渝地区双城经济圈的呼之欲出正是响应了这一重要的时代背景。

在"十三五"规划收官之年的重要时间节点，以及在国内外新的发展环境和发展形势下，"成渝地区双城经济圈建设"战略的提出，是党中央对于新时代我国社会经济区域协调发展做出的重大布局，给成渝地区高质量发展带来了重大历史机遇[②]。

作为我国重要的经济区域，成渝地区一直是国家规划和建设的重点，围绕着这一区域的战略规划也一直没有间断过。2011年5月，国务院批复并实施《成渝经济区区域规划》；2015年，四川省政府和重庆市政府联合签署《关于加强两省市合作共筑成渝城市群工作备忘录》；2016年，国家发展和改革委员会、住房和城乡建设部联合印发《成渝城市群发展规划》，国务院常务会议通过《成渝城市群发展规划》，将成渝城市群成功打造成中央批准的第4个城市群。

2016年6月，四川省政府和重庆市政府联合签署"1+10"系列合作协议；2018年6月，重庆与四川两地政府共同签署《重庆市人民政府、四川省人民政府深化川渝合作深入推动长江经济带发展行动计划（2018—2022年）》；2019年

---

① 于洪君.中国现代化新征程发展三要素：新阶段、新理念、新格局[J].人民论坛，2021（7）：6-10.

② 曹清尧.把成渝地区双城经济圈打造成西部高质量发展重要增长极——学习贯彻习近平总书记关于推动成渝地区双城经济圈建设重要指示的几点心得[J].经济，2020（4）：38-41.

7月，四川和重庆两地政府签署了深化川渝合作"2+16"系列工作方案（协议）；2018年11月，中共中央、国务院明确要求以成都市、重庆市为中心，引领成渝城市群发展。2019年，《深化川渝合作推进成渝城市群一体化发展重点工作方案》的签署促进后续一系列政策文件发布，其均将成渝两地一体化的发展理念贯穿始终[①]。

在新时代背景下，国际政治经济形势日趋错综复杂，唯有通过各地区合作实现高质量发展，才能为实现中华民族伟大复兴的中国梦助力。成渝地区双城经济圈建设是国家对区域发展格局的新一轮优化，承载着打造高质量发展增长极的历史重任。2020年1月3日，习近平总书记在中央财经委员会第六次会议上发表重要讲话，强调"推进成渝双城经济圈发展，构建西部地区高质量发展重要增长极"的重要性，首次提出成渝双城经济圈概念。以成渝城市群为依托，提出成渝经济圈新概念，不仅对川渝两地来说是一个巨大的发展契机，也是为扩大中国经济高质量发展而采取的一项重大举措，有助于成渝两地中心城市辐射作用的更好发挥。

要将成渝地区打造成为带动全国高质量发展的重要增长极，成渝地区双城经济圈建设需要有更为明确的战略地位。2020年10月，中央政治局召开会议审议《成渝地区双城经济圈建设规划纲要》，标志着成渝地区发展进入新的历史阶段。2021年10月，中共中央、国务院印发了《成渝地区双城经济圈建设规划纲要》，确立了成渝地区双城经济圈的战略定位，将其定位为具有全国影响力的重要经济中心、科技创新中心，改革开放高地与高品质生活宜居地。2024年4月，习近平总书记在重庆考察时再次强调，建设成渝地区双城经济圈是党中央作出的重大战略决策。重庆、四川两地要紧密合作，不断提升发展能级，共同唱好新时代西部"双城记"。

成渝地区作为西部地区经济腹地和战略后方，以全国1.9%的土地面积承载了全国6.9%的常住人口，创造了全国6.3%的经济总量，是我国经济发展韧性和战略纵深的重要载体[②]。根据《四川统计年鉴》与《重庆统计年鉴》数据来看，2012—2020年，成渝地区双城经济圈的人均GDP逐年增加，成都和重庆两大核心城市通过自身的辐射作用成功带动了周边各地市的经济发展水平，实现了整体的高质量发展。从成渝地区的产业结构角度来看，成渝地区双城经济圈对经济的

---

① 袁波，陈健. 抢占数字经济发展制高点［N］. 经济参考报，2018-08-27.

② 房红，顾福珍. "成渝地区双城经济圈"建设背景下四川省康养产业发展对策研究［J］. 商业经济，2020（12）：35-37+180.

发展与产业结构的优化均发挥了良性作用。依据《四川省国民经济和社会发展统计公报》与《重庆市国民经济和社会发展统计公报》所查询的数据来看，成渝地区第三产业占比逐年上升，而第二产业占比逐年下降的趋势明显。由此表明，成渝地区发展重心逐步向第三产业偏移，多数城市进入了较高层次的产业发展阶段。

成渝地区双城经济圈在全面建设社会主义现代化国家新征程中扮演着至关重要的角色。2023 年，成渝地区双城经济圈实现地区生产总值（GDP）81986.7 亿元，占全国、西部地区的比重分别为 6.5%、30.4%，分别比上年提高 0.1 个、0.3 个百分点，区域位势能级稳步提升；比上年增长 6.1%，高于全国 0.9 个百分点、高于西部地区 0.5 个百分点，引领示范带动作用不断增强。这一增长不仅体现了成渝地区双城经济圈在国家发展大局中的独特而重要的战略地位，也彰显了其在推动高质量发展中的强劲动力。

经济基础方面，成渝地区的经济基础为其发展提供了坚实的支撑。2023 年，成渝地区双城经济圈的三次产业结构由 2022 年的 8.4∶37.5∶54.1 调整为 8.0∶36.9∶55.1，三次产业增加值分别增长 3.8%、5.6%、6.8%，其中第二、第三产业增加值增速分别比全国高 0.9 个、1 个百分点[1]。这一产业结构的优化升级，为成渝地区双城经济圈的高质量发展提供了强有力的产业支撑。

区位优势方面，成渝地区双城经济圈位于共建"一带一路"和长江经济带交汇处，是西部陆海新通道的起点，具有连接西南西北，沟通东亚与东南亚、南亚的独特优势。这一战略区位使其成为西部地区经济社会发展、生态文明建设、改革创新和对外开放的重要引擎[2]，为成渝地区双城经济圈的开放合作提供了广阔的空间。

双城结构方面，成都和重庆作为成渝地区双城经济圈的两大核心城市，各自具有鲜明的城市特色和产业优势。2023 年，成都经济总量达到 22074.7 亿元，占四川全省比重为 36.7%，成都都市圈经济总量达 27845.3 亿元，占四川全省的比重为 46.3%；重庆都市圈经济总量达 24632.6 亿元，其中，重庆主城都市区经济总量达 23120.1 亿元，占重庆市的比重为 76.7%[3]。双核城市的强势引领，为成渝地区双城经济圈的整体发展提供了强大的动力。

①  史晓露.2023 年成渝"双圈"数据出炉：GDP 突破 8 万亿元，再上一个万亿台阶［EB/OL］.https://sichuan.scol.com.cn/ggxw/202403/82478038.html，2024-03-05.

②  赵廷虎.只争朝夕  在苦干实干中实现新的更大作为——写在《成渝地区双城经济圈建设规划纲要》正式公布之际［J］.当代党员，2021（21）：6.

③  史晓露.2023 年成渝地区双城经济圈 GDP 突破 8 万亿元［N］.四川日报，2024-03-06.

综上所述，在百年未有之大变局下，在实现"两个一百年"奋斗目标的历史交汇点，成渝地区的经济基础、区位优势以及双城结构决定了其必须通过双城经济圈建设来完成肩负的历史使命[①]，为全国高质量发展贡献更大力量。

## 第二节　成渝地区双城经济圈概念与内涵

成渝地区双城经济圈是一个以成都市和重庆市两个中心城市为极核的双核心经济圈，除了以成都市为中心的成都市平原城市群和以重庆市主城区为中心的重庆市城市群两大知名城市群外，还包括川南城市群、川东北城市群、渝西城市群、南遂广城市群、达万城市群等多个次区域城市群。作为西部大开发战略的关键载体，成渝地区双城经济圈既扮演着"一带一路"倡议与"陆海新通道"建设的枢纽角色[②]，又被定位为国家推进新型城镇化建设的重要示范区。鉴于其战略地位与发展潜力，成渝地区双城经济圈有望发展成为我国经济增长第四极[③]。

成渝地区双城经济圈是基于经济地理学、区域经济学等学科基础理论提出的一个都市圈概念。都市圈是指围绕某一个中心城市的城镇化形态。城市群（经济圈）与都市圈是两个不同的概念，城市群（经济圈）是由若干个都市圈构成的广域城镇化形态，其内部应该包含若干个中心城市。从体量和层级上看，都市圈要低于城市群（经济圈）。

成渝地区双城经济圈的正式确立以 2021 年出台的《成渝地区双城经济圈建设规划纲要》为标志，规划范围包括重庆的 27 个区（县）与云阳、开州区域，以及四川的 15 个城市，共计 44 个城市单元。成渝地区双城经济圈的规划范围包括重庆市的中心城区和万州、涪陵、綦江、大足、黔江、长寿、江津、合川、永川、南川、璧山、铜梁、潼南、荣昌、梁平、丰都、垫江、忠县等 27 个区（县）及开州、云阳的部分地区，以及四川省的成都市和自贡、泸州、德阳、绵阳（除平武县、北川县外）、遂宁、内江、乐山、南充、眉山、宜宾、广安、达州（除万源市外）、雅安（除天全县、宝兴县外）、资阳 15 个市。[④]成渝地区双城经济圈

①　杨继瑞，杜思远，冯一桃.成渝地区双城经济圈建设的战略定位与推进策略——"首届成渝地区双城经济圈发展论坛"会议综述［J］.西部论坛，2020，30（6）：62-70.

②　李后强，石明，李海龙.成渝地区双城经济圈"圈群"特征探析［J］.中国西部，2020（5）：1-10.

③　陈林.成渝双城经济圈将成第四级［J］.宁波经济（财经视点），2021（12）：20.

④　李帅，彭震伟.信息流视角下的成渝城市群空间组织特征及其规划探讨——基于百度指数的城市网络研究［J］.西部人居环境学刊，2020，35（6）：49-57.

规划总面积达 18.5 万平方千米，2019 年常住人口为 9600 万人，地区生产总值近 6.3 万亿元，分别占到全国总比例的 1.9%、6.9% 和 6.3%。

成渝地区双城经济圈是双核心经济圈，成都市和重庆市两个中心城市是成渝地区的核心。从成渝地区双城经济圈内部城市的发展水平来看，成渝地区双城经济圈呈现出显著的"两中心独大"的特征。具体而言，就是成都市和重庆市经济总量大、发展水平高，其他城市则相差较大，难以承担次级中心城市的重任。2019 年，成渝地区双城经济圈的城市中，地区生产总值突破万亿元的城市仅有成都市和重庆市两个，成都市实现地区生产总值为 17012.65 亿元，重庆市实现地区生产总值为 23605.77 亿元，在成渝地区双城经济圈地区生产总值中的占比分别达到 26.15% 和 36.28%。成都市、重庆市两个中心城市 2019 年的地区生产总值在成渝地区双城经济圈中的占比之和高达 62.43%。2021 年，成渝地区双城经济圈 GDP 为 73919.2 亿元，在全国 GDP 中占比 6.5%、西部地区 GDP 中占比 30.8%，同比增长率为 8.5%，经济增速同比高出 4.5%，而西部地区整体为 4%。[①] 其中，四川片区内增长 48060.2 亿元，增长率为 8.5%，重庆片区内增长 25859 亿元，增长率为 8.5%，四川片区和重庆片区的增长速率均高于四川省和重庆市平均水平，起到引领带动作用。

2019 年，绵阳、宜宾、德阳、南充、泸州、达州等地区的生产总值均在 2000 亿元以上，绵阳最多，为 2856.2 亿元，宜宾紧随其后，为 2601 亿元。就重庆市而言，2019 年，全市 38 个县（区）中有 6 个地区生产总值超过 1000 亿元，其中渝北区为 1848.24 亿元、九龙坡区为 1462.88 亿元、渝中区为 1301.35 亿元。[②] 2022 年，成渝地区双城经济圈的生产总值为 77587.99 亿元，在全国范围的占比为 6.4%，在西部地区的占比为 30.2%；地区生产总值同比增长率为 3.0%[③]。从以上数据可以看出，成渝"两中心独大"的特征非常显著。

以成都市和重庆市两个中心城市为极核，成渝地区形成多层经济圈。其中，第一圈层由自贡、乐山、眉山、德阳、遂宁、潼南、合川、长寿、南川、万盛、綦江、江津、永川、荣昌等地区为连接线构成；第二圈层由绵阳、南充、广安、涪陵、武隆、泸州、宜宾、雅安等地区为连接线构成；第三圈层由甘孜、阿坝、凉山和广元、巴中、达州、万州、黔江、酉阳等地区为连接线构成。上述三个环形区域相互嵌套，构成了三个集合体，宛如洋葱般的层次结构，紧密地环绕着成

---

① 资料来源：重庆市统计局。

② 张志强.论成渝地区双城经济圈建设的第三极［J］.中国西部，2020（4）：28-34.

③ 四川省统计局和重庆市统计局联合发布《2022 年成渝地区双城经济圈经济发展监测报告》。

都与重庆这两座核心都市，使各城市紧密相连，共同构筑起整个成渝地区双城经济圈的整体格局①。

## 第三节　成渝地区双城经济圈建设的战略意义

成渝地区双城经济圈由成都城市群、重庆城市群、成渝经济区南部城市群、成渝经济区东北部城市群构成②。作为西部地区经济中心的成渝地区双城经济圈地处中国西部，地理位置优渥，经济体量与人口体量均具有巨大优势，对整个西部发展起着重要的带动作用。从成渝两地的经济发展现状来看，成渝地区双城经济圈在为西部大开发提供重要平台的同时，也为推动中国经济发展提供了重要的战略支撑③。"成渝地区双城经济圈"战略的提出，是党中央站在新的历史起点上做出的重大战略部署，具有重要的战略意义。

### 一、成渝地区双城经济圈建设是推动高质量发展的重要支撑

成渝地区坐拥庞大的人口基数与强劲的经济实力及发展活力。截至 2020 年底，该地区常住人口已逼近 9800 万大关，几乎等同于西部其他城市群人口的总和，从而确立了其在西部地区的最高综合竞争力地位。历史上，成渝地区就因"天府之国"等美誉而享有重要的经济地位。经过时间的积淀与持续的发展，成渝双城经济圈的经济实力与活力日益增强，特别是在"十三五"规划期间，该地区的生产总值年均增长率超过 8%，其在全国经济版图中的占比也在不断攀升。④

成渝地区双城经济圈是我国经济增长的第四极，是国家重要战略腹地。通过建设双城经济圈，可以推动该区域实现高质量发展，进而带动全国经济的持续增长。这不仅是全面建设社会主义现代化国家的首要任务，也是实现中国式现代化的关键所在。

成渝地区双城经济圈建设是推动高质量发展的重要支撑。通过共建成渝西部

① 李后强，石明，李海龙. 成渝地区双城经济圈"圈群"特征探析 [J].中国西部，2020（5）：1-10.
② 游雯. 成渝地区双城经济圈绿色金融发展水平评价研究 [D].曲阜：曲阜师范大学硕士学位论文，2022.
③ 曹清尧. 把成渝地区双城经济圈打造成西部高质量发展重要增长极——学习贯彻习近平总书记关于推动成渝地区双城经济圈建设重要指示的几点心得 [J].经济，2020（4）：38-41.
④ 国家发展和改革委员会. 推动成渝地区双城经济圈建设 打造高质量发展重要增长极 [N].人民日报，2021-10-21.

科学城，瞄准"卡脖子"关键核心技术，深化平台共建、项目共研、人才共育、资源共享、活动共办，协同推进科技成果转移转化和产业化，成渝地区正加快西部地区创新策源地建设，引领西部地区高质量发展。成渝地区双城经济圈还通过吸引要素集聚、产业升级、基础设施联通和打造现代化经济体系为高质量发展提供全方位支撑。成渝地区双城经济圈的建设，通过更有效地汇聚人才、技术、资本等关键要素，不仅有助于推动该区域自身的产业升级，也能吸引沿海地区的产业转移，实现资源的优化配置与经济的协同发展。通过共建现代产业体系，成渝地区正在形成一批具有国际竞争力的产业集群，为高质量发展提供新的重要支撑和强劲动力。成渝地区双城经济圈建设还注重基础设施的联通和现代化经济体系的构建。通过共建现代基础设施网络，如高铁、高速公路、航空等交通设施，以及能源、通信等基础设施，成渝地区的交通便捷度和物流效率得到大幅提升。同时，通过协同建设现代产业体系，成渝地区正在形成一批具有国际竞争力的产业集群和现代化经济体系，为高质量发展提供有力支撑。

成渝地区双城经济圈建设注重生态优先和绿色发展。通过共筑长江上游生态屏障，成渝地区正在推进人与自然和谐共生的现代化进程。同时，通过推动绿色低碳发展，成渝地区正在构建绿色低碳的生产生活方式和建设运营模式，努力实现经济效益、社会效益、环境效益的有机统一。

**二、成渝地区双城经济圈是内陆开放战略高地和国际竞争新基地**

成渝地区双城经济圈凭借其地理位置和交通优势、国家战略和政策支持、产业基础和创新能力以及开放程度和国际合作等方面的优势，成为了内陆开放战略高地和国际竞争新基地。

成渝地区双城经济圈位于我国东西结合、南北交汇的中间地带，具有独特的区位优势。这一地理位置使成渝地区能够成为连接我国内陆与沿海、西部与东部的重要枢纽。成渝地区双城经济圈是国家南向西向的开放门户，是西部陆海新通道的起点，具有连接东亚和西亚、沟通东南亚和南亚的天然优势，是"一带一路"和长江经济带的重要联结点。通过完善向西、向南开放大通道，搭建高水平开放平台，成渝地区正在增强核心城市全球调配资源的能力，开辟内陆地区国际竞争新基地。成渝地区拥有北向渝新欧和蓉欧班列、南向陆海新通道以及东向长江黄金水道等大通道资源。这些通道资源的存在使成渝地区能够更便捷地与国际市场进行贸易往来，成为内陆开放的重要门户。

成渝地区双城经济圈是"一带一路"建设和长江经济带战略的交汇点，这为国家在该地区的战略布局和政策支持提供了重要依据。国家出台了一系列支持成渝地区双城经济圈建设的政策措施，包括推动产业协作、项目合作、人才交流、劳务开发等领域的深度合作，以及推进基础设施互联互通、产业发展互惠互利、生态环境联防联治、公共服务共建共享等方面的协同发展。这些政策红利为成渝地区双城经济圈的内陆开放和国际竞争提供了有力保障。

成渝地区双城经济圈拥有较为雄厚的产业基础，特别是在汽车、电子信息、装备制造等领域具有较高的产业集聚度和竞争力。这些产业的发展为成渝地区双城经济圈的内陆开放和国际竞争提供了坚实的产业支撑。成渝地区双城经济圈在科技创新方面具有较强的实力，拥有多所高校和科研机构，以及一批具有国际竞争力的创新型企业和研发机构。这些创新资源的集聚为成渝地区双城经济圈的内陆开放和国际竞争提供了源源不断的创新动力。

近年来，成渝地区双城经济圈的开放程度不断提升，与国际市场的联系日益紧密。通过积极参与国际经贸合作、搭建高水平开放平台等措施，成渝地区双城经济圈正在逐步增强其核心城市全球调配资源的能力。成渝地区双城经济圈积极参与国际合作，与多个国家和地区建立了经贸合作关系。通过深化国际合作，成渝地区双城经济圈正在不断拓展其国际市场空间和影响力。未来，随着成渝地区双城经济圈建设的深入推进，其内陆开放和国际竞争的地位将进一步得到巩固和提升。

### 三、成渝地区双城经济圈建设是推动区域协调发展的重要力量

成渝地区双城经济圈建设有助于缩小区域差距，推动区域协调发展。成渝地区双城经济圈建设通过强化重庆和成都中心城市的带动作用，引领带动成渝地区统筹协同发展，符合区域协调发展的要求。成渝地区是西部人口最密集、市场空间最广阔、开放程度最高的区域，通过双城经济圈建设，可以带动周边地区共同发展，缩小与东部地区的发展差距。成渝地区双城经济圈拥有完善的交通体系，包括铁路、公路、水路和航空等多种交通方式，为区域联动提供了便捷的交通条件。交通体系的完善有助于促进产业、人口及各类生产要素在区域内的合理流动和高效集聚，推动区域经济协调发展。

从产业协同与区域协调发展的视角来看，成渝地区双城经济圈凭借其坚实的产业根基，尤其在汽车制造、电子信息、高端装备制造等关键领域展现出了高度的产业集聚效应与卓越的市场竞争力，为区域经济的高质量发展筑了稳固的产业支撑体系。在此基础上，该经济圈在科技创新领域同样展现出强劲实力，依托众多高等院校、科研机构以及一批享誉国际的创新型企业与研发平台，创新能力的持续增强正加速驱动区域经济结构的优化升级，进一步提升了区域的整体竞

争力。

更为重要的是，为促进成渝地区双城经济圈内的产业协同与区域间的协调发展，国家层面已出台了一系列针对性强、覆盖面广的政策举措。这些政策不仅聚焦于深化产业协作与项目合作，还涵盖了人才资源的交流互动与劳动力市场的协同开发等多个维度，旨在通过全方位、深层次的合作机制，为区域经济的协调发展提供坚实的政策支撑与制度保障。这一系列政策的实施，不仅有助于优化资源配置，促进产业链上下游的紧密衔接，还进一步推动了区域间经济要素的自由流动与高效整合，为成渝地区双城经济圈实现更高水平、更可持续的协调发展奠定了坚实基础。

成渝地区双城经济圈还积极深化与周边地区的合作，推动基础设施互联互通、产业发展互惠互利、生态环境联防联治、公共服务共建共享等方面的协同发展。区域合作的深化有助于推动区域经济一体化发展，提高区域经济的整体效益。将成渝地区双城经济圈建设上升为国家战略，有利于充分发挥成渝地区东西互济、南北贯通、陆海联动的区位优势，弥补了我国中、西部地区发展缺少"龙头"的短板，将与京津冀、长三角和粤港澳三大经济圈一道推动东、中、西部地区实现协同发展；有利于进一步贯彻新发展理念，推动西部实现高质量发展；有利于加大美丽西部建设力度，筑牢国家生态安全屏障；有利于与长江中游城市群联动，引领长江经济带实现快速发展。

# 第四节　成渝地区双城经济圈相关研究现状

## 一、关于都市圈的研究概述

都市圈概念起源于国外。1951 年，日本学者木内信藏在其研究中提出了"三地带学说"，将大城市的圈层划分为中心地域、周边地域和边缘广阔腹地，为都市圈理念的形成奠定了基础。国内对都市圈的学术研究起步相对较晚，直到20 世纪 80 年代后期，学者才开始正式引入并研究都市圈这一概念。尽管学者对都市圈的定义存在一定的差异，但普遍认为都市圈是以经济实力较强的大城市为中心，通过经济辐射和带动，与周边城市和地区形成密切联系和统一经济网络的地域空间组织形式。例如，部分学者认为，都市圈是指在地理区域范围内，以一个或两个大城市为核心，辐射带动周边中小城市而形成的有影响竞争力的城市群（胡序威和周一星，2000）。这种由核心城市以及与之有着紧密经济社会联系和一体化倾向的临接地区所构成的圈层式结构，可以呈现为单一核心或多个核心的形式（张京祥等，2001）。根据 2011 年出台的《成渝经济区区域规划》，该都市圈明确了成都和重庆两个特大城市作为成渝铁路的中心、成渝高速公路和长江水运航线是连接"工"字形城市区，交通便利（李迅，2008）。2019 年《关于培育发展现代化都市圈的指导意见》对都市圈界定标准进行了官方统一，即"以超大、特大城市或者具有辐射推动作用的大城市为核心的城市群，以'一小时通勤圈'为基本区间的城市化空间形态"。[①]

都市圈的特征主要包括：存在经济实力较强的中心城市，地域上有距离较近的城镇，中心城市与周围城镇社会经济联系密切并呈一体化，空间结构呈现圈层状。此外，都市圈还具备人口规模较大、产业结构多元化、交通网络发达等特点。都市圈的形成与发展受多种因素的综合影响，包括资源禀赋、城市化水平、区域经济发展水平、社会技术进步、经济政策以及历史因素等。不同学者对都市圈形成机制的研究角度和侧重点也有所不同，但普遍认为都市圈的形成是一个复杂而漫长的过程，需要多种因素的共同作用。都市圈的空间结构是都市圈研究的重要内容之一。

都市圈的空间结构通常呈现为核心—外围结构，即以中心城市为核心、周边城市和地区为外围，形成密切联系和分工合作的圈层状地域组织。此外，都市圈的空间结构还包括交通网络、产业布局、人口分布等多个方面。在交通网络方面，都市圈通常具备发达的交通网络体系，包括公路、铁路、航空等多种交通方式，为人员和物资的流动提供便利条件。在产业布局方面，都市圈通常形成多元化的产业结构，不同城市和地区在产业上形成分工与合作，共同推动区域经济的发展。在人口分布方面，都市圈的人口通常呈现为中心城市人口密集、周边城市和地区人口相对稀疏的特点。

学术界对都市圈的研究已经从多个维度和视角进行了深入且广泛的探讨。目前，国内外对都市圈的研究主要集中于三个学科领域：地理空间学、经济学以及政治行政学。这些研究从不同的角度切入，为理解都市圈的内涵、特征及其发展机制提供了丰富的理论基础和实证分析。

都市圈空间结构演化的研究涵盖了实证分析和模式探索两个方面。实证研究主要通过定量分析和建模手段揭示都市圈空间结构的演化特征、规律及其发展趋势。例如，Hall（2004）指出，都市圈核心城市的集聚效应受到后现代社会技术变革的影响，而这些技术变革同样推动了城市空间向分散化方向的演变。Veneri

① 资料来源：《国家发展改革委关于培育发展现代化都市圈的指导意见》（发改规划〔2019〕328 号）。

（2013）揭示了在都市圈多中心空间结构下，动态布局和边界模糊的特点，并通过分析通勤流量来识别多个区域中心。丁一文（2013）对首尔、东京、巴黎等都市圈的发展历程进行了深入剖析，发现这些都市圈大多经历了从单核心向多核心协调发展的空间结构演变过程。这些研究从不同角度探讨了都市圈空间结构演化的内在机制和外在表现，为理解都市圈发展提供了重要的理论支撑和经验证据。

都市圈经济发展水平的测量与比较研究，往往利用特定都市圈的面板数据进行定量分析。对单一都市圈经济发展水平的测量通常能找到较为精确的分析点，例如，程钰等（2013）对济南都市圈经济发展水平及其交通可达性的测量，罗守贵等（2010）对上海都市圈城市间经济流动的测量，以及安景文等（2019）对京津冀都市圈经济增长的收敛性测量。而多个都市圈之间的比较研究则倾向于更为广泛和综合的视角，如栾强等（2016）利用改良的分形模型对北京、上海和广州都市圈核心城市的经济辐射力进行了比较分析。张蕾和王桂新（2012）对东部地区的三个主要都市圈进行了经济发展的全面对比研究。以上研究通过比较分析揭示了不同都市圈之间的经济动态和相互关系。

国外关于都市圈内部的空间经济联系研究虽然不多，但可以参考与之密切相关的区域经济联系研究。Bunnell（2002）通过空间流分析了城市间的经济联系。Linneker 等（1996）将区域可达性作为中介变量，研究了伦敦市公路对周边区域经济的影响。Shen（2004）则集中于城市间的吸引力和相互作用强度，以探索区域经济联系。国内相关的研究更为广泛，例如，韩艳红和陆玉麒（2014）利用ArcGIS 空间研究技术和引力模型，对南京都市圈的经济联系度、联系强度和可达性进行了测量。卢中辉等（2016）针对都市圈边缘城市进行了经济联系格局及其发展战略的研究。廉军伟等（2017）运用经济联系强度模型研究了中心城市功能扩散的差异性。

在都市圈政治行政学领域，官卫华等（2015）通过对南京都市圈城乡规划合作的案例分析，提出了跨界都市圈空间规划协调的创新方法。邱凯付等（2020）探讨了不同都市圈在协同治理方面的特点与挑战，并通过深圳都市圈的实证研究，提出了促进都市圈协同发展、面向治理现代化的建议。总体来看，学术界对政府在都市圈发展中的作用的研究主要集中在规划协调与公共治理等关键领域，为都市圈的有效治理提供了理论支持和政策建议。

## 二、关于城市一体化的文献研究

城市一体化（Urban Integration）是区域一体化理论框架下的一个分支，通常指的是多个城市或地区在经济、社会、文化等多个方面形成紧密联系和协作，共同推动区域发展的过程。其内涵包括经济一体化、社会一体化、文化一体化等多个方面，旨在实现资源的优化配置、产业的协同发展、社会的和谐共进以及文化的交融共生。

"一体化"一词最初源于地质学，现已更多地应用于经济学和经济地理学领域。城市一体化是指以两个或两个以上地域相邻、交通便利、功能关联、地缘认同的城市为构成单元，谋求城市间经济、社会、文化、生态、治理、空间协调统一发展，其最终结果是使要素在毗邻城市间有效聚集、有效扩散，达到高度协作网络化的过程与目标（方创琳和张永姣，2014）。城市一体化地区是城市群发展的先导区和核心区，目前我国的城市一体化研究正处在理论和实践的探讨阶段。已有研究主要集中于典型城市一体化地区的形成条件、问题、解决路径及对策建议（魏宗财等，2014）。

城市一体化的动力机制主要包括市场需求、政府推动、技术进步和制度创新等。市场需求是推动城市一体化的根本动力，随着经济的快速发展和城市化进程的加速，城市间的经济联系和合作日益紧密。政府推动则通过政策引导、规划布局和基础设施建设等手段，促进城市间的协同发展。技术进步和制度创新则为城市一体化提供了有力的支撑和保障。

城市一体化的主要模式包括城市群一体化、都市圈一体化、城乡一体化等。城市群一体化是指由多个相邻城市组成的城市群在经济、社会、文化等方面形成紧密联系和协作。都市圈一体化则是以大都市为核心，通过经济辐射和带动，与周边城市和地区形成密切联系和统一经济网络的地域空间组织形式。城乡一体化则是打破城乡分割的壁垒，实现城乡经济、社会、文化等方面的协调发展。

城市一体化的空间结构通常呈现为核心—外围结构或网络状结构。核心—外围结构是指以中心城市为核心，周边城市和地区为外围，形成密切联系和分工合作的圈层状地域组织。网络状结构则是指通过交通网络、信息网络等将各个城市和地区紧密联系在一起，形成一个多要素融为一体的地域综合体。

城市一体化在推进过程中面临着诸多挑战，如行政区划壁垒、资源环境约束、产业同质化竞争等。为了应对这些挑战，需要采取一系列对策措施，如加强政策协调、优化资源配置、推动产业升级和创新发展等。同时，还需要加强城市规划和管理，提高城市治理水平，为城市一体化提供有力的支撑和保障。

国内有许多成功的城市一体化案例，如长三角城市群、珠三角城市群、京津冀城市群等。这些案例在推动城市一体化方面取得了显著成效，为其他地区发展提供了有益的经验和借鉴。例如，长三角城市群通过加强区域合作和协调发展，实现了经济的快速增长和社会的全面进步；珠三角城市群则通过推动产业升级和创新发展，打造了具有国际竞争力的产业集群和科技创新中心。

随着全球化和信息化的不断深入发展，城市一体化将成为未来城市发展的重要趋势。未来城市一体化将更加注重创新驱动和绿色发展，推动城市间的产业协作和资源共享，实现更高质量、更可持续的发展。同时，还需要加强国际合作和交流，借鉴国际先进经验和技术成果，推动城市一体化的国际化发展。

### 三、成渝地区双城经济圈的研究现状

成渝地区双城经济圈是在依托成渝城市群等框架基础上提出并升级的。学者们立足成渝城市群、成渝地区、成渝经济区等概念展开研究，主要集中于成渝地区工业结构比较与协调、统筹城乡发展的典型模式等（段小梅和黄志亮，2009），成渝经济区城市群空间结构要素特征、经济发展差异的时空演变、产业结构调整与经济发展等（彭颖和陆玉麒，2010；姚作林等，2017）方面。研究以城市群空间集聚为核心，重点探讨了城市收缩的空间格局与形成机制、网络联系格局、城市知识网络结构的多属测度、空间集聚溢出效应与协同发展等方面（王振坡等，2018；李月起，2018；赵川，2019）。

在"成渝双城经济圈"概念正式提出后，相关研究主要集中于超常规发展及其对成渝地区双城经济圈的推动效应（蒋华林，2020；陈涛和唐教成，2020；洪成文等，2020），成渝地区双城经济圈建设战略、协同发展理论逻辑与路径、川渝黔经济一体化推动经济圈建设等方面（蒋永穆和李想，2020；刘昊和祝志勇，2020）。

从研究对象看，现有研究可大致归纳为宏观与微观两个层面。在宏观研究层面，研究领域并不受限，多是聚焦于成渝经济圈的总体战略、空间结构等方面，抑或是对成渝经济圈的发展历程进行回顾。例如，康钰和何丹（2015）按照时间发展脉络对成渝地区2000多年的历史进行了梳理；钟海燕和冷玉婷（2020）通过知识图谱对成渝文献进行了可视化分析，最终通过文献脉络梳理提出了成渝地区未来的研究视角。在微观研究层面，多是研究特定领域或具体问题，并据此提出解决途径。研究以问题为导向，为解决成渝经济区中部塌陷（杨晓波和孙继琼，2014）、成渝之外地区如何融入发展（李后强等，2020）、区域发展不平衡不充分（蒋永穆和李想，2020）、发展差距较大（刘世庆，2008）等问题，分别从城市圈或城市群的理论出发，提出通过在经济一体化、产业发展一体化、公共服务一体化等方面展开研究，助力成渝地区双城经济圈的建设。

从研究方法来看，主要为实证研究、比较研究与理论研究三种方法。实证研究以现有数据建模分析或剖析现实问题居多。杨占锋和段小梅（2018）基于

拓展 MRW 模型对成渝地区的经济增长、人力资本与产业结构之间的关系进行仿真研究；李启宇和张秀文（2010）采用 Logistic 模型分析农户流转意愿的影响因素。比较研究更多地通过比较发展经济圈来取得成功的经验，并给出最后的发展建议。许旭等（2010）运用主成分分析和 GIS 相结合的研究方法，对成渝经济区 2000—2007 年的县域经济发展特征进行了综合性的分析，总结出凹型格局与离心发展态势的县域经济总体特征。李凯等（2016）在总结武汉城市群和长三角城市群经验的基础上，提出了成渝城市群在空间上集聚和传播的特点。曹清尧（2020）针对成渝城市群的发展策略，从东京和伦敦城市群的发展中寻找经验并进行归纳，以此来探讨和剖析成渝经济圈内产生的各类现象与难题。共生理论（杨晓波和孙继琼，2014）、空间交互理论（王钰兰和魏景赋，2008）和功能主义理论（秦鹏和刘焕，2021）都被学者们运用至成渝双城经济圈的空间范围定量分析中。

总之，现有关于成渝地区双城经济圈研究具有一定的基础，一方面主要通过实证研究对成渝双城经济圈进行现状分析，提出问题并据此提出建议；另一方面偏向于一体化理论，但缺少为成渝地区双城经济圈民营企业优质发展提供有适应性和可行性的实操框架及可行路径。在此基础上，推动成渝地区双城经济圈建设，在西部形成高质量发展的重要增长极，进一步推进经济高质量发展是当前理论研究和实践推进的重点。

# 第四章　新时代四川民营经济健康高质量发展现状

## 第一节　促进民营经济发展壮大的文件精神

### 一、国家层面促进民营经济发展壮大的政策性支持

党的十八大以来，我国为持续推动民营经济壮大发展出台了一系列文件、政策等（见表4-1）。党的十八届三中全会以来，强调中国社会的发展基础离不开非公有制经济，通过正式开启"放管服"的改革、价格机制的完善，补充和完善关于民营经济的产权保护制度，为促进和推动民营经济作出更大的贡献。

近年来，党中央、国务院对促进民营经济发展的政策落实高度重视。2023年7月，《中共中央　国务院关于促进民营经济发展壮大的意见》的发布，为民营经济营造高质量发展环境创设了有利条件。例如，强调民营企业与国有企业同样的政治与经济待遇，建立完善民营经济和民营企业发展工作机制，完善落实激励约束机制，及时做好总结评估等①。

2023年9月，我国设立民营经济发展局，推动各项政策举措落实到位。当前政策强调发展市场主体和资本市场，发展、扩大民企融资渠道及模式，优化营商环境，支持企业创业就业，鼓励民间资本参与重大项目，支持民营企业参与重大科技攻关等。各地各部门在贯彻落实党中央、国务院要求方面，也采取了具体有效的措施。例如，国家发展改革委等部门联合印发《关于实施促进民营经济发展近期若干举措的通知》，提出了5个方面28条落实措施。

2025年5月20日起正式施行的《中华人民共和国民营经济促进法》，成为中国民营经济发展历史上里程碑式的事件。《民营经济促进法》重申了民营经济的重要地位，更是社会主义市场经济的活力源泉。

---

① 中国民营经济研究会.促进民营经济做大做优做强［N］.人民日报，2023-09-21.

表 4-1　近年来我国民营经济的政策及主要内容

| 时间 | 来源 | 涉及民营经济的主要内容 |
|---|---|---|
| 2016 年 3 月 4 日 | 《毫不动摇坚持我国基本经济制度　推动各种所有制经济健康发展》 | 非公有制经济在我国经济社会发展中的地位和作用没有变，我们毫不动摇鼓励、支持、引导非公有制经济发展的方针政策没有变，我们致力于为非公有制经济发展营造良好环境和提供更多机会的方针政策没有变 |
| 2018 年 11 月 1 日 | 习近平：在民营企业座谈会上的讲话 | （1）概括起来说，民营经济具有"五六七八九"的特征，即贡献了50% 以上的税收，60% 以上的国内生产总值，70% 以上的技术创新成果，80% 以上的城镇劳动就业，90% 以上的企业数量。<br>（2）民营经济是我国经济制度的内在要素，民营企业和民营企业家是我们自己人。<br>（3）民营经济是社会主义市场经济发展的重要成果，是推动社会主义市场经济发展的重要力量，是推进供给侧结构性改革、推动高质量发展、建设现代化经济体系的重要主体，也是我们党长期执政、团结带领全国人民实现"两个一百年"奋斗目标和中华民族伟大复兴中国梦的重要力量。<br>（4）非公有制经济要健康发展，前提是非公有制经济人士要健康成长 |
| 2020 年 9 月 16 日 | 习近平对新时代民营经济统战工作作出重要指示 | 坚持"两个毫不动摇"，把团结好、引导好民营经济人士作为一项重要任务。各级党委要加强对民营经济统战工作的领导，全面贯彻党的方针政策，抓好党中央各项决策部署贯彻落实 |
| 2023 年 7 月 14 日 | 《中共中央　国务院关于促进民营经济发展壮大的意见》 | 民营经济是推进中国式现代化的生力军，是高质量发展的重要基础，是推动我国全面建成社会主义现代化强国、实现第二个百年奋斗目标的重要力量。<br>优化民营企业发展环境，依法保护民营企业产权和企业家权益…… |
| 2023 年 7 月 20 日 | 进一步激发民营经济发展活力——国家发展改革委有关负责人就《中共中央　国务院关于促进民营经济发展壮大的意见》答记者问 | 长期以来，民营经济在稳定增长、促进创新、增加就业、改善民生等方面发挥了积极作用，已经成为我国经济制度的内在要素，推动经济持续健康发展的重要力量 |
| 2025 年 5 月 20 日 | 《中华人民共和国民营经济促进法》 | 我国第一部专门关于民营经济发展的基础性法律，从公平竞争、投资融资促进、科技创新、规范经营、服务保障、权益保护、法律责任等方面作出规定，进一步优化公平、可预期的发展环境 |

资料来源：笔者整理所得。

## 二、四川省促进民营经济高质量发展的文件精神

近年来，四川省各级政府通过出台一系列政策文件和专项指导意见（见表4-2、表4-3）鼓励和支持民营企业发展，这些政策和措施的实施为四川省民营经济发展提供了有力保障和支持。

表4-2　四川省近年来涉及民营经济主要会议精神

| 时间 | 会议 | 涉及民营经济的主要内容 |
| --- | --- | --- |
| 2018年10月23日 | 四川省民营企业家座谈会 | 强调四川省各级各部门要深入学习领会习近平总书记关于发展民营经济的系列重要指示精神，进一步优化营商环境，认真研究解决制约民营经济发展的突出问题，以实际行动支持和促进民营经济健康发展 |
| 2020年3月25日 | 四川省民营经济和中小企业发展领导小组会议 | 强调四川省各地各有关部门要充分认识民营经济和中小企业稳定健康发展对落实好中央关于"六稳"工作要求的重要意义，准确把握当前国际国内形势，坚定发展信心，坚决把促进民营经济和中小企业加快恢复发展摆在稳定四川省经济社会发展大局的突出位置来抓 |
| 2023年5月19日 | 四川省委专题会议 | 强调要坚决贯彻党中央的大政方针和决策部署，坚持"两个毫不动摇""三个没有变"，进一步解放思想、提升服务、落实政策，更好地促进四川省民营经济健康发展、高质量发展 |
| 2023年6月6日 | 四川省民营经济和中小企业发展领导小组会议 | 强调要深入学习贯彻习近平总书记关于民营经济发展的重要论述和在二十届中央全面深化改革委员会第一次会议上的重要讲话精神，认真贯彻李强总理的讲话精神，全面落实四川省委专题会议部署，坚持"两个毫不动摇""三个没有变"，对标浙江省等地先进做法，动真碰硬、突破藩篱，加快打造市场化法治化国际化一流营商环境，更好促进民营经济健康、高质量发展 |
| 2023年6月20日 | 四川省民营经济发展壮大电视电话会议 | 强调要深入学习贯彻习近平总书记关于发展民营经济的重要论述和在二十届中央财经委员会第一次会议上重要讲话精神，落实四川省委十二届三次全会和省委专题会议部署，聚焦民营企业最关心、反映最强烈的突出问题，进一步优化营商环境，采取更直接更管用的干货措施，助力广大民营企业和个体工商户强信心复元气，全力推动民营经济发展取得立竿见影的成效，全力促进高校毕业生等青年充分就业 |

资料来源：笔者整理所得。

表4-3　四川省促进民营经济发展壮大的主要政策文件

| 文件名称 | 发文单位 | 发文时间 | 主要内容 |
| --- | --- | --- | --- |
| 《中共四川省委　四川省人民政府关于促进民营经济健康发展的意见》 | 中共四川省委、四川省人民政府 | 2018年11月16日 | 降低民营企业市场准入门槛、拓宽民营资本投资领域、促进民营企业公平竞争、全面落实税收优惠政策、严格清理规范涉企收费、加强民营企业信贷支持 |

续表

| 文件名称 | 发文单位 | 发文时间 | 主要内容 |
|---|---|---|---|
| 《四川省发展和改革委员会贯彻落实〈中共四川省委 四川省人民政府关于促进民营经济健康发展的意见〉的具体措施》 | 四川省发展改革委 | 2018年12月26日 | 全面实施市场准入负面清单制度、拓宽民间投资领域、支持民营企业参与军民融合发展、降低民营企业用电成本、切实加强民间投资服务等22条具体措施 |
| 《四川省民营经济发展环境提升行动方案》 | 中共四川省委办公厅、四川省人民政府办公厅 | 2023年6月 | 开展政策清理完善、融资难题破解、拖欠账款清理、资源要素保障、政务服务效能提升等行动 |
| 《关于促进民营企业发展壮大的若干措施》 | 中共四川省委办公厅、四川省人民政府办公厅 | 2023年6月 | 针对支持加大研发投入、支持首台（套）产品推广应用、加大融资担保支持力度、提升惠企贷款服务质效、减轻企业社保缴费负担、参与工程项目建设、参与政府采购、开拓国际国内市场、降低用电用气用地成本等方面制定了10条措施 |

资料来源：笔者整理所得。

　　早期政策突出政策体系对四川民营企业家及民营经济发展的引导支持作用。2015年11月25日，四川省人民政府办公厅印发了《关于鼓励川商返乡兴业回家发展的指导意见》，这是四川省专门针对川商群体出台的首个支持政策体系。该政策从积极引导川商返乡兴业投资重点领域、川商返乡兴业一视同仁享受现有优惠政策、加大对川商返乡兴业的财政支持引导等多个方面制定了具体措施。例如，鼓励在外川商企业总部整体搬迁回归四川或在川新设立地区总部、功能性机构和回家发展工程总部基地，支持川商积极参与四川七大优势产业、七大战略性新兴产业等领域的投资发展，并对符合条件的川商返乡兴业项目在用地指标、直购电、天然气直供等方面给予优先保障和优惠政策。

　　2016年，四川省人民政府办公厅印发《创业四川行动实施方案（2016—2020年）》，该方案深入实施创新驱动发展战略，营造良好的创新创业生态环境，激发全社会创新创业活力，其中包括对四川民营企业家返乡创业的支持措施，为创新创业搭建科技研发、经费和融资等服务平台。

　　近年来，四川民营经济取得了显著的进步，通过多项举措壮大民营经济发展，经营主体数量持续增长，经济规模稳步提升。为了持续优化营商环境，激发市场主体活力，维护市场主体合法权益，推进政府治理体系和治理能力现代化建设，推动成渝地区双城经济圈建设，形成西部高质量发展的重要增长极，2021年3月26日，四川省第十三届人民代表大会常务委员会第二十六次会议通过《四川省优化营商环境条例》（以下简称《条例》），《条例》明确提出按照成渝地区双城经济圈建设国家战略，与重庆市协同推进以下优化营商环境工作：①加强毗邻地区合作，支持共建区域发展功能平台，探索经济区与行政区适度分离，促进要素自由流动，提高资源配置效率；②推进政务服务标准统一、跨省通办、监管联合、数据共享、证照互认；③加强公共法律服务、多元化纠纷解决机制协作；④完善执法联动响应和协作机制，实现违法线索互联、处理结果互认；⑤完善司法协作机制，推进高水平司法服务和保障[①]。

2023年，针对民营经济活力不足，四川省委办公厅、省政府办公厅出台"1+2"政策文件落实省委促进民营经济健康发展专题会议部署，印发了《四川省民营经济发展环境提升行动方案》《关于促进民营企业发展壮大的若干措施》《关于进一步促进个体工商户发展的若干措施》等通知，要求各地、各部门结合实际认真贯彻落实[②]。其中，《四川省民营经济发展环境提升行动方案》聚焦民营市场主体最关心、最突出的问题，提出开展政策清理完善、融资难题破解、拖欠账款清理、资源要素保障、政务服务效能提升等行动，并明确了保障措施，进一步优化民营企业发展环境，促进民营经济健康发展、高质量发展。《关于促进民营企业发展壮大的若干措施》从支持加大研发投入、支持首台（套）产品推广应用、加大融资担保支持力度、提升惠企贷款服务质效、减轻企业社保缴费负担、参与工程项目建设、参与政府采购、开拓国际国内市场、降低用电用气用地成本等方面制定了10条措施。

四川通过构建"1+2"的政策体系，确保民营企业及个体工商户发展，措施主要涵盖政策梳理与优化、融资难题的解决、资源要素的保障以及政务服务效能的提升等方面[③]。此外，还相继出台了促进四川民营企业发展壮大、个体工商户发展等配套文件。这一系列政策的组合出台，形成了强有力的政策体系，旨在全面促进四川民营经济的蓬勃发展。

四川各级地方政府认真贯彻落实省政府支持民营经济发展的意见（见表4-4），加强产业引导和服务保障。例如，攀枝花市人民政府办公室于2016年4月18日印发了关于贯彻落实《关于鼓励川商返乡兴业回家发展的指导意见》的

---

① 刘化雨.四川省优化营商环境条例［N］.四川日报，2021-04-03.
② 刘泰山.四川出台"1+2"政策组合拳促进民营经济高质量发展［N］.成都日报，2023-07-07.
③ 李洋，乔薇.四川推出促进民营经济发展"1+2"政策［N］.四川经济日报，2023-07-07.

实施意见，该意见支持川商积极投资攀枝花工业"4+4"产业、服务业"1+4+3"产业和现代特色精品农业，并鼓励川商企业总部整体搬迁至攀枝花或在攀新设立地区总部、功能性机构和工程总部基地。攀枝花市还通过加大项目要素保障、项目用地保障、财政和融资引导服务保障等措施，进一步优化四川民营企业家返乡赴攀兴业投资环境。

表 4–4　四川省部分市县促进民营经济健康发展的政策措施

| 地方政府 | 政策 / 时间 | 主要内容 |
|---|---|---|
| 攀枝花市 | 攀枝花市人民政府办公室贯彻落实《关于鼓励川商返乡兴业回家发展的指导意见》的实施意见（2016 年） | 支持四川民营企业家积极投资攀枝花工业"4+4"产业、服务业"1+4+3"产业和现代特色精品农业，并鼓励四川民营企业家企业总部整体搬迁至攀枝花或在攀新设立地区总部、功能性机构和工程总部基地 |
| 成都市 | 《中共成都市委　成都市关于促进民营经济健康发展的意见》（2018 年） | 降低民营企业经营成本，缓解民营企业融资难融资贵，加强民营企业合法权益保护，营造法治化国际化便利化营商环境 |
| 成都市龙泉驿区 | 2019 年出台 19 项举措 | 降低民营企业生产经营成本，缓解融资难、融资贵问题，支持民营企业做大做强，推动民营经济高质量发展，优化民营经济营商环境，加强促进工作组织保障 |
| 成都市双流区 | 2022 年抓好"三个落实" | 落实"三大引领""三大行动""三大体系" |
| 成都市双流区 | 2022 年创新"三联"机制 | 建立健全企业联系走访、企业家联谊交友、跨部门联动协作机制 |
| 成都市武侯区 | 2018 年落实"三张卡"制度 | 鼓励和扶持民营企业发展的 22 项政策，推出"成长贷""壮大贷"，建立重点企业联系制度 |
| 成都市 | 2024 年民营经济 55 条 | 为成都市民营经济发展提供了全方位的政策支持 |

资料来源：笔者整理所得。

2021 年 8 月，遂宁市出台《遂宁市鼓励川商（遂商）返乡兴业回家发展实施方案》，积极引导川商（遂商）返乡兴业投资重点领域：发展总部经济、突出重点产业、助推消费市场、鼓励产学研项目。具体措施包括对川商（遂商）返乡兴业实施优惠政策、招商引资一视同仁、参展参会采购支持、加大财政支持力度。通过强化信贷支持、拓宽投融资渠道、支持直接融资等方式强化川商（遂商）返乡兴业的融资服务。做好川商（遂商）返乡兴业项目的土地要素保障、生产要素保障。建设川商（遂商）返乡兴业产业园，搭建川商（遂商）返乡兴业平台。

成都市出台了多项政策文件优化民营经济发展环境，激发民营经济发展活力，促进民营经济发展。成都市 2024 年 5 月以来出台了 55 条政策措施促进民营经济发展，主要包括促进市场公平准入、支持参与政府采购、支持发展壮大和数字化转型、加大对个体工商户的支持力度、加大投融资支持力度、强化人才和用工保障、强化土地要素保障、加强新型生产要素供给、推动提升国际竞争力等举措。其中，加大融资支持力度、健全民营经济运行监测指标体系是最重要的内容。"民营经济 55 条"的出台，为成都市民营经济发展提供了全方位的政策支持。这些政策措施瞄准解决企业发展的"痛点""堵点"等问题，有助于提振民营企业投资和发展信心、挖掘民营经济市场潜力、优化民营经济经营环境、增强民营经济转型升级内生动力。

综上所述，从国家层面到各级政府，均对民营经济的高质量发展给予了高度重视，并采取了一系列部署和政策措施。这些措施旨在加快转变发展方式、调整产业结构、转换增长动力，以全面提升川渝地区民营经济的综合竞争力。四川省出台了一系列政策措施促进民营经济发展，各级政府强调综合施策促进民营企业发展上新台阶。除此之外，四川省全面实施市场准入负面清单制度和公平竞争审查制度，建立全省统一的企业维权服务平台，畅通民营企业反映诉求的渠道，依法保护企业家财产权、创新权益和自主经营权。同时，还通过优化政务服务、提高审批效率等措施，为民营企业提供更加便捷、高效的服务环境。通过营商环境优化、政策优惠、创新支持、平台搭建和表彰奖励等方式引导民营企业发展。

## 第二节　四川省民营经济高质量发展态势

进入新时代以来，四川省民营经济在高质量发展方面取得了显著成效。一方面，民营企业不断加强技术创新和品牌建设，提高了自身的核心竞争力；另一方面，政府通过制定和实施一系列政策措施，如减税降费、融资支持等，鼓励和支持民营经济高质量发展。这些措施的实施使四川民营经济在高质量发展方面取得了明显成效，涌现出了一批具有行业影响力和竞争力的民营企业。

### 一、总体规模与增长

近年来，四川省民营经济持续快速增长，民营经济已占据经济中的主体地位，成为推动四川省经济社会发展的重要力量。截至 2024 年一季度末，四川省实有民营经营主体 881.93 万户，同比增长 6.5%，占全部经营主体的比重为

97.2%。其中，私营企业 247.34 万户，同比增长 9.73%；个体工商户 623.94 万户，同比增长 5.39%。2023 年民营经济增加值达 32195.1 亿元，同比增长 5.6%，增速较上年同期提高 4.4 个百分点。分产业看，第一产业实现增加值 1487.2 亿元，同比增长 4.0%；第二产业实现增加值 13819.4 亿元，同比增长 4.7%，其中工业增长 5.9%、建筑业增长 1.9%；第三产业实现增加值 16888.5 亿元，同比增长 6.6%，其中批发和零售业增长 8.7%、住宿和餐饮业增长 12.7%。[①]

四川民营经济"头部效应"明显，四川民营企业 100 强的总体规模、资产总额和利润水平均持续增长。2023 年四川民营企业 100 强营业收入总额达 17349.93 亿元，较上年增加 3149.28 亿元，增长 22.18%。资产总额达 17876.62 亿元，较上年增加 2566.55 亿元，增长 16.76%。净利润总额首次突破千亿元，达 1227.45 亿元，较上年增加 556.2 亿元，增长 82.86%[②]。其中，通威集团有限公司以 320.40 亿元的净利润高居第一名，天齐锂业股份有限公司和宜宾市天宜锂业科创有限公司分别以 241.25 亿元和 87.78 亿元位居第二名和第三名。新希望控股集团有限公司以 2786.64 亿元的营业收入位居第一名，占百强营业收入总额的 16.06%；通威集团有限公司和四川省川威集团有限公司分别以 2148.82 亿元和 815.66 亿元位列四川民企百强榜的第二与第三名；前 20 家企业营业收入总额为 11572.08 亿元，占百强总额的 66.7%。[③]

## 二、产业结构

四川民营经济涵盖了广泛的行业领域，包括农业、制造业、现代服务业等多个方面。其中，制造业是民营经济的重要组成部分，涉及机械、电子、化工、食品等多个细分领域。同时，服务业也在民营经济中占据重要地位，包括金融、物流、餐饮、旅游等行业。此外，随着农业现代化的推进，农业领域的民营企业也在不断发展壮大。

近年来，四川大力实施制造强省战略，制造业发展实现"量质齐升"。2023 年四川省工商联发布的"2023 四川民营企业 100 强"榜单和《2023 四川民营企业 100 强调研分析报告》显示，制造业在实体经济中占据主要地位。民营企业百强 67 家制造业企业中，有 27 家企业营业收入超 100 亿元，同比增加 10 家；有 32 家企业营业收入在 40 亿~100 亿元，与上年基本持平；仅 8 家企业营业收入在 40 亿元以下，较上年减少 9 家。四川民营企业 100 强制造业优质企业结构继续优

---

① 资料来源：四川省市场监督管理局。
② 史晓露. 超四成企业已进行数字化整体布局［N］. 四川日报，2023-11-08.
③ 资料来源：《2023 四川民营企业 100 强调研分析报告》。

化，头部、腰部企业数量增加，尾部企业数量减少。2020—2022 年，每年入围四川民营企业 100 强的制造业企业数量占比均超过 50%，且占比逐年递增[①]。

从产业分布来看，四川民营企业 100 强中第二产业继续占据主体地位，入围企业数量为 72 家，其中制造业类企业共 67 家，较上年增加 2 家，制造业主导地位增强，主要集中在黑色金属冶炼和压延加工业，计算机、通信和其他电子设备制造业，化学原料和化学制品制造业，有色金属冶炼和压延加工业四大行业，分别为 12 家、8 家、7 家和 8 家。对比 2021 年、2022 年行业分布情况，综合类、建筑业类、房地产业类上榜企业均有小幅减少趋势。

**三、高质量发展动能**

四川省高度重视民营企业的创新能力建设，通过实施一系列创新政策和措施，推动了民营企业技术创新和成果转化。民营企业的创新能力和核心竞争力得到有效提升。

根据《2023 四川民营企业 100 强调研分析报告》显示，四川民营企业 100 强研发投入增长 46%，超四成企业已进行数字化布局，技术创新是民营企业发展的核心动力。观察上榜企业不难发现，加强科技创新、持续优化产业结构是企业保持竞争力的关键。从研发投入来看，2023 年四川民营企业 100 强研发投入总和为 243.29 亿元，同比增长超 46%。54 家企业被认定为高新技术企业，同比增加 6 家；自主创新活力逐步增强，拥有国内外有效专利同比增长 13.47%；拥有有效发明专利同比增长 7.5%；关键技术来源途径更加丰富，以产学研合作作为关键技术来源的企业共 58 家，较上年增加 10 家。新能源、新材料、电子信息、医药等行业企业，保持更高的研发投入。其中，四川时代新能源科技有限公司研发费用最高，接近 60 亿元（59.96 亿元），研发强度为 10.52%。此外，通威集团有限公司、新希望控股集团有限公司、四川科伦实业集团有限公司、四川渠心科技集团有限公司，研发费用均超过了 10 亿元。[②]

创新驱动提能，转型升级提速。调研发现，技术创新、打造品牌、质量控制、产业升级等是企业转型升级的主要途径。值得关注的是，数字化转型是企业转型升级的动力引擎，42% 的企业已进行数字化整体布局，37% 的企业已引进数字化专业人才，40% 的企业通过数字化赋能实现降本增效。政策支持也为企业科技创新和转型升级赋能。47 家企业受政策支持引导走向转型升级之路，有 86

---

① 史晓露. 超四成企业已进行数字化整体布局［N］. 四川日报，2023–11–08.
② 资料来源：《2023 四川民营企业 100 强调研分析报告》。

家企业认为税收减免政策发挥了积极作用,此外,产业政策、科技人才奖励政策等也发挥了较大作用①。

总体来看,民营企业转型升级初见成效。一些传统制造业企业,依靠技术创新等手段,在营业收入规模快速增长的同时,制造业发展质量也有明显的提升。例如,四川省川威集团有限公司和四川德胜集团钒钛有限公司从普通钢铁冶炼向"钒钛 + 钢铁"等高端化方向发展,产业结构不断优化,走上了绿色发展之路。

### 四、四川民营经济的主要贡献

民营经济在四川经济中的贡献度不断提升,成为推动四川省经济社会发展的重要力量,对四川经济社会的繁荣发展做出了"56999"的重要贡献。主要表现在:

(一)四川民营经济贡献了 50% 以上的地区经济增长

2023 年,四川省地区生产总值(GDP)为 60132.9 亿元,按可比价格计算,比上年增长 6.0%。人均地区生产总值为 71835 元,增长 6.0%。民营经济撑起四川经济的"半壁江山"。2023 年,四川民营经济增加值为 32195.1 亿元,比上年增长 5.6%,占地区生产总值的比重为 53.5%。近年来四川民营经济增长情况如图 4-1 所示。

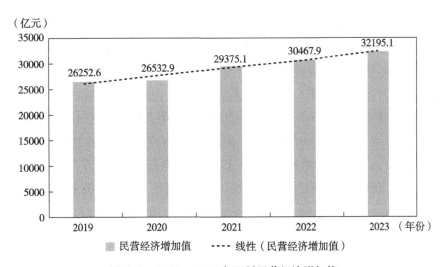

图 4-1　2019—2023 年四川民营经济增加值

资料来源:笔者整理所得。

---

① 资料来源:《2023 四川民营企业 100 强调研分析报告》。

（二）四川民营经济贡献了 60% 以上的地方税收

在宏观经济"下行压力"面前，2023 年四川省民营经济主体实现营业收入 11.8 万亿元，同比增长 11.2%，营业利润为 3969.0 亿元，同比增长 12.9%。2023 年四川省民营经济实现入库税收 4464.7 亿元，同比增长 27.8%，扣除留抵退税因素影响同比增长 6.5%，占四川省税收比重为 62.3%，较上年同期提高 3.3 个百分点。这为地方财政收入的稳定持续增长做出了突出贡献。

（三）四川民营经济承载了地区 90% 以上的就业岗位

一直以来，四川民营企业在就业行动中为高校毕业生和社会求职者提供了丰富的岗位。民营企业积极参与"民营企业招聘周""金秋招聘月""民企高校携手促就业"等招聘活动，通过多渠道创造就业岗位，缓解就业压力。[①] 截至 2023 年底，四川省民营经济城镇就业登记 2589 万人，同比增长 11.1%，占四川省城镇就业登记总人数的 92.5%，较上年同期提高 1.1 个百分点。2023 年四川民营经济吸纳城镇新增就业 98.0 万人，占城镇新增就业总数的 94.2%，较上年同期提高 1.2 个百分点。[②]

（四）四川民营经济主体占四川市场主体的 90% 以上

民营经济持续为四川经济社会发展注入新活力，截至 2023 年底，四川省实有民营经营主体 876.7 万户，同比增长 9.0%，占市场主体总量的 97.3%，民营企业数量达到 225.4 万家。其中，私营企业 244.2 万家，同比增长 13.5%；个体工商户 621.8 万户，同比增长 8.1%；农民专业合作社 10.7 万户，同比增长 0.7%。民营经济主体数量近五年来实现 280 万户的增长（见图 4-2）。其中 2 家民营企业进入世界 500 强，108 家民营企业 A 股上市。2023 年，四川省新登记民营经营主体 145.5 万户，同比增长 20.7%。其中，私营企业 48.9 万户，同比增长 15.4%；个体工商户 96.1 万户，同比增长 23.6%。四川省共有涉税民营经营主体 446.0 万户，同比增长 34.5%，其中 2023 年新增 113.1 万户。民营科技型中小企业达 20937 家，同比增长 12.3%。[③] 四川近年来民营经济主体数量情况如图 4-2 所示。

---

① 苏显中.四川省民营企业社会责任报告（2023）发布［N］.中华工商时报，2024-01-15.
②③ 资料来源：四川省市场监督管理局。

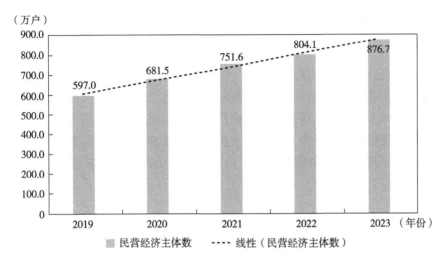

**图 4-2　2019-2023 年民营经济主体数**

资料来源：笔者整理所得。

**（五）四川民营经济贡献了 90% 以上科技型中小企业**

四川民营企业家成为地区科技创新的重要引领者。近年来，四川强化企业创新主体培育，着力构建创新型领军企业、高新技术企业、科技型中小企业梯次培育体系。2023 年末四川省有高新技术企业 16898 家，科技型中小企业 21003 家。2023 年四川省民营企业技术合同登记 14177 项，同比增长 36.50%，占四川省技术合同登记总数的 49.93%；登记成交额 941.48 亿元，同比增长 55.66%，占四川省登记成交总额的 48.24%。同时，四川百强民营企业研发投入总体稳中有进，研发投入为 243.29 亿元，较上年增加 46.09%。2023 年四川省企业技术创新发展能力 100 强名单中，90% 以上为民营企业。

**（六）四川民营企业是社会责任履行的关键带头者**

在四川省工商联、商协会的引领下，四川民营企业家弘扬优秀企业家精神，争做爱国敬业、守法经营、创业创新、回报社会的典范，履行社会责任，促进共同富裕，展现使命担当。四川民营企业家连续 30 年开展"光彩事业"四川民营企业家行、市州行活动。截至 2023 年底，13530 家民营企业、400 多家商（协）会结对帮扶 9667 个村，实施"兴村"项目 16276 个。2023 年，广大民营企业投身 39 个欠发达县域托底性帮扶工作，建立"2 家民营企业 +2 家商（协）会"县域结对机制，160 家重点民营企业和商（协）会与欠发达县域紧密结对帮扶。

# 第三节 四川民营经济高质量发展现状

当前宏观经济处于"新三期叠加"阶段，民营经济发展也面临相应的结构升级、动力转换等诸多阵痛，发展瓶颈日益凸显。在"制造业去产能化、房地产去库存化、金融去杠杆化"等挑战下，民营经济发展的融资贵、用工难、成本高和利润薄等问题较难得到解决。四川民营企业高质量发展面临的主要问题包括经营环境不稳定、资源要素保障难、企业自身发展能力不足以及区域发展不均衡等方面。

## 一、四川民营企业高质量发展的主要问题

（一）经营环境

1. 市场环境不稳定，市场需求收缩

受全球经济形势和国内经济结构调整的影响，四川民营企业面临的市场需求有所收缩，导致企业销售增长乏力。四川省民营经济增加值占四川省 GDP 比重持续下降，从 2019 年的 56.3% 下降到 2023 年的 53.5%。[①] 同时，原材料、劳动力等生产要素价格的上涨导致生产成本上升，增加了企业的生产成本，压缩了企业的利润空间。

2. 营商环境不够优良，政策执行欠缺

主要表现在政策的执行力度不够，部分政府部门在落实支持民营企业的政策措施时存在推诿扯皮、敷衍了事的现象，导致企业难以获得实质性的政策红利。另外，一些政府部门服务意识不强，在服务民营企业时缺乏主动性和积极性，政策宣传解读不到位，企业遇到困难时难以得到及时有效的解决。

（二）资源要素

1. 融资难、融资贵

一是中小民营企业融资渠道有限，四川民营企业主要通过银行贷款和民间借贷等方式融资，但银行贷款对抵押条件要求严格，信用贷款额度低，且手续复杂、时间长。二是融资成本高昂，民间借贷利率较高，增加了企业的融资成本。同时，银行在贷款过程中收取的中介手续费较高，进一步加重了企业的负担。

2. 土地、能源要素保障难

建设用地指标有限，政府每年下达的建设用地指标有限，且多优先用于大型

---

① 资料来源：四川省市场监督管理局。

企业、招商项目用地，小微企业难以申请到用地指标。部分中小企业的土地和厂房存在历史遗留问题，无法获取土地证和房产证，导致这些企业无法到银行进行资产抵押贷款，企业经营发展较为困难。

3. 能源要素成本高

部分地区由于资源短缺或基础设施不完善，制约了民营企业的快速发展。部分区域水、电、气等配套设施不够完善，直购电优惠政策条件较高，预缴电费政策加大了企业资金成本。

（三）企业自身发展

1. 产业结构较为单一

现在，四川省产业以传统制造业、建筑业、批发零售等传统行业为主，而在高端装备制造、绿色环保、新材料等战略性新兴产业等方面的培育还存在明显不足。

2. 创新能力不足，研发投入不够

部分民营企业缺乏自主研发能力，研发投入不足，导致产品技术含量低，市场竞争力不强。企业技术创新能力不足、数字化转型压力较大，国际产业价值链被中低端锁定。

3. 专业人才短缺

受地域、待遇等因素的限制，四川民营企业难以吸引和留住高端人才，制约了企业的创新发展。

4. 转型升级困难

产业结构不合理，部分民营企业仍停留在传统产业领域，难以适应市场变化和消费升级的需求。企业转型升级需要投入大量资金和技术支持，但部分民营企业由于资金实力有限，难以承担高昂的转型升级成本。

5. 产业链上的协同不强

四川民营企业之间缺乏有效的产业链和创新链协同，导致产业链上下游企业之间的衔接不紧密，影响了整体产业的发展水平。区域合作不紧密，不同地区之间的民营企业缺乏紧密的合作和交流机制，难以形成优势互补、协同发展的良好局面。

## 二、四川民营企业家高质量健康成长的主要问题

现阶段我国民营经济发展正处于关口重压、转型突破的关键时期，四川民营企业家也面临外部风险和自身蜕变的双重考验。为全面了解四川民营企业家群体思想动态及经营现状，本书通过文献研究、问卷调查和企业家访谈，进一步摸清

民营经济人士的"成长烦恼"，从而为打造适应新时代民营经济高质量发展的四川民营企业家队伍提供一定参考。

在合规经营方面，四川民营企业家大多遵纪守法、诚信合规经营，支持"亲""清"型政商关系构建，但依法治企能力有待提升，部分人存在道德失范行为。

在身心素质方面，四川民营企业家具备较强的身体素质、旺盛的精力体力与良好的心理状况。但在国外形势错综复杂的关键期，企业家发展信心缺失，存在"远忧近虑"。访谈表明，四川民营企业家在日常经营管理中，消极情绪的排解力、情绪冲动的抑制力不够，"情绪稳定性"有待增强。

在学习能力方面，四川民营企业家具备引领企业发展的学习能力，在沟通协调、战略谋划等方面表现突出，但部分人缺乏独立思考能力，在危机应对管理方面仍有较大提升空间。从外部来看，尽管国家出台了大量支持民营经济发展的政策，但执行中存在"频繁变动"或"不透明"现象，导致四川民营企业家难以制订长期计划，一定程度上影响了其战略决策和风险规划。从自身来看，部分人对宏观环境的深刻变化缺乏足够认识，仍保持经营企业的惯性思维、传统模式，其主要表现在企业发展战略、组织管理方式的调整相对滞后方面。风险管控能力不强，在市场研究、客户选择等方面有待提高。此外，随着创一代年龄增长，代际传承的危机"魔咒"较难打破。访谈表明，新四川民营企业家与老一辈存在理念差异和沟通障碍，短时间内难以传承老四川民营企业家的主业深耕与守正创新。

在创新方面，四川民营企业家整体创新、坚韧意识较强，乐观豁达、坚韧执着，能平衡工作与生活的关系，保持长期主义精神。大部分重视所在领域的积累积淀，注重探索"专精特新"道路，但精益求精的工匠精神仍有缺失。从外部来看，培育工匠精神的土壤营养不良，存在人心浮躁、盲目竞争和急功近利等现象。具备工匠精神的高级技能型人才缺失，工匠延传发扬制度尚未健全，"劣币驱逐良币"现象时有发生。从自身来看，由于"匠心"融入每个生产环节，既要对职业有敬畏、对质量够精准，又要有敢于突破的创新活力，因此追求卓越等精神"锤炼"成本过高。部分企业家未能理解工匠精神对企业品牌形象塑造、顾客忠诚度培育的重要性，不愿"做到极致"，不重视企业"工匠文化"打造，企业家精神有待培育。

在社会责任履行方面，四川民营企业家积极践行社会责任，担当了"社会价值导向"的先行者，在关怀企业员工、投身公益慈善、参与精准扶贫和社区服务等方面表现亮眼，但整体社会责任践行效果不尽如人意。从外部来看，履行社会责任的社会化、市场化激励约束机制尚未健全，良好社会氛围尚未形成。访谈表明，企业家较难按自身意愿开展公益活动，承担捐款等社会负担较重，获取的尊重与回馈不够。从自身来看，部分企业家对社会责任的要求与内涵认识不清或较为片面，例如，有的单纯热心社会公益，但所在企业存在环境污染、产品质量低等负面问题。

## 第四节　四川民营经济高质量发展的契机与挑战

### 一、四川民营经济高质量发展的主要契机

（一）政策支持与营商环境的优化为民营企业创造更加宽松和有利的发展条件

党中央和国务院高度重视新时代推进我国民营经济高质量发展这一重要问题，努力构建民营经济高质量发展的长效机制。2024 年 10 月 10 日，司法部、国家发展改革委在门户网站公布《中华人民共和国民营经济促进法（草案征求意见稿）》，向社会公开征求意见。2025 年 4 月 30 日，第十四届全国人民代表大会常务委员会第十五次会议通过《中华人民共和国民营经济促进法》，自 2025 年 5 月 20 日起施行。民营经济促进法作为我国第一部专门关于民营经济发展的基础性法律，能更好地发挥法治固根本、稳预期、利长远的保障作用，稳定市场预期、提振发展信心，营造有利于包括民营经济在内的各种所有制经济共同发展的法治环境和社会氛围。

四川省委、省政府积极推动全面深化改革，近年来，出台了一系列政策措施，旨在优化民营经济发展环境和激发民营经济活力。例如，以控制成本为核心优化营商环境，降低企业制度性交易成本、生产经营成本等，为民营企业创造更加宽松和有利的发展条件。四川不断完善民营企业全方位服务体系，包括政策咨询、融资支持、市场开拓、人才引进等方面，为民营企业提供更加全面和便捷的服务。政府还加大了对民营企业的政策扶持力度，如提供税收优惠、财政补贴等，以减轻企业负担，增强其发展动力。

2023 年 7 月，四川出台促进民营经济发展"1+2"政策体系。"1"即一个《四川省民营经济发展环境提升行动方案》，主要着眼于更好地发挥政府作用，打破制约发展环境的关键症结，进一步提高政府的服务质效，主要包含政策清理完善行动、融资难题破解行动、拖欠账款清理行动、资源要素保障行动、政务服务效能提升行动 5 个专项行动。"2"即《关于促进民营企业发展壮大的若干措施》《关于进一步促进个体工商户发展的若干措施》两个政策措施，主要着眼于激发

民营企业和个体工商户内生动力，通过"真金白银"的政策支持帮助他们解难题、增信心、谋发展。

（二）成渝地区双城经济圈建设为四川民营经济高质量发展提供了广阔的空间

作为国家战略部署的成渝地区双城经济圈，为四川民营经济高质量发展提供了广阔的空间。四川民营企业可以积极参与成渝地区双城经济圈的建设，利用区域协调发展的机遇，实现自身的高质量发展。从城镇化发展水平来看，成渝地区双城经济圈城镇化水平的区域性差异较大，同样呈现"两中心独大"的特征。两大核心城市（成都市、重庆市）的城镇化水平分别为73.12%和65.50%，而资阳、广安的城镇化水平分别只有42.7%和41.9%。成渝地区双城经济圈内部"两中心独大"的结构性特征使其内部在发展中存在比较严重的不均衡不协调问题，影响到成渝地区双城经济圈的高质量发展，在推动成渝地区双城经济圈建设的过程中，充分发挥成都市和重庆市两大核心城市的辐射带动作用，加快推动其他中小城市通过加强合作实现共同发展。成渝地区双城经济圈中部地区城镇化建设给民营企业带来投资空间，民营企业通过加快基础设施建设、优化产业布局等方式参与其中。

（三）新质生产力培育为四川民营经济提供新的增长点

新质生产力的一个特征是以关键性和颠覆性技术为核心，通过变革企业内部的技术路径、产业模式，产生新业态、创造新产品、引发新需求，淘汰旧产品或服务，改变现有的市场格局，驱动生产力向新的能级跃迁[①]。其一，新质生产力通过驱动企业生产效率提升为民营企业创新赋能。近年来，随着信息技术、生物技术、新能源技术等关键性技术的迅猛发展，原始创新实现了更多"从0到1"的突破，在一些关键技术上突破了"阿喀琉斯之踵"，将其应用在企业中可以大幅度地降低生产成本，从而为企业创新试错提供了更多机会，最大限度实现企业创新赋能。其二，新质生产力通过促进商业模式创新为民营企业扩大了市场份额。企业技术变革往往伴随着商业模式的创新，企业内部原有的格局被打破重组，有助于企业跨过市场壁垒，以新的商业模式和竞争优势抢占市场份额，而市场份额扩大会"倒逼"民营企业进行创新、研发，以满足更多样化的市场需求，激发民营企业活力。其三，新质生产力通过颠覆性创新增强企业核心竞争力。民营企业通过关键性技术的变革和改进，巩固加强企业的核心竞争力，使其能够克服市场竞争中的短板，增强企业在市场竞争中的适应能力和抗风险能力，在面对复杂多变的市场环境时能够迅速反应，在企业竞争中占据比较优势。

---

① 方晓霞，李晓华．颠覆性创新、场景驱动与新质生产力发展［J］．改革，2024（4）：31-40.

近年来，四川省工业战线发挥稳定经济大盘的"压舱石"作用，大力发展新质生产力，整合创新科技资源，统筹推进传统产业深度转型升级、新兴产业加速培育壮大、未来产业抢先谋篇布局，加快构建现代化产业体系。[①] 四川省着力构建新质生产力矩阵，重点培育人工智能、生物技术、卫星网络等战略性新兴产业。在全球产业链重构与国内市场需求升级的双重驱动下，这些产业正迎来指数级增长窗口期。在此过程中，川渝地方政府创新构建"政—会—企"三维协同机制，通过搭建成渝双城经济圈"专精特新"企业融通发展平台，有效破除行政壁垒与要素流动障碍，为区域民营经济高质量发展提供制度性保障。

（四）传统产业转型升级为民营经济的高质量发展提供有力支撑

在推动新兴产业发展的同时，四川省也注重传统产业的转型升级。通过技术改造、模式创新等方式，传统产业将焕发新的生机和活力。2024年上半年，四川省规模以上工业增加值同比增长6.2%，六大优势产业增加值同比增长6.6%，其中传统产业占据了相当大的比例。

四川省推进制造业"智改数转"行动，推动规模以上工业企业开展诊断评估，为企业数字化转型、智能化升级提供精准解决方案。深入实施智能制造工程，激发工业企业转型升级的活力[②]。筑牢数字化基础设施关键底座，包括算力、5G专网等，为数字化转型提供坚实的支撑。做强数字化转型解决方案服务商，完善数字化转型支撑服务体系。

截至2024年5月，四川省"智改数转"在建项目已接近1500个，总投资超过4600亿元。2023年，四川省工业企业关键工序数控化率、数字化研发设计工具普及率分别达59.4%、81.7%，智能制造就绪度达20.2%，居全国第四位。通过应用AI、数字孪生、云计算、工业物联网等一系列智能制造技术，传统产业的生产效率、产品质量和能耗水平均得到了显著提升。泸州老窖等传统白酒企业成功实现了数字化转型，成为行业标杆。[③]

（五）开放型经济的发展为四川民营经济提供了更多的国际市场和合作机会

四川省积极扩大对外开放，稳外贸稳外资取得显著成效。四川致力于构建立体多元开放通道枢纽，包括推动铁路、国际班列等项目建设，以及建成双流机场、天府机场两个4F级国际机场，构建起辐射亚洲、连接欧美、通达大洋洲及非洲的国际（地区）航线网络。同时，努力打造高能级开放平台和载体。四川省

① 资料来源：《2024年四川省人民政府工作报告》。
② 刘婕.向"智改数转"进军 四川工业经济蓄势腾飞添新动力［N］.四川经济日报，2024-02-18.
③ 寇敏芳.四川制造业"智改数转"催生转型升级新动能［N］.四川日报，2024-05-11.

已形成多个自贸试验片区、综合保税区、国别园区的开放平台体系，并规划建设了多个国别合作园区和开放创新合作平台。这些平台和载体为四川省的对外开放提供了有力支撑。四川省积极参与"一带一路"建设，加强与其他国家和地区的国际合作与交流，推动民营企业走出国门，参与国际竞争和合作，助力四川民营企业提升国际影响力和品牌知名度。

2023 年，四川省民营企业进出口总额为 4381.1 亿元，同比增长 25.1%，较四川省进出口增速高 29.1 个百分点，占四川省进出口总额的 45.8%，较上年同期提高 11.6 个百分点。其中，进口额为 1193.0 亿元，同比增长 25.7%；出口额为 3188.1 亿元，同比增长 24.8%。民营企业电动载人汽车、锂电材料、太阳能电池等外贸"新三样"出口为 155.6 亿元，占四川省"新三样"出口额的 96.2%。[①]

## 二、四川民营经济高质量发展面临的主要挑战

新时期四川民营经济在经济、社会等方面全方位提升，但同时国内外环境也在随时发生着深刻变化，民营企业的发展还存在融资贵、用工难、税费高等痼疾，以及市场需求下降、产品竞争力不足和"转型、传承、治理"等方面的困局，克服这些困难和挑战是四川民营经济高质量发展的必由之路。

（一）产业结构单一，在战略性新兴产业上参与度较低

四川民营企业仍以传统制造业、建筑业、批发和零售业等传统行业为主，在节能环保、新一代信息技术、高端装备制造、新材料等战略性新兴产业和现代服务业培育不足，民营企业在这些领域的参与度较低。[②] 以 2022 年四川民营企业 100 强为例，100 强企业主要分布于 11 个行业。其中，制造业类企业共 67 家，占四川民营企业 100 强中的 67%，制造业类企业营业收入合计 11225.68 亿元，占四川民营企业 100 强营收总额的 64.7%，以绝对优势稳居第一名；第二名分别是批发和零售业类、综合类，均有 9 家企业，营业收入分别为 1195.99 亿元、872.22 亿元，分别占四川民营企业 100 强营业收入总额的 6.89%、5.03%；第三名为建筑业类，有 4 家企业，营业收入合计 293.83 亿元，占四川民营企业 100 强营收总额的 1.69%。同时对比 2021 年、2020 年行业分布情况，制造业类企业均超过四川民营企业 100 强半数且逐年递增，综合类、建筑业类、房地产业类企业均有小幅减少趋势。[③] 2020—2022 年四川民营企业 100 强主要行业分布对比情况如表 4-5 所示。

---

① 资料来源：四川省市场监督管理局。
② 史晓露.超四成企业已进行数字化整体布局［N］.四川日报，2023-11-08.
③ 资料来源：四川省工商业联合会：《2023 四川民营企业 100 强调研分析报告》。

表 4-5　2020—2022 年四川民营企业 100 强主要行业分布对比情况　　单位：家

| 行业门类名称 | 2022 年 | 2021 年 | 2020 年 |
|---|---|---|---|
| 采矿业 | 1 | 1 | 1 |
| 房地产业 | 3 | 4 | 6 |
| 建筑业 | 4 | 5 | 7 |
| 交通运输、仓储和邮政业 | 1 | 1 | 2 |
| 居民服务、修理和其他服务业 | 1 | 1 | 1 |
| 农业 | 2 | 1 | 1 |
| 批发和零售业 | 9 | 6 | 6 |
| 水利、环境和公告设施管理业 | 1 | 1 | 1 |
| 制造业 | 67 | 65 | 56 |
| 综合 | 9 | 12 | 14 |
| 租赁和商务服务业 | 2 | 2 | 2 |

资料来源：四川省工商业联合会：《2023 四川民营企业 100 强调研分析报告》。

## （二）区域发展不平衡，区域之间联动效应较弱

经济发展不平衡，地区差异明显。四川省各地区经济发展水平存在差异，导致民营企业在不同地区的发展机遇和条件不同，区域发展不平衡，区域之间联动效应较弱。四川民营经济在不同地区呈现出不同的特色。在成都市，民营经济以现代服务业和高新技术产业为主导，涌现出了一批具有国际影响力的民营企业；而在德阳市等工业城市，民营经济则以制造业为主导，特别是在清洁能源装备等领域形成了产业集群。

从区域协同的角度来看，成渝地区双城经济圈之内由于城市之间发展的差距过大，导致产业协同体系发展还不够，产业要素的流动性还不足，没有形成高效的产业集聚，甚至有产业同质化的趋势。产业协同度低，缺乏足够的互补性，导致产业同质化。区域一体化的稳定性与主导产业的互补性高度正相关，早年间成渝两地竞相选择了可以相互替代的产业甚至同质化的产业作为各自的主导产业，如电子信息、汽车制造等典型产业的"同室操戈"，导致区域一体化的经济基础很难稳定（贺正楚和张良桥，2006）。

民营企业间的差距大，出现"强者越强""弱者越弱"的两极分化格局。从2023年四川民营企业百强上榜企业的区域分布来看，成都的表现依然抢眼，上榜企业数量达 42 家，且在营业收入和资产总额等方面均稳居榜首。此外，德阳有 10 家企业入围，位居第二名；绵阳和宜宾均有 7 家企业上榜，并列第三位。从经济片区上看，76 家企业分布在成都平原经济区，比上年减少 6 家；川南经济区 14 家，同比增加 5 家，其中宜宾和泸州的百强企业数量均增加 2 家，川东北经济区较上年增加 2 家，经济区域分布开始出现分散的趋势。[①]

（三）创新能力与技术升级影响民营企业可持续发展能力

部分民营企业缺乏自主创新能力，难以适应市场需求的变化和产业升级的趋势。同时，由于资金、人才等方面的限制，一些民营企业在技术升级方面面临困难，影响了企业的竞争力和可持续发展能力。成渝地区双城经济圈内的科教水平依然不够高。即使是考虑成都市或者重庆市的科教水平，离中央要求的全国科教创新中心的目标依然有距离。例如，广东省常住人口 1.12 亿，与川渝大致相当，但广东省的专利高达 33.26 万件，川渝的专利只有 9.9 万件，其中四川 6.4 万件、重庆 3.5 万件。经济圈内除了成都市和重庆市主城区外，其他地区的科教能力更是非常有限。

（四）要素保障与资源配置影响了民营企业的投资和发展

民营企业普遍面临融资成本高、融资渠道窄的问题。特别是在宏观经济形势复杂、市场需求不足的情况下，融资难度进一步加大。同时，随着城市化进程的加快，土地资源日益紧张，民营企业用地成本不断上升，且用地审批流程烦琐，影响了企业的投资和发展。部分行业存在隐性壁垒，限制了民营企业的进入和发展。这些壁垒可能来自于行政性垄断、行业保护等方面。一些地方存在对国有企业和民营企业的不公平对待现象，影响了民营企业的公平竞争环境。

（五）外部环境的不确定性和市场需求的不足影响民营企业的稳定发展

当前，外部环境不确定性上升，国际政治经济形势复杂多变，国内经济下行压力等环境变化也带来了较多国际挑战。例如，新贸易保护主义抬头、国际贸易不振，地缘政治冲突多发频发、生态与绿色经济带来硬约束以及气候灾难多发等因素对全球经济构成严峻挑战。全球经济增速普遍放缓，中国经济也面临增长压力。这种经济环境对民营企业的影响尤为显著，导致市场需求减少、行业竞争加剧、利润空间压缩。中国作为全球第一外贸大国，外部环境的不确定性无疑会影

---

① 资料来源：四川省工商业联合会：《2023 四川民营企业 100 强调研分析报告》。

响民营企业的出口和国际合作。全球经济形势的不确定性和国内经济转型的压力给民营企业的发展带来了挑战。同时，部分行业市场需求不足，导致民营企业面临销售困难、库存积压等问题。为了推动四川民营企业的高质量发展，需要政府、企业和社会各界共同努力，优化营商环境，加强资源要素保障，提升企业创新能力，推动产业转型升级以及加强区域协同发展等。

# 第五章 民营经济健康高质量发展评价

## 第一节 民营经济健康高质量发展的时代背景与内涵

### 一、新时代民营经济健康高质量发展的时代背景

民营经济是社会主义市场经济发展的重要力量，是推进供给侧结构性改革、推动高质量发展、建设现代化经济体系的重要主体。中共中央、国务院高度重视民营经济发展，特别是党的十八大以来多次强调坚持"两个毫不动摇"，提出了"构建'亲''清'新型政商关系，促进非公有制经济健康发展和非公有制经济人士健康成长"，明确了民营经济改革创新发展的重点。党的二十大报告进一步强调，要坚持和完善社会主义基本经济制度，毫不动摇巩固和发展公有制经济，毫不动摇鼓励、支持、引导非公有制经济发展，充分发挥市场在资源配置中的决定性作用，更好地发挥政府作用。

在我国经济发展的现实大背景中统筹规划"两个健康"，也更有利于理解当前民营经济发展和民营经济人士成长中的困难。在新思想、新理念的引领下，民营企业仍然面临经济下行压力叠加外部环境恶化的挑战。部分民营企业家存在"不安全感""创新劲头不足"以及代际传承问题，这些问题将直接影响民营企业的可持续发展。在迈向高质量发展的关键时期，也对民营经济转型升级、提质增效提出了更高要求。

### 二、新时代民营经济"两个健康"高质量发展的内涵

新时代推动民营经济高质量发展，要深入学习贯彻习近平总书记关于发展民营经济的重要论述。"两个健康"建设是加快民营经济高质量发展的重要战略，是新时代推动民营经济发展的关键，是推进中国式现代化和发展新质生产力的重要路径，也是推进民营经济高质量评价体系的构建依据。"两个健康"主要从民营企业与民营企业家两个维度进行阐释。

1.民营企业健康发展的内涵

从宏观上讲，民营企业的"健康发展"应包括服从国家战略、产业方向正确、发展协调持续、内部治理科学、内生动力强劲等。从微观上讲，民营企业的"健康发展"应包括市场竞争能力、创业创新能力、企业盈利能力、持续发展能力和企业社会声誉等。

2.民营企业家健康成长的内涵

从宏观上讲，民营企业家的"健康成长"应包括理想信念坚定、诚信守法经营、治理能力卓越、具备现代企业家精神、积极承担社会责任等。从微观上讲，民营企业家的"健康成长"应包括思想政治信念、生理心理素质、法律道德素养、开拓创新精神和现代治理能力等。

"两个健康"是有机联系、相互作用的整体[①]。其理论内涵需要从三个层面理解：一是就维度而言，主要包括"非公有制经济与非公有制经济人士健康成长"，缺一不可；二是从关系上看，企业健康发展的前提是企业家的健康成长；三是从二者的作用来看，既是重大的政治问题又是重大的经济问题，既是重大的实践问题又是重大的理论问题。

总之，"两个健康"涵盖了民营经济的营商环境、发展成果以及最关键的主体，对于民营经济的健康高质量发展具有示范性现实意义。事实上，推进民营经济"两个健康"的高质量评价，既是落实中央大政方针的需要，又是民营经济发展壮大的需要，更是基层务实探索创新的需要。评价体系的构建，能更好地推动民营企业发展走深走实、行稳致远，满足政府部门对民营经济发展进行科学合理的决策管理。引导民营企业家深刻思考企业发展的初心使命，将创新创业的激情和智慧融入经济社会发展大局。

## 第二节　民营经济健康高质量发展评价体系的构建思想与原则

建立并完善民营企业健康发展和民营企业家健康成长的高质量发展评价体系，能引领民营企业在专业领域"深耕细作"、做精做优，引导民营企业家思考行为边界，从而为推动民营经济高质量发展，营造健康成长的营商环境提供理论

---

① 陈伟俊.以"两个健康"引领民营经济高质量发展［N］.人民日报，2018-10-18（010）.

借鉴和发展力量。如何构建符合民营经济"两个健康"的高质量发展综合评价体系，应遵循以下的指导思想、总体目标和主要原则。

## 一、指导思想

深刻把握党的二十大关于促进民营经济发展壮大的重要论述，从民营企业健康发展和民营企业家健康成长两个层面出发，坚持守正创新、先行先试，结合区域的文化沉淀、经济特点构建评价体系，以可持续发展的标尺引领民营经济高质量发展，弘扬企业家开拓进取、创新实干精神，形成可借鉴、可复制、可推广的"民营经济经验"，为构筑民营经济新发展格局而踔厉奋发。

## 二、总体目标

"两个健康"评价体系聚焦民营经济高质量发展，注重发展的质量、结构和效益，反映经济、技术、社会、生态发展变化情况，全面展现民营经济质量变革、效率变革、动力变革；充分体现新时代、新思想、新理念、新经济特点，充分发挥评价体系的指挥棒、风向标、助推器作用，引导民营企业强化新发展理念，树立正确的企业经营观，努力实现民营经济发展路径的新突破。

## 三、主要原则

1. 层次、系统性原则

指标间应具有严密的逻辑关系，这些指标不仅应在不同方面反映民营企业的主要特点与状态，还应体现"企业—政府—社会系统"的内在联系。每一种评价体系都是由一级、二级、三级指标组成，这些指标既相互独立又相互关联，共同组成了有机统一体。指标体系的构建具有层次性，由上而下、由宏观到微观逐层深化，构成密不可分的评价体系。

2. 简明、科学性原则

指标体系设计与评价指标选取一定要遵循科学性原则，能够客观、真实地反映民营经济发展的特征与现状，能够客观、综合地体现各项指标之间的实际关系。各项评价指标要有典型的代表性，不能太多、太细、太烦琐、互相交叉；指标也不能太少、太简单，以免漏报指标信息，造成误差、不真实的现象，而且资料要容易获得，计算方法要简明扼要。

3. 典型、代表性原则

确保评价指标体系设置具有典型的代表性，尽可能准确地反映出民营经济的综合特征。评价指标体系的权重在各指标间的分配及评价标准的划分，都应该与典型性民营经济的实际状态相适应。

4. 量化、操作性原则

指标体系的构建是为区域政策制定和科学管理服务的，指标选取的计算量度和计算方法必须统一。各指标尽量简单明了、便于收集，应该具有很强的现实可操作性和可比性。选择指标时，要考虑能否进行定量处理，以便于进行数学计算和分析。

# 第三节　民营经济健康高质量发展评价体系的编制思路

民营经济"两个健康"高质量发展评价体系应根据党的二十大精神以及"两个毫不动摇"的重要论述和指示精神，结合中央、省、市关于支持民营经济发展的部署要求进行编制。

## 一、评价体系的编制过程

1. 前期预研

组建高质量发展评价指标体系工作小组并开展调研。在民营经济等相关文献研究的基础上，深入部分四川民营企业（如新希望集团、通威集团、科伦集团等）开展调研，并针对评价体系草案召开专题研讨座谈会，提升评价体系的科学性和可操作性。

2. 企业调研

以实地走访与座谈会相结合的形式，与来自制造业、服务业等不同行业的企业代表展开交流，调研并了解四川民营经济高质量发展现状，检验民营经济高质量发展评价指标体系的科学性、引领性和示范性，为民营经济高质量发展研究积累素材。从一线管理人员的角度了解现状，有助于民营经济"两个健康"评价体系的适切性和可实施性。

3. 专家研讨

邀请来自宏观经济、数字经济、产业经济、企业管理等方面的专家代表对《四川民营企业高质量发展评价体系》的指标设计、权重设置、内容解释和计算方法等进行研讨。通过调研企业、专家等相关方的意见或建议，再结合实际就整体设计思路、指标难点等方面进行研究讨论，根据调研了解到的信息对评价体系内容进行多次调整与修改，形成意见稿。

## 二、评价体系编制的方法

### 1. 文献研究法

对民营经济高质量发展的政策文件、学术研究等资料展开细致的收集与梳理，特别是对"两个健康"的政策文件、学术研究、实践经验等资料展开细致的收集与梳理，广泛吸取部分城市（如浙江温州等）"两个健康"指标体系的构建经验。

### 2. 访谈调研法

针对部分民营企业、企业家等人员访谈，了解四川民营经济发展情况，为构建高质量发展评价体系提供一定参考。

### 3. 专家研讨法

组织邀请经济管理等领域的专家进行讨论，完善修改选取的一级、二级、三级指标，从而构建出科学合理的高质量发展评价指标体系。

### 4. 定量统计法

围绕高质量发展的科学内涵和发展理念，将评价高质量发展的定性指标科学转化为定量指标，同时注重指标的可统计性，采用层次分析等统计方法对各项指标进行量化分析。

# 第四节　民营经济健康高质量发展指标体系的具体建构

## 一、民营企业"健康发展"的高质量评价体系

民营企业健康发展评价指标体系由经济贡献、产业升级、创新驱动、营商环境、社会责任5个一级指标，乡村振兴带动、数字经济增长、工商联动协同等23个二级指标（见图5-1）以及61个三级指标构成。

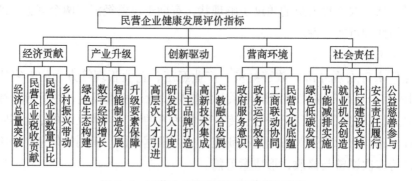

图 5-1　民营企业健康发展评价指标架构

1. 经济贡献指标

经济贡献指标是衡量民营企业对促进经济增长、保障税收、推动乡村振兴、实现高质量发展的重要作用。经济贡献指标包括经济总量突破、民营企业税收贡献、民营企业数量占比、乡村振兴带动4个二级指标。

（1）经济总量突破指标。该指标是反映民营企业增加社会投资规模，促进国民经济增长和繁荣社会主义市场的能力。该指标通过以下7个三级指标进行评价，分别是民营经济增加值占GDP比重、近三年民营经济增加值增长率、民间投资增长率、"四上"企业中民营企业占比、民营经济发展获奖情况、民间投资占全社会投资比重、"个转企"企业数量增长率。

（2）民营企业税收贡献指标。该指标是反映民营企业税收上缴数额，对地方财政收入和经济发展的贡献程度。该指标通过民营经济税收占全部税收比重这1个三级指标进行评价。

（3）民营企业数量占比指标。该指标是反映民营企业数量增幅、发展速度、规模大小。该指标通过以下3个三级指标进行评价：民营经济市场主体占比、每年民营企业注册数量占比、民营经济贷款余额占贷款余额的比重。

（4）乡村振兴带动指标。该指标是反映民营企业服务乡村振兴战略，促进农村发展、改善农民生活、推动城乡一体化过程中发挥的重要作用。该指标通过以下2个三级指标进行评价："万企兴万村"示范带动效果、"万企兴万村"参与率。

2. 产业升级指标

产业升级指标是衡量地方政府在践行新发展理念，适应新发展格局，实现高质量发展中所做出的努力和尝试。同时，它也全面反映了近年来民营企业加快发展现代化产业体系，实现强链补链，提高自身核心竞争力，努力实现利润增长，促进实体经济创新发展中的表现情况。产业升级指标包括绿色生态构建、数字经济增长、智能制造发展、升级要素保障4个二级指标。

（1）绿色生态构建指标。该指标是反映民营企业在优化用能结构，构建绿色供应链，打造绿色发展体系的情况，充分体现民营企业在实现"人与自然和谐共生的现代化"中所发挥的重要作用。该指标通过以下2个三级指标进行评价：民营企业单位GDP能耗降低百分比、绿色低碳产业布局情况。

（2）数字经济增长指标。该指标既反映了地方政府扶持数字经济发展，支持民营企业数字化转型的制度构建情况，又揭示了民营企业顺应数字化变革大势，加大数字化投入，布局数字经济相关产业。该指标通过以下3个三级指标进行评价：民营企业数字经济相关产业规模年均增速、民营企业数字化转型投入占比、政府支持民营企业数字化转型的制度构建。

（3）智能制造发展指标。该指标反映了民营企业探索智能制造发展，运用数字化网络化技术，实现数字赋能、互联互通的情况。该指标通过以下 3 个三级指标进行评价：民营企业智能制造示范工厂占比、民营企业智能制造装备使用占比、民营企业工业软件使用占比。

（4）升级要素保障指标。该指标反映了政府在推动地区产业经济升级，引导民营经济高质量发展，营造公平市场环境，提升民营企业创新能力和竞争能力方面所作出的努力。该指标通过以下 7 个三级指标进行评价：金融服务产业升级机制构建、降本减负路径构建、产业园区规划建设、中小微民营企业孵化和培育机制、民营企业纠纷处置机制构建、法治护航民营企业发展机制、民营企业上市培育机制。

3. 创新驱动指标

创新驱动指标是衡量民营企业不断加强高水平人才队伍建设，加强原创性、引领性科技攻关，增强自主创新能力，积极参与基础研究、技术创新、成果转化等科技创新活动的表现。创新驱动指标包括高层次人才引进、研发投入力度、自主品牌打造、高新技术集成、产教融合发展 5 个二级指标。

（1）高层次人才引进指标。该指标反映了民营企业是否重视人才队伍建设，是否注重高层次人才引进与培养，是否切实做好企业发展人才支撑保障。该指标通过民营企业高层次人才年均增长率这 1 个三级指标进行评价。

（2）研发投入力度指标。该指标反映了民营企业持续提升研发投入、增强科研实力，进而提高企业竞争力和行业地位，为自身的长期高质量发展打下良好基础的相关表现。该指标通过以下 2 个三级指标进行评价：民营企业科技活动经费占销售收入比重、研发活动（R&D）经费投入占销售收入比重。

（3）自主品牌打造指标。该指标反映了企业匠心锤炼产品，大力打造自主品牌，构建差异化发展和核心竞争能力。该指标通过以下 2 个三级指标进行评价：新产品销售收入占产品销售收入比重、民营企业新增品牌的平均数量。

（4）高新技术集成指标。该指标反映了民营企业围绕具有较强技术关联性和产业带动性的战略产品和重大项目，将各种相关技术有机融合，以增强自身在高新技术领域发展的竞争能力和未来潜力的相关情况。该指标通过以下 2 个三级指标进行评价：民营企业拥有发明专利的平均数量、智能制造投资增速。

（5）产教融合发展指标。该指标反映了民营企业参与产教融合、校企合作，接受学生实习实训、接纳教师岗位实践、建设产教融合实训基地的情况。该指标通过以下 2 个三级指标进行评价：产学合作项目立项的平均数量、拥有产教融合实验实习基地的企业占比。

4. 营商环境指标

营商环境指标是衡量地方政府在构建市场主体准入、生产经营、退出等过程中所涉及的政务环境、市场环境、法治环境、人文环境过程中所作出的努力。营商环境指标包括政府服务意识、政务运行效率、工商联动协同、民营文化底蕴 4 个二级指标。

（1）政府服务意识指标。该指标反映了地方政府在服务民营企业中相关组织的构建，为民营企业提供服务的主动性、积极性评价。该指标通过以下 3 个三级指标进行评价：民营经济"两个健康"组织构架建设、市场主体对政府服务工作满意度、政务服务数字化建设情况。

（2）政务运行效率指标。该指标反映了地方政府在提升服务企业方面的机制保障和运转效率，在解决民营企业相关事务中的服务数量和服务质量。该指标通过以下 4 个三级指标进行评价：政府支持民营企业发展的制度构建、政府支持民营企业的资金保障、政府部门处理民营企业事务的响应时间、政府部门处理民营企业事务的办理时长。

（3）工商联动协同指标。该指标反映了政府、商会与民企之间的互动沟通机制建立情况，反映了工商联和商会在促进政企沟通，进而促进民营经济健康发展中取得的相关成效。该指标通过以下 3 个三级指标进行评价：工商联（商会）建设效果，区域商协会建设效果，政府、商会、民营企业联动机制构建。

（4）民营文化底蕴指标。该指标反映了地区民营经济发展历史起源、民营文化积淀深度、民营经济活动宣传力度的情况。该指标通过以下 3 个三级指标进行评价：民营经济宣传载体构建、民营经济活动载体构建、民营企业孕育历史传承。

5. 社会责任指标

社会责任指标是衡量民营企业主动融入新时代发展，始终心怀"国之大者"，承担社会责任，作出社会贡献，彰显社会价值的表现。社会责任指标包括绿色低碳发展、节能减排实施、就业机会创造、社区建设支持、安全责任履行、公益慈善参与 6 个二级指标（见表 5-1）。

（1）绿色低碳发展指标。该指标反映了民营企业聚焦"双碳"目标，着力绿色发展、坚持生态优先、推动绿色制造、打造绿色工厂、培育绿色产品，坚持走绿色化发展道路的情况。该指标通过以下 2 个三级指标进行评价：社会绿色环保活动参与平均次数、民营企业 ESG 报告披露率。

（2）节能减排实施指标。该指标反映了民营企业在生产经营过程中，节约物质资源和能量资源，减少废弃物和环境有害物排放的情况。该指标通过以下 2 个三级指标进行评价：万元产值（营收）综合降耗比例、非石化能源使用比例。

（3）就业机会创造指标。该指标反映了民营企业在就业岗位创造中作出的贡献大小，特别是在吸纳高校毕业生群体就业中所起的作用大小。该指标通过以下2个三级指标进行评价：民营企业新增平均岗位数、招聘高校毕业生人数占比。

（4）社区建设支持指标。该指标反映了民营企业参与社区建设，帮助社区治理，构建和谐社区新格局中的作用大小。该指标通过民营企业参与社区建设平均次数这1个三级指标进行评价。

（5）安全责任履行指标。该指标反映了民营企业是否牢固树立安全发展理念，是否全面提升企业和从业人员安全意识，是否让安全发展理念入脑入心，形成"安全生产、人人有责"的浓厚氛围。该指标通过以下2个三级指标进行评价：民营企业安全责任教育平均次数、民营企业安全事故发生率。

（6）公益慈善参与指标。该指标反映了民营企业参与公益慈善的意愿，实际参与公益慈善的举措，在践行第三次分配中取得的效果。该指标通过以下2个三级指标进行评价：民营企业参与公益活动比例、民营企业参与慈善捐赠比例。

表 5-1　民营企业健康发展评价指标体系表

| 一级指标 | 二级指标 | 三级指标 |
|---|---|---|
| 经济贡献 | 经济总量突破 | 民营经济增加值占 GDP 比重 |
|  |  | 近三年民营经济增加值增长率 |
|  |  | 民间投资增长率 |
|  |  | "四上"企业中民营企业占比 |
|  |  | 民营经济发展获奖情况 |
|  |  | 民间投资占全社会投资比重 |
|  |  | "个转企"企业数量增长率 |
|  | 民营企业税收贡献 | 民营经济税收占全部税收比重 |
|  | 民营企业数量占比 | 民营经济市场主体占比 |
|  |  | 每年民营企业注册数量占比 |
|  |  | 民营经济贷款余额占贷款余额的比重 |
|  | 乡村振兴带动 | "万企兴万村"示范带动效果 |
|  |  | "万企兴万村"参与率 |

| 一级指标 | 二级指标 | 三级指标 |
|---|---|---|
| 产业升级 | 绿色生态构建 | 民营企业单位 GDP 能耗降低百分比 |
| | | 绿色低碳产业布局情况 |
| | 数字经济增长 | 民营企业数字经济相关产业规模年均增速 |
| | | 民营企业数字化转型投入占比 |
| | | 政府支持民营企业数字化转型的制度构建 |
| | 智能制造发展 | 民营企业智能制造示范工厂占比 |
| | | 民营企业智能制造装备使用占比 |
| | | 民营企业工业软件使用占比 |
| | 升级要素保障 | 金融服务产业升级机制构建 |
| | | 降本减负路径构建 |
| | | 产业园区规划建设 |
| | | 中小微民营企业孵化和培育机制 |
| | | 民营企业纠纷处置机制构建 |
| | | 法治护航民营企业发展机制 |
| | | 民营企业上市培育机制 |
| 创新驱动 | 高层次人才引进 | 民营企业高层次人才年均增长率 |
| | 研发投入力度 | 民营企业科技活动经费占销售收入比重 |
| | | 研发活动（R&D）经费投入占销售收入比重 |
| | 自主品牌打造 | 新产品销售收入占产品销售收入比重 |
| | | 民营企业新增品牌的平均数量 |
| | 高新技术集成 | 民营企业拥有发明专利的平均数量 |
| | | 智能制造投资增速 |
| | 产教融合发展 | 产学合作项目立项的平均数量 |
| | | 拥有产教融合实验实习基地的企业占比 |

续表

| 一级指标 | 二级指标 | 三级指标 |
|---|---|---|
| 营商环境 | 政府服务意识 | 民营经济"两个健康"组织构架建设 |
| | | 市场主体对政府服务工作满意度 |
| | | 政务服务数字化建设情况 |
| | 政务运行效率 | 政府支持民营企业发展的制度构建 |
| | | 政府支持民营企业的资金保障 |
| | | 政府部门处理民营企业事务的响应时间 |
| | | 政府部门处理民营企业事务的办理时长 |
| | 工商联动协同 | 工商联（商会）建设效果 |
| | | 区域商协会建设效果 |
| | | 政府、商会、民营企业联动机制构建 |
| | 民营文化底蕴 | 民营经济宣传载体构建 |
| | | 民营经济活动载体构建 |
| | | 民营企业孕育历史传承 |
| 社会责任 | 绿色低碳发展 | 社会绿色环保活动参与平均次数 |
| | | 民营企业 ESG 报告披露率 |
| | 节能减排实施 | 万元产值（营收）综合降耗比例 |
| | | 非石化能源使用比例 |
| | 就业机会创造 | 民营企业新增平均岗位数 |
| | | 招聘高校毕业生人数占比 |
| | 社区建设支持 | 民营企业参与社区建设平均次数 |
| | 安全责任履行 | 民营企业安全责任教育平均次数 |
| | | 民营企业安全事故发生率 |
| | 公益慈善参与 | 民营企业参与公益活动比例 |
| | | 民营企业参与慈善捐赠比例 |

## 二、民营企业家健康成长的高质量指标体系

非公有制经济要健康发展，前提是非公有制经济人士要健康成长。改革开放以来一大批优秀企业家在市场竞争中迅速成长，为积累社会财富、创造就业岗位、促进经济社会发展、增强综合国力作出了重要贡献。新时代加强民营企业家队伍建设，对促进民营经济高质量发展至关重要。具体来看，民营企业家健康成长的评价指标体系由法律道德素养、身心素质、综合能力、企业家精神、社会担当5个一级指标，以及战略谋划能力、危机管理能力等19个二级指标构成（见图5-2）。

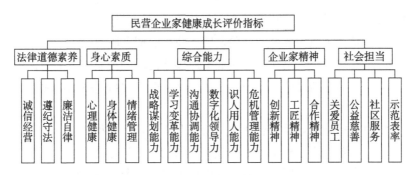

**图5-2　民营企业家健康成长评价指标架构**

1. 法律道德素养指标

法律道德素养指标是衡量民营企业家法治观念强弱、法律素养和道德修养水平高低，衡量民营企业家是否诚实守信、依法合规经营，有无推进清廉民营企业建设、维护"亲""清"政商关系。法律道德素养指标主要包括诚信经营、遵纪守法、廉洁自律3个二级指标。

（1）诚信经营指标。反映民营企业家是否坚持"顾客至上，服务第一"的方针，是否以诚信的态度对待每一位消费者，让诚实守信成为企业及所有员工的共同理念与行为准则，是否遵守商业道德、坚持公平竞争、维护经济秩序，为构建和谐消费环境、推动经济平稳发展、维护社会和谐稳定所做出的努力。

（2）遵纪守法指标。反映民营企业家是否具有尊法、学法、守法意识，是否具备法商素养和依法治企能力，是否始终坚持在党纪国法以及相关的政策制度的框架下开展企业经营，是否重视健全完善企业相关规章制度，引导企业员工牢固树立法治观念、依法办事、诚信守法经营。

（3）廉洁自律指标。反映民营企业家对利益输送、权钱交易等商业贿赂、腐败行为的坚决抵制情况，是否做到本分做人、"干净"做事，在构建"亲""清"新型政商关系中以身作则做出努力。

2. 身心素质指标

身心素质指标是反映民营企业家是否具备健康的体格，是否具备引领企业发展的身体耐力与适应性，是否具备稳定向上的情感力量，坚强恒久的意志力量，鲜明独特的人格力量。身心素质指标主要包括心理健康、身体健康、情绪管理3个二级指标。

（1）心理健康指标。反映民营企业家是否具备优秀的心理素质和良好的心理能力，是否在认知系统、情感品质、意志品质、气质和性格上能带领企业实现高质量发展。

（2）身体健康指标。反映民营企业家身体状况的健康程度，是否能承受日常经营的压力，是否足以领导企业向前发展、履行管理者职责。

（3）情绪管理指标。反映民营企业家对情绪活动的控制调节能力，包括积极情绪的调动力、消极情绪的排解力、情绪冲动的抑制力与情绪稳定性。

3. 综合能力指标

综合能力指标是衡量民营企业家经营企业所具备的各种知识、技能、态度的集成与运用。综合能力指标主要包括战略谋划能力、学习变革能力、沟通协调能力、数字化领导力、识人用人能力、危机管理能力6个二级指标。

（1）战略谋划能力指标。反映民营企业家对不确定性环境的动态适应度以及利用环境变化为企业制定一系列重大、长期、根本性决策或行动的能力。

（2）学习变革能力指标。反映民营企业家通过不断对专业知识、管理知识、通识知识的学习迭代和经验积累，以引领企业发展，适应市场变化，实现基业长青的能力。

（3）沟通协调能力指标。反映民营企业家在企业外部响应政府号召、与产业链上下游协同合作，在企业内部和员工高效沟通的能力。

（4）数字化领导力指标。反映民营企业家对数字化转型战略的重视度、对数字技术的敏锐性以及对数字化应用的感知力、学习力与运营力。

（5）识人用人能力指标。反映民营企业家能否准确识别和发掘下属的优势与潜能，用人之长、人适其位、位适其人，实现团队与成员共同成长的能力。

（6）危机管理能力指标。反映民营企业家在企业经营中突遇危机时，不惧不乱、果敢决绝、睿智沉稳、转危为安的能力。能否在危机调查的基础上，及时制定应急措施，化解各种矛盾，协调公众关系，做好善后工作，实现重塑企业声誉和维护企业形象的目标。

4. 企业家精神指标

企业家精神指标是衡量民营企业家是否具备强烈的开拓进取精神，是否具备促进企业健康成长的优秀精神品质与强大精神动力，以助力实现中国式现代化，构建新时代新发展格局。企业家精神指标主要包括创新精神、工匠精神、合作精神3个二级指标。

（1）创新精神指标。反映民营企业家综合运用已有的知识、信息、技能和方法，提出新方法、新观点，在产品、技术、商业模式、管理等方面进行发明创造，推进改革的意志、信心、勇气和智慧的综合呈现。

（2）工匠精神指标。反映民营企业家率领企业探索"专精特新"发展道路，开展个性化定制、柔性化生产，培育精益求精的生产服务精神和提升产品品质、创立企业品牌的追求。

（3）合作精神指标。反映民营企业家在企业外部与产业链上下游、竞争企业、政府及非营利组织的合作精神，以及在企业内部与各部门员工的合作精神。

5. 社会担当指标

社会担当指标是衡量民营企业家能否成为服务社会的表率，能否义利兼顾、造福社会，为实现共同富裕贡献力量。社会担当指标主要包括关爱员工、公益慈善、社区服务、示范表率4个二级指标。

（1）关爱员工指标。反映民营企业家对员工的人文关怀，帮助员工提升专业能力与综合素质，并给予员工平等的竞争机会与晋升机会。

（2）公益慈善指标。反映民营企业家在生产经营过程中，在创造利润、对股东和员工承担责任的同时，是否注重对社会的贡献，是否积极参与第三次分配，投身公益慈善事业，能否不断加强对教育事业的支持、弱势群体的帮扶与公共危机的援助。

（3）社区服务指标。反映民营企业家是否树立"企业公民"的意识，是否关注社区事务、是否积极参与社区发展与社区活动，在营造社企共建、共治、共融氛围中所作出的努力。

（4）示范表率指标。反映民营企业家在争做爱国敬业、守法诚信、追求卓越、服务社会的表率示范方向上所作出的努力，力争发挥行业标杆的模范带头作用，彰显同行企业与员工的榜样力量。

综上所述，民营经济"两个健康"评价体系强调了民营企业高质量发展关于绿色低碳化、数字经济增长、创新研发投入、履行社会责任、实现共同富裕等重要方面的要求。例如，突出企业及企业家社会责任及公益慈善评价工作，积极落实党的二十大报告"引导、支持有意愿有能力的企业、社会组织和个人积极参与公益慈善事业"要求，积极地融入时代的发展，时刻怀揣着"国之大者"，彰显社会价值的表现。

事实上，党的二十大报告增强了民营经济高质量发展动力，坚定了更多民营企业和企业家发展信心，为企业发展指明了奋斗的方向。这一评价指标体系的综合运用，将发挥其指挥棒、风向标和助推器等功能，能引领民营企业增强发展新理念，让民营企业家树立正确的企业经营观，努力实现民营经济发展路径的新突破，以及更高质量、更可持续的发展。

# 第五节　民营经济高质量发展的"两个健康"评价

## 一、成都市新津区民营企业健康发展评价

（一）评价方法及关键步骤

为了更加科学地确定"民营经济高质量发展"中各评价指标的权重，选择层次分析法（AHP）和专家评分法。

1. AHP

作为多准则决策方法，AHP通过层次结构模型和专家判断，对不同准则之间的重要性进行比较和权重分配，从而做出最终的决策。AHP基本步骤如下：

（1）构造层次结构模型。按照它们之间的关系将决策目标、考虑因素（决策准则）和决策对象分为最高层、中间层和最低层，并画出层次结构图。

（2）构建判断矩阵。在各级因素间权重的确定上，若仅是定性结果往往不易为他人所接受，故应用一致矩阵法进行研究，其方法是：不要将全部因素合在一起进行对比，而要进行两两对比。在比较中使用相对尺度，以便尽可能地降低属性不同的要素之间互相比较的难度，从而提高准确度。

（3）层次单排序等。所谓层次单排序，就是对前一层中的某个要素和对该层次中各个要素的重要程度进行排序。

（4）判断矩阵进行一致性检验。一致性是指判断思维的逻辑一致性。如果甲强于丙，乙略重于丙，显然甲一定重于乙。判断思维的逻辑需具有一致性，否则判断就会产生冲突。

（5）层次总排序。确定某一层中全部因素对总目标的相对重要程度排序权值的过程叫作层次总排序。这个过程是由最高层到最底层的顺序排列。对最高层来说，它所得到的是层次单的排序结果，即总排序。

AHP的指标权重依据主要是按照指标的重要性程度，在经过查阅大量资料、听取各方专家意见后，结合专家评分法确定，以保证评价指标体系的科学性和

合理性。

2. 专家评分法

专家评分法是一种评估决策方法，通过邀请相关领域的专家，根据其专业知识和经验对特定问题或对象进行评分和排名。这种方法通常用于需要综合多个指标或多个专业领域知识的问题，以便更客观地做出决策或评估。专家评分法的基本步骤如下：

（1）问题定义。明确需要评估或决策的问题，并明确评分的指标。

（2）专家选择。选择具备相关专业知识和经验的专家作为评分的参与者，确保专家群体的代表性和权威性。

（3）评分标准确定。制定评分标准和量表，以便专家能够根据标准对问题或对象进行评分。评分标准应该清晰、具体，并且能够覆盖评估对象的不同方面。

（4）评分过程。邀请专家参与评分，并向他们提供评估的背景信息和相关数据。专家根据评分标准，独立进行评分，并提供相关说明和理由。

（5）数据收集和整理。收集专家的评分数据，并进行整理和分析，可以计算平均值、加权平均值等，生成评分结果。

（6）结果解释和应用。根据专家评分的结果，进行结果解释和应用。可以将评分结果用于决策、排名或做出进一步的分析和讨论。

（二）评价体系的样本分析：以成都市新津区企业为例

1. 问卷发放

本书向新津部分民营企业发放问卷 300 份，其中线上发放 200 份，线下发放 100 份，问卷回收率为 95%。从企业规模来看，以中小型企业为主，占 48.07%；从行业类别来看，以传统制造业为主，占 45.26%；从企业性质来看，以私营企业为主，占 60.35%。

2. 评价分析

根据民营企业健康发展的主要影响因素，将其分为 A、B、C 三个层次，其中 A 为目标层，B 为准则层，C 为方案层。A 是目标层，即选取民营企业健康发展的评价指标；B 是为了实现目标层的 4 个准则层，即选取民营企业健康发展的评价指标需要考虑的 4 个因素：B1 为经济活力、B2 为发展质量、B3 为创新动力、B4 为结构优化；C 是方案层，是民营企业健康发展的评价指标选取的具体方案，根据试验结果进行综合分析和选择。

（1）构造判断矩阵。为了进一步明确选型指标中各个元素对上一层次的相对重要性，本书选择判断矩阵法进行分析。为确定 B（准则层）对 A（目标层）的重要性程度，本书构造了判断矩阵 A–B（见表 5-2）。

表 5-2　准则层判断矩阵 A-B

| A | B1 | B2 | B3 | B4 |
|---|-----|-----|-----|-----|
| B1 | 1 | 1 | 4 | 4 |
| B2 | 1 | 1 | 3 | 2 |
| B3 | 1/4 | 1/3 | 1 | 2 |
| B4 | 1/4 | 1/2 | 1/2 | 1 |

（2）"民营企业健康发展"权重计算。为确定选择指标的判断指标是否合理，对判断矩阵进行了一致性检验。本书针对判断矩阵 A-B 求得判断矩阵的最大特征根为 $\lambda\max = 4.046$。针对经济活力、发展质量、创新动力、结构优化总共 4 项构建 4 阶判断矩阵进行 AHP 研究（计算方法为和积法），分析得到特征向量为（1.697，1.336，0.454，0.513），并且总共 4 项对应的权重值分别是 42.435%、33.407%、11.344%、12.815%。此外，结合特征向量可计算出最大特征根（4.046），接着利用最大特征根值计算得到 CI 值（0.015）[ CI =（最大特征根 − n ）/（n−1）]，CI 值用于下述的一致性检验使用。

根据检验判断矩阵的一致性公式可得：

CI =（$\lambda\max$ − n ）/（n−1）= 0.015

当 n = 4 时，则其一致性比率 CR 为：

CR = CI / RI = 0.017 ＜ 0.1

一致性检验结果汇总如表 5-3 所示。

表 5-3　一致性检验结果汇总

| 最大特征根 | CI 值 | RI 值 | CR 值 | 一致性检验结果 |
|---|---|---|---|---|
| 4.046 | 0.015 | 0.890 | 0.017 | 通过 |

因此，确定的 A-B 矩阵具有满意一致性，wAB 中的权重值可以应用。

对经济活力、发展质量、创新动力、结构优化构建判断矩阵（见表 5-4），并获得民营经济"两个健康"评价：$\lambda\max = 4.1425$；CR = 0.0534；CI = 0.0475，通过了一致性检验。

表 5-4　AHP 层次分析结果

| 题项 | 特征向量 | 权重值（%） | 最大特征值 | CI 值 |
|---|---|---|---|---|
| 经济活力 | 1.697 | 42.435 | | |
| 发展质量 | 1.336 | 33.407 | 4.046 | 0.015 |
| 创新动力 | 0.454 | 11.344 | | |
| 结构优化 | 0.513 | 12.815 | | |

对各方案层构建判断矩阵，依次得到对应的权重。

1）经济活力权重计算：对经济活力各指标构建判断矩阵，进行一致性检验，得到 $\lambda \max = 6.1753$；$CR = 0.0278$；$CI = 0.0351$，$CR < 0.1$，具体权重如表 5-5 所示。

表 5-5　经济活力权重计算

| 指标 | 民营经济增加值增长率 | 新登记注册私营企业数量 | 民营企业上市数量增长率 | 民营企业贷款余额占银行贷款比重 | 地方财政对民营经济发展支出的比重 | 新增民营制造业工业用地占供地比重 | 权重（wi） |
|---|---|---|---|---|---|---|---|
| 民营经济增加值增长率 | 1 | 1 | 2 | 1 | 1/2 | 2 | 0.1777 |
| 新登记注册私营企业数量 | 1 | 1 | 1 | 1 | 1 | 2 | 0.1777 |
| 民营企业上市数量增长率 | 1/2 | 1 | 1 | 1 | 1 | 3 | 0.1693 |
| 民营企业贷款余额占银行贷款比重 | 1 | 1 | 1 | 1 | 1/2 | 2 | 0.1583 |
| 地方财政对民营经济发展支出的比重 | 2 | 1 | 1 | 2 | 1 | 3 | 0.2395 |
| 新增民营制造业工业用地占供地比重 | 1/2 | 1/2 | 1/3 | 1/2 | 1/3 | 1 | 0.0776 |

2）发展质量权重计算：对发展质量各指标构建判断矩阵，进行一致性检验，得到 $\lambda\max=5.2922$；$CR=0.0652$；$CI=0.0731$，具体权重如表5-6所示。

表5-6　发展质量权重计算

| 指标 | 民营规模以上工业企业研发费用占营业收入比重 | 民营企业自主品牌拥有量 | 民营企业研发机构设置率 | 大专以上学历人数占比 | 民营企业营商环境满意度 | 权重（wi） |
|---|---|---|---|---|---|---|
| 民营规模以上工业企业研发费用占营业收入比重 | 1 | 1/3 | 1/7 | 1/5 | 1/3 | 0.0506 |
| 民营企业自主品牌拥有量 | 3 | 1 | 1/3 | 1/2 | 3 | 0.1735 |
| 民营企业研发机构设置率 | 7 | 3 | 1 | 3 | 2 | 0.4208 |
| 大专以上学历人数占比 | 5 | 2 | 1/3 | 1 | 2 | 0.2338 |
| 民营企业营商环境满意度 | 3 | 1/3 | 1/2 | 1/2 | 1 | 0.1212 |

3）创新动力权重计算：创新动力各指标构建判断矩阵，进行一致性检验，得到 $\lambda\max=5.1209$；$CR=0.0270$；$CI=0.0302$，具体权重如表5-7所示。

表5-7　创新动力权重计算

| 指标 | 民营经济税收占新津区总税收比重 | 民营企业营业收入利润率 | 新增民营龙头骨干企业个数 | 民营工业企业人均增加值 | 民营规模以上工业企业劳动生产率 | 权重（wi） |
|---|---|---|---|---|---|---|
| 民营经济税收占新津区总税收比重 | 1 | 2 | 1/2 | 3 | 3 | 0.2727 |
| 民营企业营业收入利润率 | 1/2 | 1 | 1/2 | 2 | 2 | 0.1758 |
| 新增民营龙头骨干企业个数 | 2 | 2 | 1 | 2 | 4 | 0.3515 |
| 民营工业企业人均增加值 | 1/3 | 1/2 | 1/2 | 1 | 1 | 0.1069 |
| 民营规模以上工业企业劳动生产率 | 1/3 | 1/2 | 1/4 | 1 | 1 | 0.0931 |

4）结构优化权重计算：对结构优化各指标进行权重计算，得到 $\lambda\max=5.2153$；$CR=0.0481$；$CI=0.0538$，通过一致性检验，具体权重如表5-8所示。

表 5-8　结构优化权重计算

| 指标 | 高新技术产业民营经济占比 | 第三产业民营经济增加值占比 | 民营经济现代服务业增加值占 GDP 比重 | 民营自有品牌产品出口占比 | 经济核心产业增加值增长率 | 权重（wi） |
|---|---|---|---|---|---|---|
| 高新技术产业民营经济占比 | 1 | 1 | 2 | 3 | 7 | 0.3599 |
| 第三产业民营经济增加值占比 | 1 | 1 | 1 | 2 | 3 | 0.2439 |
| 民营经济现代服务业增加值占 GDP 比重 | 1/2 | 1 | 1 | 3 | 2 | 0.2123 |
| 民营自有品牌产品出口占比 | 1/3 | 1/2 | 1/3 | 1 | 3 | 0.1191 |
| 经济核心产业增加值增长率 | 1/7 | 1/3 | 1/2 | 1/3 | 1 | 0.0648 |

通过计算得到了民营经济"两个健康"各指标的权重，具体如表 5-9 所示。

表 5-9　新津民营企业健康发展权重

| | | |
|---|---|---|
| 经济活力（0.4252） | 民营经济增加值增长率 | 0.0755 |
| | 新登记注册私营企业数量 | 0.0755 |
| | 民营企业上市数量增长率 | 0.0720 |
| | 民营企业贷款余额占银行贷款比重 | 0.0673 |
| | 地方财政对民营经济发展支出的比重 | 0.1018 |
| | 新增民营制造业工业用地占供地比重 | 0.0330 |
| 发展质量（0.3327） | 民营规模以上工业企业研发费用占营业收入比重 | 0.0168 |
| | 民营企业自主品牌拥有量 | 0.0577 |
| | 民营企业研发机构设置率 | 0.1400 |
| | 大专以上学历人数占比 | 0.0778 |
| | 民营企业营商环境满意度 | 0.0403 |

续表

| | | |
|---|---|---|
| 创新动力（0.1358） | 民营经济税收占新津区总税收比重 | 0.037 |
| | 民营企业营业收入利润率 | 0.0239 |
| | 新增民营龙头骨干企业个数 | 0.0477 |
| | 民营工业企业人均增加值 | 0.0145 |
| | 民营规模以上工业企业劳动生产率 | 0.0126 |
| 结构优化（0.1016） | 高新技术产业民营经济占比 | 0.0383 |
| | 第三产业民营经济增加值占比 | 0.0259 |
| | 民营经济现代服务业增加值占 GDP 比重 | 0.0226 |
| | 民营自有品牌产品出口占比 | 0.0127 |
| | 经济核心产业增加值增长率 | 0.0069 |

（3）民营企业家健康成长评价。对准则层各指标构建判断矩阵（见表 5-10），通过一致性检验，得到 $\lambda_{max} = 4.0797$；$CR = 0.0299$；$CI = 0.0266$，$CR < 0.1$，具体权重如表 5-10 所示。

表 5-10　准则层权重计算

| 指标 | 法律道德素养 | 身心素质 | 综合能力 | 企业家精神 | 权重（wi） |
|---|---|---|---|---|---|
| 法律道德素养 | 1 | 2 | 1 | 2 | 0.3085 |
| 身心素质 | 1/2 | 1 | 1/5 | 1 | 0.1227 |
| 综合能力 | 1 | 5 | 1 | 3 | 0.4294 |
| 企业家精神 | 1/2 | 1 | 1/3 | 1 | 0.1394 |

1）法律道德素养指标权重：修正后计算用权重矩阵：民营企业家健康成长→法律道德素养：$\lambda_{max} = 5.1301$；$CR = 0.0290$；$CI = 0.0325$，具体权重如表 5-11 所示。

表 5-11　法律道德素养权重计算

| 指标 | 诚信经营 | 遵纪守法 | 廉洁自律 | 权重（wi） |
|------|---------|---------|---------|-----------|
| 诚信经营 | 1 | 1/3 | 2 | 0.2680 |
| 遵纪守法 | 3 | 1 | 2 | 0.5374 |
| 廉洁自律 | 1/2 | 1/2 | 1 | 0.1946 |

2）身心素质权重：修正后计算用权重矩阵：民营企业家健康成长→身心素质：$\lambda\max = 3.0037$；$CR = 0.0036$；$CI = 0.0018$，通过一致性检验，具体权重如表 5-12 所示。

表 5-12　身心素质权重计算

| 指标 | 心理健康 | 身体健康 | 情绪管理 | 权重（wi） |
|------|---------|---------|---------|-----------|
| 心理健康 | 1 | 5 | 2 | 0.5816 |
| 身体健康 | 1/5 | 1 | 1/3 | 0.1095 |
| 情绪管理 | 1/2 | 3 | 1 | 0.3090 |

3）综合能力权重：修正后计算用权重矩阵：民营企业家健康成长→综合能力：$\lambda\max = 5.2428$；$CR = 0.0542$；$CI = 0.0607$，通过一致性检验，具体权重如表 5-13 所示。

表 5-13　综合能力权重计算

| 指标 | 战略管理能力 | 学习变革能力 | 数字化领导力 | 识人用人能力 | 危机管理能力 | 权重（wi） |
|------|------------|------------|------------|------------|------------|-----------|
| 战略管理能力 | 1 | 1/2 | 3 | 1/3 | 1/4 | 0.1069 |
| 学习变革能力 | 2 | 1 | 3 | 1/2 | 1/2 | 0.1756 |
| 数字化领导力 | 1/3 | 1/3 | 1 | 1/5 | 1/4 | 0.0573 |
| 识人用人能力 | 3 | 2 | 5 | 1 | 1/3 | 0.2567 |
| 危机管理能力 | 4 | 2 | 4 | 3 | 1 | 0.4035 |

4）企业家精神权重：修正后计算用权重矩阵：民营企业家健康成长→企业家精神 $\lambda\max=3.0536$；$CR=0.0516$；$CI=0.0268$，具体权重如表 5-14 所示。

表 5-14　企业家精神权重计算

| 指标 | 创新精神 | 工匠精神 | 合作精神 | 权重（wi） |
|---|---|---|---|---|
| 创新精神 | 1 | 1/2 | 1/3 | 0.1571 |
| 工匠精神 | 2 | 1 | 1/3 | 0.2493 |
| 合作精神 | 3 | 3 | 1 | 0.5936 |

通过构建层次模型和判断矩阵以及通过一致性检验，得到各指标权重（见表 5-15）。从表 5-15 中的数据可以看出，就民营企业家健康成长而言，综合能力对其"两个健康"影响最大，其次是法律道德素养。

表 5-15　民营企业家健康成长权重

| 项目 | 指标 | 权重 |
|---|---|---|
| 法律道德素养（0.3085） | 诚信经营 | 0.2680 |
| | 遵纪守法 | 0.5374 |
| | 廉洁自律 | 0.1946 |
| 身心素质（0.1227） | 心理健康 | 0.0713 |
| | 身体健康 | 0.0134 |
| | 情绪管理 | 0.0379 |
| 综合能力（0.4294） | 战略管理能力 | 0.0459 |
| | 学习变革能力 | 0.0754 |
| | 数字化领导力 | 0.0246 |
| | 识人用人能力 | 0.1102 |
| | 危机管理能力 | 0.1733 |
| 企业家精神（0.1394） | 创新精神 | 0.0219 |
| | 工匠精神 | 0.0348 |
| | 合作精神 | 0.0828 |

资料来源：笔者整理计算所得。

综上所述，本节构建了成都新津区民营经济"两个健康"指标体系，通过专家打分和问卷调查得出，民营企业经济活力对其健康发展的影响最大，权重为0.4252，并且在经济活力上，影响最大的是地方财政对民营企业发展支出的比重；发展质量对民营经济"两个健康"的影响权重为0.3327，在发展质量上，影响最大的是民营企业研发机构设置率，占0.14%；创新动力权重为0.1358，其中影响最大的是新增民营龙头骨干企业个数，权重为0.0477；结构优化对民营经济"两个健康"的影响最小，权重为0.1016，其中贡献最大的指标是高新技术产业民营经济占比。对于民营企业家健康成长来说，综合能力和思想道德对其"两个健康"影响最大，其次是企业家精神和身心素质。指标体系的构建为后续落地评价的开展奠定了理论基础。

## 二、四川省乐山市民营企业家健康成长评价

为进一步了解新时代民营企业家的现状和健康状态，客观真实地呈现当前民营企业家的生存和发展状态，课题研究组深入四川首批创建新时代"两个健康"示范点——四川省乐山市开展"两个健康"评价。

本节以乐山民营企业中代表性企业家为调查对象，样本企业家基本情况和企业家所处行业情况分别如表5-16和表5-17所示。通过问卷、访谈等形式进行专项调查，调查企业涉及医药制造、建筑业、房地产、新能源、文旅、农业等行业。根据评价报告全面分析民营企业家健康成长中的问题和制约因素，评价乐山民营企业家健康成长总体情况。

**表5-16　调查样本的企业家基本情况**

| 企业家基本情况 | 选项 | 数量（人） | 占比（%） |
|---|---|---|---|
| 职务 | 董事长 | 37 | 51 |
| | 总经理 | 27 | 37 |
| | 高级管理人员 | 8 | 11 |
| | 其他管理人员 | 1 | 1 |
| 性别 | 男 | 57 | 78 |
| | 女 | 16 | 22 |

续表

| 企业家基本情况 | 选项 | 数量（人） | 占比（%） |
|---|---|---|---|
| 年龄 | 29 岁及以下 | 1 | 1 |
| | 30~39 岁 | 9 | 12 |
| | 40~49 岁 | 27 | 37 |
| | 50 岁及以上 | 36 | 50 |
| 最高学历 | 研究生及以上 | 11 | 15 |
| | 本科或大专 | 55 | 75 |
| | 高中或中专 | 7 | 10 |
| | 初中及以下 | 0 | 0 |

表 5-17　调查样本的企业家行业分布情况

| 所属行业 | 企业家占比（%） |
|---|---|
| 农、林、牧、渔业 | 11 |
| 采矿业 | 2 |
| 制造业 | 30 |
| 电力、热力、燃气及水的生产和供应业 | 3 |
| 建筑业 | 5 |
| 交通运输、仓储和邮政业 | 4 |
| 信息传输、软件和信息技术服务业 | 4 |
| 批发和零售业 | 2 |
| 住宿和餐饮业 | 2 |
| 金融业 | 3 |
| 房地产业 | 5 |
| 租赁和商务服务业 | 10 |
| 科学研究和技术服务业 | 2 |
| 居民服务、修理和其他服务业 | 2 |

| 所属行业 | 企业家占比（%） |
|---|---|
| 教育 | 5 |
| 卫生和社会工作 | 2 |
| 文化、体育和娱乐业 | 3 |
| 公共管理、社会保障和社会组织 | 2 |
| 医疗、美容、健康服务业 | 3 |

（一）乐山民营企业家健康成长指标体系构建

1. 民营企业家健康成长指标体系的指导思想

民营企业家健康成长指标体系由"个体指标体系"和"区域引领指标体系"两个子体系共同构成。"个体指标体系"主要是从民营企业家个体层面的视角出发，通过聚焦民营企业家个体的思想道德、身体、心理、能力、精神等特质，反映民营企业家健康成长的情况。"区域引领指标体系"主要是从区域宏观视角出发，通过聚焦政府、社会在打造有利于民营企业家健康成长的环境、氛围，以及民营企业家对经济、社会的贡献程度，来反映民营企业家群体健康成长的整体情况。

2. 民营企业家健康成长个体指标体系

民营企业家健康成长个体指标体系由"思想道德素质""身体心理素质""经营管理能力""企业家精神呈现"4个一级指标，以及爱党爱国、诚信经营、遵纪守法等13个二级指标构成。民营企业家健康成长个体指标体系架构如图5-3所示。

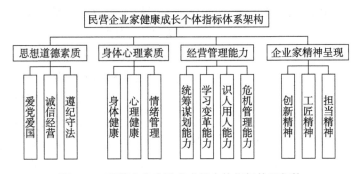

图 5-3 民营企业家健康成长个体指标体系架构

3.民营企业家健康成长区域引领指标体系

民营企业家健康成长区域引领指标体系由"思想政治引领""产业创新升级""成长环境营造""经济增长贡献""社会责任履行"5个一级指标，以及政治忠诚与担当、党建学习提升、党务业务融合等16个二级指标构成。其指标体系架构如图5-4所示。

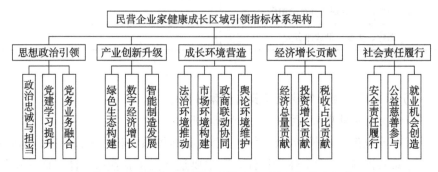

图5-4 民营企业家健康成长区域引领指标体系架构

（二）乐山民营企业家健康成长评价分析

乐山民营企业家的个体健康评价情况主要表现为以下四个方面：

（1）从思想道德素质来看，乐山民营企业家群体理想信念坚定，具备正确的价值观，诚信经营，恪守信用，具有较强的学法、懂法、用法、守法的理念，合法合规经营，以积极进取的态度经营企业。

（2）从身体心理素质来看，乐山民营企业家群体整体情况较好，但也有一定数量的企业家存在着不同程度的身体、心理、情绪问题，在一定程度上影响了企业家履行管理者职责、领导企业向前发展。

从受访企业家群体来看，患病比例最高的疾病为颈椎异常、甲状腺结节、体重指数增高、脂肪肝。同时，睡眠问题更为严峻。受访企业家群体普遍表示，由于人际关系交往频繁，社会应酬较多，日常工作强度大，运动及身心放松时间较少等原因，造成睡眠时长难以保证，或出现睡眠较浅等睡眠质量问题，进而出现判断力下降、反应速度变慢等问题，影响工作效率和决策能力。

乐山民营企业家群体具备较好的心理健康状态，能够承受各种压力和挑战，但存在的问题也不容忽视。结合问卷以及对部分企业家的访谈可以看出，在受访企业家中，普遍存在事必躬亲、工作繁忙，进而造成心理压力过重的现象，以及以牺牲亲情为机会成本所带来的心理冲击。因此，乐山民营企业家面临的心理健康问题主要有压力感和疲惫感、孤独感、无助感和恐惧感、工作厌烦感四个方面。

（3）从经营管理能力来看，乐山民营企业家群体具备引领企业发展的良好能力，在统筹谋划、学习变革、识人用人、危机管理方面展现出一定的比较优势，能够不断更新知识结构，提升综合能力，以应对复杂的市场环境和业务挑战。具体而言，主要表现在以下三个方面：

一是统筹谋划方面。乐山民营企业家群体具备较强的统筹谋划能力，能对市场和竞争环境进行科学分析，做出中长期目标设计，做好产品特色与定位，但在科学决策系统构建方面尚有较大的提升空间。

结合部分企业家访谈发现，一些民营企业家往往依据朴素的生活经验思考战略问题，凭借直觉而非逻辑决策，决策随意性大，变化过于频繁。同时，部分民营企业家有强烈的成长和扩张冲动，存在一些看似不切实际的目标和战略意图，具有短期化特征，对风险有较大的容忍度，习惯于"以小博大"，热衷于"弯道超车"，倾向于浓缩成长过程，不重视长期的决策系统和管理体系建设。

二是识人用人方面。乐山民营企业家群体识人用人能力较强，能充分认识到人才的重要性，人力资源管理的整体观念不断提升，但在招人、用人、留人等方面的工作程序和运作机制上存在问题。

问卷调查显示，企业家们对"请问您在识别和发掘下属的优势与潜能，用人之长，使其最大限度地发挥作用，实现团队与成员共同成长等方面做得如何？"这一问题的回答，有51%的调查对象选择"好"，37%的调查对象选择"较好"，11%的调查对象选择"一般"，1%的调查对象选择"较差"。

三是危机管理方面。企业家群体危机管理意识不断提升，但在危机预防、识别、处置、善后管理方面尚有提升空间，特别是对企业的危机管理体系建设不完善，危机管理的专业人才培养尚显不足。

问卷调查显示，企业家们对"请问您在企业经营中突遇危机时，沉稳冷静、应变迅速、转危为安等方面做得如何？"这一问题的回答，有55%的调查对象选择"好"，36%的调查对象选择"较好"，9%的调查对象选择"一般"。

（4）从企业家精神呈现来看，乐山民营企业家群体具有明显的儒商气息，淡定、不浮躁，具有较强的冒险创新、坚韧坚持、使命责任等特质。企业家群体创新意识较强，创新动力较足，不断加大创新投入力度，重视创新型人才的引进和培养，但在创新能力提升、原创性科技成果呈现、创新管理体系建设上还存在不足。

问卷调查显示，企业家们对"请问您在具备良好的创新意识，鼓励创新行为，对企业创新项目能提供人力、经费的支持程度等方面做得如何？"这一问题的回答，有51%的调查对象选择"好"，36%的调查对象选择"较好"，10%的调查对象选择"一般"，3%的调查对象选择"较差"。

（三）乐山整体引领民营企业家健康成长的情况

1. 思想政治引领综合评价

乐山积极推动民营企业党建工作探索，引导民营企业家形成对党忠诚的政治品格，坚守创业初心，将爱党爱国落实到民营企业生产经营中，但在创新党组织的设置形式和活动方式等方面仍待加强。

2. 产业创新升级综合评价

民营企业在乐山晶硅光伏绿色优势产业"碳达峰、碳中和"中发挥着重要作用，同时也是数字经济、信息传输、软件和信息技术服务业发展的重要力量。但民营企业在推动绿色化工、新型建材、食品饮料等传统优势产业的改造上仍有待提升。

3. 成长环境营造综合评价

乐山市委、市政府积极倡导和推行"理解、尊重、爱护、支持企业家"的理念，营造促进企业公平竞争的市场环境，完善政商之间的沟通渠道，积极维护民营企业家形象。但仍存在着开拓创新不够有力、交流机制不够健全、舆论氛围不够浓厚的问题。

4. 经济增长贡献综合评价

2022年以来，乐山民间投资增速为29.2%，高出全国平均增速13.8个百分点，位居四川省第一名；民营经济纳税占全部税收比重的82.9%，表明乐山市民营企业在拉动经济、改善民生等方面发挥了重要作用，已成为乐山经济发展的主力军。

5. 社会责任履行综合评价

乐山市民营企业在疫情防控、巩固拓展脱贫攻坚成果、乡村振兴、公益事业等重要战场倾情参与、献计出力、硬核驰援，成为民生福祉的助推器。但仍需积极践行安全发展理念，严格落实安全生产主体责任，完善规章制度，规范作业流程。

（四）乐山民营企业家健康成长的启示

1. 民营企业家是推动区域经济高质量可持续发展不可或缺的重要力量

回顾改革开放以来乐山经济发展的历程，在历次的经济改革浪潮中，民营企业家总是充当着弄潮儿的角色，为当地经济发展注入源源不断的活力。无论经济周期如何起起伏伏，乐山经济始终保持着稳健增长，2012年乐山经济总量突破

1000 亿元关口，2022 年乐山经济总量又跃上 2000 亿元台阶，11 年间翻了一番。乐山的经济增速长期保持在四川省 21 个市州的前八名，2021 年乐山成为四川省第四个人均 GDP 超过 1 万美元的城市。与之相对应的是，乐山民营经济增加值从 2012 年的 577.23 亿元增加到 2022 年的 1299.16 亿元，11 年间翻了一番多，民营经济增加值占 GDP 的比重始终保持在近 60%。以上事实充分证明，一个地区经济的持续稳定高质量发展，与当地民营经济的持续稳定高质量发展高度相关，民营经济是推动区域经济高质量发展的重要动力。而民营经济持续稳定高质量发展的背后是一代又一代的民营企业家群体持续不懈的冒险、奋斗、进取和创新。

2. 依法保护民营企业产权和民营企业家权益是民营企业家持续健康成长的重要基础

对民营企业产权的保护，为企业提供可预期的法律环境，直接关系到民营企业的市场竞争力，也直接影响到民营企业的创新积极性，是保障民营经济高质量发展的重要因素。同时，只有保护好企业家权益，特别是加强司法保护，不断增强民营企业家人身及财产安全感，才能让民营企业家专心创新，放心置产，大胆投资，安心经营。

40 多年来，乐山经济始终能持续稳定实现高速增长的重要原因之一是当地政府具备很强的战略定力，能正确处理政府与市场的关系，坚定提供一个支持民营企业和民营企业家发展的稳定环境，始终把民营企业家当自己人，保持对民营企业家的友好态度，真抓实干支持民营企业发展，不断增强民营企业家的信心和预期。乐山民营企业家健康成长的创新实践再次证明，法治是最好的营商环境，地方政府只有将对民营企业和民营企业家的保护法治化，通过政策和舆论的引导，树立善待民营企业产权和民营企业家合法权益的良好氛围，才能不断推进民营企业家持续健康成长。

3. 大力弘扬企业家精神是民营企业砥砺前行、健康持续发展的不竭动力

企业家精神的核心是冒险与创新精神。当前面临百年未有之大变局，国际竞争和博弈日益激烈，经济发展的复杂性、艰巨性增加，经济下行压力加大。此时更需要大力弘扬企业家精神，优化民营企业营商环境，提振民营企业家信心，保护民营企业家热情，鼓励民营企业家创新，激发民营企业家的创造力，进而激发民营企业的生机活力，促进民营经济做大做优做强。

过去 40 多年的乐山经济发展实践证明，越是面临经济增长挑战，越需要特别重视民营企业家的作用和影响，民营企业家是一个地区经济韧性的重要来源。民营企业家所带领的民营企业以其自身的灵活性快速适应市场需求的变化，更好地应对复杂多变的经济环境，在经济波动时具有一定的抗风险韧性。

# 第六章 四川民营经济健康高质量发展的实践探索

党的十八大以来，党中央高度重视非公有制经济工作，先后作出了一系列重大部署。习近平总书记强调：促进和引导非公有制经济的健康发展和非公有制经济人士的健康成长，是新形势下推动民营经济做优做强的关键。"两个健康"为新时代民营经济高质量发展指明了前进方向，为民营经济壮大发展既提供战略层面的科学擘画，又提出方法论上的根本遵循[①]。本章基于民营经济"两个健康"、高质量发展的理论内涵，结合先发地区的民营经济实践进行案例探讨，并进一步讨论了四川民营经济的区域协同、企业健康发展和企业家健康成长等实践案例，以期为我国民营经济高质量发展路径提出经验启示。

## 第一节 研究设计

### 一、研究方法选择

1. 案例分析法

本章选取成都新津、乐山等地的民营经济"两个健康"发展情况为案例样本，主要了解民营企业的数量、民营企业的营业收入、民营企业的发展现状、需要政府提供的帮助等"健康"情况，了解民营企业家的身心素质、基本情况以及发展信心与未来预期等。

2. 问卷调查法

本章采用实地考察法，深入了解四川部分县域民营经济"两个健康"现状以及改革实施对策等；主要针对部分具有代表性的民营企业和民营企业家，通过问

---

① 陈伟俊.以"两个健康"引领民营经济高质量发展［N］.人民日报，2018-10-18（010）.

卷、访谈调查的形式从更为客观的角度获取相关信息；面向政府管理人员进行问卷调查及访谈，了解民营经济和民营企业家发展情况。

**二、研究数据收集**

1. 一手数据

本章一手数据来自成都新津、乐山、成都新都等地的民营经济"两个健康"现状的问卷调查，以及走访经济管理领域的学者专家，从实际情况出发构建四川民营经济"两个健康"的指标体系。例如，以成都新津民营经济问卷调查为例。在企业规模方面，小型企业占48.07%；在民营企业成立时间方面，以成立3~5年的民营企业居多，占44.21%；在行业类别方面，传统制造业占比最高，达45.26%；在企业性质方面，以私营企业为主，占60.35%。

2. 二手数据

二手数据主要通过国家统计局、统计年鉴、工商业联合会、区域行业协会等权威网站公布的数据进行收集，为民营经济"两个健康"的指标体系构建提供科学参考和理论依据。

# 第二节　先发地区民营经济健康高质量发展的案例借鉴

温州是中国民营经济的重要发祥地。自20世纪八九十年代起，民营经济占据绝对主导的温州模式，促进了当地经济起飞并对全国形成示范作用。温州在民营企业健康发展中不断开辟新道路、探索新方法，在民营企业家健康成长方面取得了积极成效，积累了实践经验。

## 一、温州"两个健康"高质量发展实践

（一）案例概述

1. 温州民营经济发展现状

温州是我国民营经济的重要发祥地和改革开放的先行区。2018年8月，温州获批创建全国唯一新时代"两个健康"先行区，营造企业家健康成长环境、弘扬企业家精神，引领和推动了民营经济高质量发展[①]。多年来，温州把民营经济先行区建设作为一项牵引性、全局性、龙头性工程，围绕民营经济健康发展和民

---

① 卢海佩，钱翀.以"两个健康"引领温州民营经济高质量发展的策略研究[J].农家参谋，2019（24）：183–184.

营经济人士健康成长，持续深化探索，多措并举推进，示范效应日渐显现。

（1）政策支持层面。温州民营经济创新发展受到党中央，国务院及国家有关部委、省委省政府重视支持。中央相继公布关于民营经济的重磅文件《中共中央　国务院关于营造更好发展环境支持民营企业改革发展的意见》等，为世人瞩目的"温州模式"提供了保障条件①。

（2）措施落地层面。活动各环节中贯彻了项目化管理理念，将"两个健康"贯穿于政策、措施中。温州市委和市政府在制度上进行了积极探索：一方面，在政策、举措和制度等环节上大胆创新尝试。推行 230 余项政策举措并在先行区创建、颁布 150 余项制度性文件，为 146 项责任清单的分解和落实做好准备，三年多的时间里，超过 80% 的改革举措形成了阶段性创新成果。另一方面，组织了一系列先行区创建活动。三年多时间累计举办保障民营经济健康发展法治论坛、"两个健康"督政述政等重大活动 90 余项。《温州市"两个健康"先行区建设促进条例》的制定，以及"两个健康"评价指标体系的建立已逐步展开。

（3）经济发展层面。温州民营经济成效斐然，相比全国民营经济"56789"的贡献，其展现出高达"9999988"的贡献。对税收、地区生产总值、工业增加值、就业、企业数量的贡献率分别达到 90%、90%、91.5%、93%、99.5% 以上，并对税收及出口的贡献率达到 82%、80%。截至 2021 年 6 月，温州市场主体数量达到 116.98 万户，其中企业占比 29.73%，每 8 名温州居民中就有 1 人从事商业或经办企业，这包括大型企业，也包括大量的民营中小微企业和个体工商户。

（4）规模领域层面。约 245 万的温州人分散于全国各地以及 131 个国家（地区），国内设有温州商会的地级以上城市已达 268 家。经由主要以温州人主导并由温籍华侨担任领导的侨团已超过 300 个。俗话说，"只要有商业发展的地方，必定会有温州人的商业活动"。因此，形成了行业化的温州市场和温州经济的海内外广泛影响力，"三个温州"是我国经济"走出去"的突出代表，更是温州对新时代"双循环"新发展格局极大的贡献。

2. 成功构建温州"两个健康"评价体系

温州坚定实施《温州"两个健康"先行区建设促进条例》、办好"两个健康"系列活动以促进民营经济发展壮大。"两个健康"评价体系从民营经济健康发展和民营经济人士健康成长两个方面进行了阐述。

根据《关于创建新时代"两个健康"先行区加快民营经济高质量发展的实施

---

① 吴跃农.温州"两个健康"先行区建设现状及经验启示——实地调研和理论思考［J］.辽宁省社会主义学院学报，2022（2）：3-14.

意见》，《浙江省高质量发展指标体系实施办法》等相关文件精神确定维度，温州"两个健康"评价体系将指标分为经济活力、质效提升、创新驱动、结构优化、底线能力五个部分，设定了 35 个综合评价指标。全方位构建创新格局，推动科技创新战略的全面落实。持续深化对长三角一体化发展的融入，坚守协同沿海城市群的共享发展理念。同时，积极参与"双循环"新格局和"一带一路"建设的投入，稳步推动海外温商的发展壮大。最后，不仅要提高民营企业的竞争力，推动民营经济的数字化变革，还要引导民营企业实现绿色、低碳转型。

在民营经济人士健康成长方面，温州标准以习近平总书记 2018 年 11 月 1 日民营企业座谈会讲话精神为基础，界定民营企业家"健康成长"是指民营企业家看重自己的社会价值、热爱祖国和人民、维护中国共产党、践行社会主义核心价值观思想、弘扬企业家精神，做爱国敬业、守法经营、创业创新、回报社会的典范。温州关于民营企业家健康成长是从核心要素与成长环境的维度进行评估。核心要素下设 4 个一级指标和 13 个二级指标，成长环境下设 4 个一级指标。

3. 温州健康高质量发展的主要经验

温州打造了"两个健康"先行区和宣传改革开放后全民创业的历史节点、全民创富"敢闯敢拼，创业创新"的温州精神，促进新时代民营经济的发展壮大[①]。其主要经验包括：

一是评价标准的体系创建方面。党委政府全局性定位推动，温州将"两个健康"作为牵引性、全局性、龙头性的工作，建立主要领导挂帅的领导小组。全链条构筑高效组织运行体系，建立"一办八组"组织架构，实现实体化办公、清单化推进。建立先行先试政策制定实施机制，深入研究民营经济发展的基础和现状、机遇和挑战、优势和短板，制定"两个健康"工作责任清单。常态化、节点化谋划活动营造氛围，按照"月月有举措，季季有亮点，半年有总结，年年出成果"的思路，对重点工作进行系统谋划，保持良好的创建氛围。

二是力促民营企业高质量发展方面。坚定实施科技创新首位战略，引导广大民营企业完整、准确、全面贯彻新发展理念，努力实现发展方式、增长动力、质量效益的系统性转变。引导民营企业主动融入国家战略，搭建各类对外开放平台，建设国家级境外经贸合作区，推动企业参与"一带一路"、长三角一体化建设。推动企业做大做强，强化小微园建设赋能中小微企业高质量发展，"全生命周期"推进企业上市，实施"鸟巢计划""家园计划"。强化工业用地和人才要素

---

① 杨卫敏.中国式现代化与"两个健康"的实现路径——基于浙江省的实践探索和前瞻分析［J］.上海市社会主义学院学报，2023（1）：62-73.

保障，确保与工业经济增长相匹配的用地规模总量，探索不同领域多层次人才引进、培育和使用的新机制。

三是全力促进民营企业家健康成长方面。给礼遇尊荣提高企业家社会地位，率先以地方人大行使重大事项决定权方式设立"民营企业家节"，建设世界温州人家园，出台全国首个企业家参与涉企政策制定的规范性文件。强化企业家思想政治引领，成立温州民营经济学院，首创"亲""清"政商云学堂，强化非公党建示范引领，打造具有全国影响力的理想信念教育基地。最大限度地保障企业家合法权益，全国首个"个人破产"试点破冰，建立企业家紧急事态应对制度和重大涉企案件风险报告制度。注重新生代企业家精神传承和培养，实施青蓝接力培养行动，引导新生代企业家争当新时代民营经济领军者。务实创新推进商（协）会改革，做强商会主体功能，促进民营经济人士健康成长。

四是打造一流营商环境方面。温州以数字化改革不断优化政务环境，建立惠企政策"直通车"，推进"两个健康"综合应用，建立"帮企云"助企"绿色直通"，开通"易企办"加快商事制度改革，开通"为侨服务全球通"服务在外温州人。强化金融创新更好服务实体经济，发起"六不"倡议，推广"无还本续贷"，推动全国首个技术产权证券化产品落地，创新共有厂房按份额抵押融资，制定"白名单"企业帮扶计划，建设全国首个"金融大脑"，建立"金融综合服务平台"。改进和完善执法方式，全面推行涉企柔性执法，建设新时代"两个健康"法治研究中心，开展知识产权"蓝色护航"，实施涉企"挂案"大清理、大化解。全面激活市场主体活力，开展涉企鉴定评估"最多评一次"、社会力量办社会事业国家试点、"百万主体激活力增动能计划"。积极构建"亲""清"政商关系，推进清廉民企建设，建立企业效能监测点，推动民营企业精力减负。

五是建立长效机制方面。温州在全国首创"两个健康"评价指标体系，精准反映温州民营经济健康发展和民营企业家健康成长的主要情况。在全国率先开展"两个健康"立法，制定《温州市"两个健康"先行区建设促进条例》，总结温州"两个健康"改革创新经验并以立法固化提升，实现经验入法提升示范效应[①]。

（二）案例点评

自温州率先启动"两个健康"先行区工作以来，坚持"两个毫不动摇"促进民营经济健康发展的"温州模式"值得推广和借鉴。温州经济最鲜明的特征是民营经济占据绝对主导。具体的四大布局主要包括：一是从税费角度出发，减税降

---

① 浙江全省推广温州"两个健康"创建典型经验［N］. https://www.qxzh.zj.cn/art/2022/9/5/art_1228965107_58916465.html?key，2022-09-05.

费惠企纾困。二是拓宽金融输血渠道，破解融资难和融资贵等问题。三是切实完善政策执行方式，打造一流的营商环境。例如，评估工作"最多评一次"改革，建立常态化"理旧账"工作机制，集中精力减少民营企业经营之外的负担等。四是助推企业转型升级，改变"低端锁定"旧状，强调科技创新的作用和数字化转型，以形成集聚效应。

"温州模式"的未来发展启示主要有：一是鼓励支持和引导民营经济的前提是充分尊重市场经济规律；二是努力实现"两个健康"政策与实践之间的良性互动。事实上，温州实践模式也走出了先富示范效应，创造条件推动后富地区创业就业，投资社会事业改善社会基础设施，以及以慈善捐赠等方式帮扶。温州在提振企业家信心、激发市场活力、改善营商环境方面取得了显著成效，也为其他地区"两个健康"发展提供了借鉴。

## 二、浙江嘉善以数字化建设助推民营经济发展

（一）案例概述

浙江省嘉善县聚焦"数字长三角"建设，目前是全国唯一的县域科学发展示范点和长三角生态绿色一体化发展示范区。通过以数字化改革为牵引，不断强化一体化、智能化公共数据平台的支撑能力，打造智慧城市建设新高地，浙江嘉善荣获"2021 中国领军智慧县级城市"大奖。2023 年 8 月，浙江省委省政府公布《关于支持嘉善县域高质量发展示范点建设的若干意见》，提出"以点带面破解县域高质量发展共性问题，为全国县域高质量发展提供浙江样板"。

1. 建立科学示范点，探索数字转型之路

改革开放以来嘉善发展速度越来越快，但仍面临较多挑战：一是粗放的经济发展模式，导致县域经济的资源利用效率低下。二是产业结构较为不合理，以传统产业为主导，资源环境影响较大。三是创新动能不强，经济增长的质量持续下降。2013 年经国务院批准，嘉善成为唯一的"县域科学发展示范点"，并以此为契机创新发展理念，寻找县域民营经济转型的新道路。嘉善紧抓数字化发展机遇，构建起"1+5+2+1"数字化改革工作体系，率先建设"云上嘉善"，开展数字嘉善项目"挂榜揭榜"。

2. 加快产业数字化升级和数字产业规模化发展

党的十八大以来，党中央高度重视数字经济发展并出台了一系列战略措施。2018 年，习近平总书记提出"加快推进数字产业化、产业数字化"，为打造信息化、智能化的"数字县域"提供了根本遵循。嘉善紧跟战略趋势，在 2018 年提出六大传统产业的数字转型方案，构建了"1+6+9"的转型升级体系，不断优化

商业发展模式，推动产业的数字化升级。嘉善根据产业特点，不断提升数字化改造水平：一是在县域建立智能制造标杆企业；二是以家具木业作为行业试点，集中优势资源构建优势产业，从而推进整个县域的数字化转型。例如，开展"5522工程、企业上云"等相关项目，以数字经济为核心，凝聚力量发展集成电路等新兴产业，努力打造"数字嘉善"。

3. 聚焦服务，保障数字化改造

嘉善提出要创新人才驱动，加快公共实验平台搭建，将产业数字化、数字产业化和城市数字化的理念贯穿数字经济发展的整个过程。一是构建平台化的服务机制。推进产业新城、人才创业园等平台、特色小镇的构建，不断完善经济配套服务。二是强化科技创新赋能。依据产业转型的方向和需要，加快培养人工智能、云计算、大数据等数字技术人才，提高县域数字化改造和转型升级的速度。

（二）案例点评

作为经济总量并不高的县域，浙江嘉善实现了从农业县到经济强县，从封闭的区域经济到开放发展的跨越式、高质量科学发展道路，对其他地域发展具有高度的示范引领作用。嘉善的健康、高质量发展的主要经验是抢抓数字化改革机遇，深入推进"最多评一次"改革、政府数字化转型等重大改革举措，加快应用场景开发建设。坚持未来导向、需求导向、问题导向、效果导向，动态建立重大需求、多跨场景、改革任务，持续为高质量发展赋能。

事实上，无论是早期的"温州模式"还是近年来"两个健康"先行区的系列探索，一以贯之的精神实质是尊重市场经济规律，发挥市场在资源配置中的决定性作用。特别是对于民营经济不发达地区而言，先行区建设给予的实践启示是：一要外力推动，充分宣传先进典型，使各地真正认识到政策与实践之间良性互动的可能；二要从关键入手，从涉企执法、营商环境等环节着手启动良性互动进程。

# 第三节　四川民营经济健康高质量发展的区域实践

四川省委、省政府高度重视民营经济"两个健康"建设，出台了一系列政策措施，旨在优化民营经济发展环境，降低企业成本，激发市场活力。各地政府也积极响应，为民营企业发展创造了良好的营商环境。例如，四川省乐山市、成都市新津区，作为四川"两个健康"示范市（区），通过搭建政企沟通平台、及时解读政策、提供政策咨询和项目申报服务等方式，为民营企业健康发展和民营企业家健康成长进行了大量实践探索。

**一、成都市新津区民营经济"两个健康"工作推进探索**

（一）案例概述

成都新津是四川民营经济发展的摇篮，孕育了以希望集团为代表的一批优秀民营企业，具有四川县域民营经济改革试点的厚实基础。作为首批四川新时代"两个健康"示范区创建单位，新津率先建成"民营经济博物馆"，打造非公有制经济人士教育基地，在制度创新、政策创新、模式创新等方面创造性、探索性地开展工作，通过实施"建圈强链"行动、搭建"津商茶叙"平台、组建"厚培人才"体系等一系列举措，塑造了民营经济发展的新津品牌。

1. 新津民营经济发展现状

（1）发展基础：经济稳定增长。新津以擦亮"中国民营经济摇篮"名片为统揽，把促进"两个健康"作为重要抓手，着力优环境、强动能、激活力，推动民营经济增总量、扩规模、提质效，民营经济呈现蓬勃发展的良好态势（见图6-1）。以发展民营经济为己任，坚持"亲商重商""扶商助商"的方针，大力开展"津商回归"和"津商培育"活动，持续改进企业经营环境，由过去只关注"硬件""税收"等方面向关注"发展机遇""服务"等方面转变。2023年，新津民营经济增加值占地区生产总值的64.5%，对经济增长的贡献率达97.8%；民营经济纳税占全区税收收入总额的72%。目前，新津"四上"企业中民营企业占91.5%，高新技术企业中民营企业占94.1%[①]。

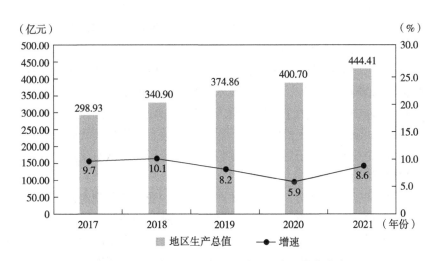

图6-1　2017—2021年新津地区生产总值及增速

---

① 蒲南溪.这里的民营经济占比为何多年居成都第一［N］.四川日报，2024-04-26（6）.

（2）发展建设：营商环境政策的落地。新津的民营经济迅速发展，成为"拼经济、稳增长"的重要支柱。当前该地区拥有超过1万家各类企业，其中规模以上工业企业高达两百多家。2022年以来新津先后组织了30多场青年人才座谈会和专家人才"新津行"，出台5项政策，以构建覆盖全链条的人才支持体系，为人才发展提供更加优质的环境。出台10条扶持数字经济人员成长政策及2.0版"津英十条"政策，对产业人才和行业系统人才提供更加便利的服务。

（3）发展条件：推进数智化的转型升级。新津区天府牧山数字新城是成都第一个冠以"数字"之名的产业功能区位，也是成都电子信息产业生态圈的组成部分。为帮助民营企业切实节约劳动力成本，重塑制造业流程，提高制造业的整体效率并在短时间内提高营销效率和扩大品牌的影响力，新津区对民营企业进行了数字化转型的积极引导。

新津区明确提出通过数字化为企业、产业全面赋能，按下了数字经济发展的"快进键"。具体而言，通过出台18项民营经济、10项智能科技的数字赋能实体产业的政策清单，鼓励企业引进配套企业、数字化转型、建设工业互联网平台，减轻贷款困难，并提供应用场景助力企业数字化转型。同时，给予最高不超过500万元的政策补贴支持，探索数字经济赋能民营企业新路径，大力推进数字经济的发展，寻求数字化转型的道路。新津通过"集约发展、抱团前行"的思路，引导中小企业数字化转型，如2022年发布数字化机会清单，推动包装协会20户企业数字化转型。

2. 新津民营经济的主要发展问题

受人才资源、经济实力、新兴技术等各种因素制约，新津民营企业高质量发展部分亟待解决的问题仍然存在。

（1）民营企业的产业结构单一，层次提升存在困难。新津区民营企业总体产业层次偏低，结构较为单一，从事高技术、现代服务业的民营企业数量较少。新津区民营企业以中小企业为主，固定资产数量相对较少，产品技术含量较低，市场竞争力较弱，缺乏自主定价的实力。因中小民营企业发展历程较短、规模经济效益缺乏，故企业多集中于制造业与零售业等传统行业，从事生产要素费用高而生产增值较低的活动。

（2）融资问题较为突出，专业人才严重流失。受当前宏观经济下行以及企业融资途径过于单一等的影响，融资问题是重要难题。调研显示，当前新津民营企业融资渠道不通，多数企业的资产负债率较高，融资扩张空间狭窄。银行机构竞争同质化明显，合作金融机构发展缓慢，尚未形成一个多层次、全国性、具有合理竞争力的金融服务体系。基于技术、创新创业的微型企业和中小型企业，因激励措施的缺乏使其多样化和多层次的融资需求无法得到有效解决。此外，高质量人才是决定民营企业能否存活和高质量发展的一大关键支持因素。当前新津民营企业人才资源匮乏，无法为人才提供足够的发展空间和机会，存在着大量的"用人难""留人难"等问题。

（3）发展机制残缺不全，自身承受能力较弱。整体上新津区民营企业内部发展机制不完善，造成内部控制失效；发展方向界定不明，过度追求短期目标；缺乏相应的激励和监督机制，难以提高人员积极性。同时，新津区民营企业受经济下行的影响较大，大、中、小民营企业发展不协调；关键技术、零部件、软件和核心服务能力被他人控制，给民营企业供应链安全和稳定造成隐患。

（4）技术研发条件有限，创新发展缺乏动力。当前新津区民营企业创新能力有待加强，研发投入不足，先进高科技制造业有待开发，技术研发条件受到限制。民营企业技术研发和创新依靠巨额资金投入与高新技术人才引进，但因研发投入不足与高新技术人才缺乏，成功概率低。因此，新津区民营企业通过创新提高竞争优势这一路径难度较大，缺乏发展动力。

3. 新津推进民营经济"两个健康"主要举措

进入新时代，为贯彻落实国家、省、市的决策部署，成都新津在民营企业发展和民营环境建设方面制定了大量措施。在做强做大民营经济主体方面，以资金奖励为动力，大力扶持民营企业上档次、快发展、创品牌；从降本增效方面来看，逐渐降低用地成本、制度性交易成本和金融要素成本等，对民营企业高质量发展给予有力支持；用相应配套的奖励措施扶持企业大力发展楼宇经济，开拓市场和人才引育，在科技创新中激发民营经济活力；在改善民营经济发展环境方面，通过建立和引入有关制度，进一步维护民营企业的合法权益、优化政务服务环境、完善问题解决机制。

为提高产业链本地深度配套，新津通过实施"建圈强链"行动、搭建"津商茶叙"平台、组建"厚培人才"体系等系列举措，塑造了民营经济发展的新津品牌。以产业生态圈和创新生态圈为牵引，构筑"津商茶叙—智友社区""民企创业—走进新津""民企人才—助力发展"阵地。为民营企业壮大市场空间提供了"五张清单"——产品资源清单、产业对接活动清单、名优产品培育清单、企业产品供需清单和企业扶持兑现政策清单。

在落实国家重大战略方面，新津深入推进"万企兴万村"行动，引导民营企业积极投身乡村振兴战略，同时引导民营企业通过产业投资、就业扶持、商贸流通、消费帮扶、资源开发、智力支持、公益捐赠等多种方式共赢发展。

此外，新津区工商联集中主要力量，对民营企业与民营企业家在健康成长、社会贡献、乡村振兴等方面的典型案例、先进事迹进行了深度挖掘，对民营企业家创新创业、砥砺奋进的匠心精神和企业家精神进行多维度"画像"，旨在讲好津商故事，形成可复制、可推广的"新津样板"。

（二）案例点评

为建设好新时代"两个健康"示范区，新津区在制度创新、政策创新、模式创新等方面开展了创造性、探索性工作，并引导民营企业家坚定理想信念，凝聚奋斗力量，多方并举促进民营经济的健康高质量发展。积极为企业家创办企业、招商融资、引进技术提供服务，有效促进优质地方产品靶向配套、供需适配。自2020年以来，新津积极构建民营经济"两个健康"评价体系，从不同维度与层面，为民营经济发展情况提供客观量化的数据，全景展现了当地民营经济发展的特点和活力。尽管当前新津民营经济高质量发展取得了一定成绩，但新时代下民营企业仍然面临转型升级、提质增效等挑战，企业家面临发展动能不足、信心有所缺失等困难。未来仍需要努力的方向主要包括引导企业家创新经营理念、完善创新代际传承途径、健全涉企政策的企业家参与制度等。

## 二、四川省乐山市民营经济"两个健康"探索

（一）案例概述

1. 乐山民营经济的历史溯源

乐山古称嘉州，位于四川盆地南缘，三江汇流，不仅是国家历史文化名城、中国优秀旅游城市，也是全国老牌工业基地、四川工业重镇。自古以来，乐山就是川南地区的政治、经济、文化中心，也是蜀汉、唐、宋、元、明、清等历代政治、文化、商业中心之一。从历史上看，乐山有着厚重的商业文化，也孕育出了一代又一代的企业家群体，是一座典型的商贾之城。汉武帝命唐蒙开通五尺道后，从成都经乐山、宜宾南下贵州、云南直到缅甸、印度的南方丝绸之路"蜀身毒道"东路完全形成，乐山成为南方丝绸之路上的重要一站。此外，连接南方丝绸之路东、西两线的三条支线"平羌江道""阳山江道""沐源川道"起点均在乐山。因此，乐山是南方丝绸之路的交通枢纽和重要商贸集散地。

抗日战争爆发后，东部企业陆续内迁，乐山境内的工业企业上升至48户，主要涉及化工、电力、水泥、机械、纺织等行业，为全国抗战提供了重要战略物资保障。著名的侯氏制碱法就诞生在五通桥区永利川厂，该厂旧址已入选中国工业遗产保护名录第二批名单、第四批国家工业遗产名单。到中华人民共和国成立前，乐山市拥有造纸企业1500余家、纺织企业2540余家、煤矿17家。① 正是这样的文化和基因传承，乐山人的金融、商贸意识比较强，民营经济非常活跃。1987年，夹江民营企业家在黄土镇点燃了陶瓷的第一炉窑火，拉开了"西部瓷

---

① 资料来源：三问乐山新型工业化①为什么要走好新型工业化之路［N］.乐山日报，2023-07-10.

都"的帷幕,掀起了夹江民营经济的发展浪潮。

乐山企业股份制改革起步早,20世纪80年代初不断深化经济体制改革,加快推行扩权试点、承包制、企业法人制等,在四川省率先开展企业股份制改革,乐山首家、西南第一家上市公司峨眉山盐化工业(集团)于1993年在深圳上市。同年,乐山电力、峨眉铁合金(集团)、峨眉山金顶(集团)在上交所正式挂牌上市。当时,拥有4家上市公司的乐山成为全国上市公司仅次于深圳、上海的城市,而乐山持股权证的公司已达十余家,悄然形成了股票交易的自发市场。

2. 乐山民营经济发展现状

民营经济是乐山经济发展的主力军、转型升级的主引擎、创新创业的主动力。截至2022年底,乐山市民营经济呈现出"58999"的良好发展态势。"5"即民营经济增加值占GDP的56.3%;"8"即民营经济纳税占全部税收比重的82.9%;三个"9"即民营高新技术企业占全市高新技术企业的92.4%,民营经济吸纳城镇新增就业占全市城镇新增就业的95.0%,民营经济市场主体占全市市场主体的97.4%[①]。

从纵向比较来看,2021年以来乐山民营经济增加值、民营企业数量都实现了稳健增长。其中,2022年乐山民营经济增加值1299.16亿元,比上年增长3.2%(见图6-2)。民营经济拉动GDP增长1.8个百分点,对GDP增长的贡献率为46.1%。2022年末,全市民营经济主体达21.57万户,比上年增长5.3%,其中私营企业实有数量达3.98万户,增长9.0%。

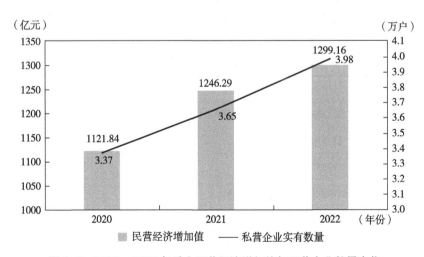

图6-2　2020—2022年乐山民营经济增加值与民营企业数量变化

①　张清. 满帆快进正当时——乐山市民营经济发展综述 [N]. 乐山日报,2023-04-25.

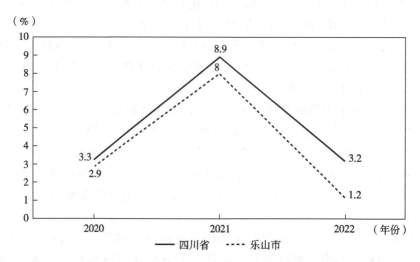

从横向比较来看，2020—2022 年乐山民营经济增加值增速都持续领先于四川省整体水平（见图 6-3），其民营经济发展在四川省内各市州中具有典型代表性。

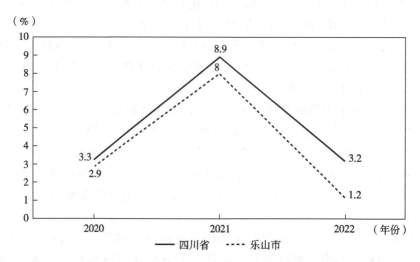

图 6-3　2020—2022 年乐山市与四川省民营经济增加值增速比较

乐山民营经济发展向好的关键在于乐山民营企业勇挑大梁，支撑起了主业突出、多业并举的发展格局。总体来看，乐山民营企业经营稳健，经营效益持续向好。乐山市代表性民营企业样本如表 6-1 所示。

表 6-1　乐山市代表性的民营企业

| 企业名称 | 所属行业 |
| --- | --- |
| 四川德胜集团钒钛有限公司 | 制造业 |
| 四川永祥新能源有限公司 | 制造业 |
| 福华通达化学股份公司 | 制造业 |
| 四川和邦投资集团有限公司 | 制造业 |
| 四川晶科能源有限公司 | 制造业 |
| 乐山京运通新材料科技有限公司 | 制造业 |
| 四川峨胜水泥集团股份有限公司 | 制造业 |
| 乐山无线电股份有限公司 | 制造业 |

| 企业名称 | 所属行业 |
|---|---|
| 乐山协鑫新能源科技有限公司 | 制造业 |
| 乐山立事达实业有限公司 | 房地产业 |
| 农夫山泉四川饮品有限公司 | 批发和零售业 |
| 四川凤生纸业科技股份有限公司 | 制造业 |
| 四川永丰浆纸股份有限公司 | 制造业 |
| 四川省峨眉山竹叶青茶业有限公司 | 农、林、牧、渔业 |
| 乐山家家乐超市管理集团有限公司 | 批发和零售业 |
| 四川明达集团实业有限公司 | 制造业 |
| 四川省米兰诺陶瓷有限公司 | 制造业 |
| 四川意龙科纺集团股份有限公司 | 科学研究和技术服务业 |
| 乐山希尔电子股份有限公司 | 制造业 |
| 四川嘉恒达酒店投资管理有限公司峨眉山恒邦艾美度假酒店 | 住宿和餐饮业 |
| 尚纬股份有限公司 | 制造业 |
| 四川罡宸不锈钢有限责任公司 | 制造业 |

资料来源：笔者整理所得。

3. 乐山民营经济发展的主要特征

（1）从宏观经济层面来看，民营经济对乐山市经济贡献稳中有升，发展态势向好。2022 年，乐山民营经济增加值达 1299.2 亿元，增速达 3.2%，高于四川省（1.2%）2 个百分点，创七年来最好位次。同时，乐山市民间投资信心增强。2022 年，乐山市民间投资总量达 728.3 亿元，占全社会固定资产投资比重的 46.3%；乐山市新开办民营经济市场主体 2.9 万户，总数达 21.5 万户，占全部市场主体总量的 97.4%，较上年增长 5.3%。2022 年，乐山市入围中国民营企业 500 强 1 户、中国民营制造业 500 强 2 户、四川民营企业 100 强 5 户。截至 2022 年底，乐山全市民营经济吸纳就业 72.3 万人，其中新增城镇就业 4.6 万人。

（2）从产业发展层面来看，民营经济活跃度高，三大产业协调发展，已形成主导产业突出、特色产业并举的局面。相关数据显示，2022 年乐山第一产业实现民营经济增加值 94.4 亿元，第二产业实现民营经济增加值 673.3 亿元，第三产业实现民营经济增加值 531.5 亿元。乐山全市民营经济三大产业结构比由 2021 年的 7.4：50.5：42.1 调整为 2022 年的 7.3：51.8：40.9。乐山工业发展历史悠久，从制造业起步，以民营经济、实体经济见长，以晶硅光伏、核技术应用、新型建材、绿色化工、食品饮料等为代表的制造业经历了从无到有、从单打独斗到集群发展的历史性跨越。2022 年，乐山拥有 34 个工业门类，占全国 41 个工业门类的 82.9%，已形成了晶硅光伏、先进材料、绿色化工、食品饮料四大主导产业格局。

4. 乐山民营企业家健康成长的实践举措

乐山积极践行"自己人"等科学论断，高度重视企业家的地位与作用，提升民营企业家政治素质和弘扬企业家精神，推进民营企业家健康成长。

（1）积极建设高素质、有担当的民营企业家人才队伍。主要通过抓党建、夯基础，在商会组织建设上下功夫。深化民营企业党建"红·领·带"行动，引导民营企业家拥护党的主张、贯彻党的决定、团结凝聚职工群众、维护社会和谐稳定。通过开展上市公司、规模以上企业、"专精特新"企业等重点企业党组织覆盖专项行动，推动民营企业应建尽建党组织，应派尽派党建指导员。

（2）高度重视民营企业家的地位和作用。塑造尊重民营企业家的社会价值导向、舆论氛围和文化环境，落实好企业家政治地位和社会地位，严肃推荐、认真安排优秀企业家担任各级人大代表、政协委员，截至 2022 年，有 425 名民营企业家被推荐担任各级人大代表、政协委员。邀请优秀企业家列席和参加地方党委、政府相关会议，寻计问策，就经济发展相关政策问题与企业家充分沟通协商。

（3）大力弘扬本土的企业家精神。注重培养和积淀"勇于创新、坚韧不拔、团结协作、使命责任"的嘉商精神，不断丰富和拓展嘉商精神内涵。通过"奋进新时代　致敬企业家"专题宣传等各种渠道和形式，广泛宣传民营企业家创业兴业的感人事迹，树立民营企业家的优秀典型，大力弘扬嘉商精神，以优秀的企业家精神引领民营企业家健康成长，推动民营企业家牢固树立底线意识、创新意识、共富意识和使命意识，带头践行社会主义核心价值观，争做爱国敬业、守法经营、创业创新、回报社会的典范。

（4）注重企业家常态化的成长培养。连续出台民营经济发展倍增计划、民营企业雁阵培育计划、民营企业家"十百千"战略性培养计划，形成完整有力的民营企业家培育发展体系。组织民营企业家赴市内外的理想信念教育基地进行实地学习，推荐百余名企业家参加中央和四川省培训，帮助民营企业家深入把握宏观经济形势、国情社情市情，提升经营管理、防范风险等能力，增强乐山民营企业的综合竞争力。近年来，乐山培育中国民营企业 500 强 1 家、四川民营企业 100 强 5 家、民营上市企业 4 家、民营高新技术企业 117 家、国家级专精特新"小巨人"企业 11 家和省级"专精特新"中小企业 80 家。

（二）案例点评

乐山推进民营经济"两个健康"发展的过程表明，培养和吸引更多具备创新能力和社会责任的优秀民营经济人士，是解决民营经济在高质量发展转型中的重要抓手。事实上，强化民营企业家的政治素质是民营企业家健康成长的坚实基础，重视民营企业家的地位和作用是先决条件。弘扬敢为人先、坚持创新等企业家精神，是民营企业家健康成长的有力推手；多措并举注重民营企业家的培育发展是关键举措；统筹民营企业家健康成长与民营企业健康高质量发展是持续动力。

此外，在民营企业家健康成长的过程中，乐山特别重视对其创新驱动的意识和能力的培养。支持引导以传统产业为主的民营企业加快绿色化、数字化、高端化转型，鼓励民营企业家积极进入智能制造、现代服务业、现代农业、新能源等新动能产业。同时，引导中小民营企业的企业家以"专精特新"为方向，实现品牌精细化、高端化发展，让民营企业的健康发展与民营企业家的健康成长交相辉映，形成良性互动。

### 三、四川民营经济高质量发展跨区域协同——成渝万达开地区探索

（一）案例概述

1.万达开区域情况

为加强区域协调、优势互补与共谋发展，全面贯彻落实党中央、国务院的决策部署，重庆市和四川省人民政府于 2023 年 3 月出台了《推动川渝万达开地区统筹发展总体方案》。万达开川渝统筹发展示范区的建设，作为成渝城市群向东开放的重要通道，已被提升至国家层面的重大发展战略。达州市、万州区与开州区的"一体化"全棋局发展，既为成渝地区双城经济圈发展注入了强劲动力，又成为全国范围内省际结合部协同发展的典范。

2.万达开地区的民营经济概况

（1）万州区。万州民营市场主体的数量稳步增长，截至 2023 年底已超过 14 万户，同比增长 4.5%，占全区市场主体的比重超过 97%，成为万州高质量发展"生力军"。民营经济在工业、商贸业、服务业等多个领域均表现出强劲的增长势头，五大重点产业同比增长 13.0%。服务业提质增速的趋势明显，增速同比提高

3.2 个百分点。[①]

2023 年，万州区民营经济全口径税收达 51.6 亿元，占全区比重 61.1%。[②] 经济主体总量达 14.6 万户，占比为 97.7%。万州区民营企业涉及多个领域，包括工业、商贸、服务业等。其中，工业领域的民营企业在技术创新、产业升级等方面进展显著。2024 年一季度工业经济运行数据显示，万州区五大重点产业同比增长 13.0%，拉动全区规模以上工业总产值增长 12.6 个百分点[③]，民营企业在地区重点产业发展中的带动作用明显。

万州区政府积极助力民营企业发展，实施了减税降费、优化营商环境等一系列惠企政策。为营造更有利的发展环境，万州将进一步降低企业经营成本，持续提升政府服务效能。未来万州将通过深化"放管服"改革、拓展发展空间等措施，持续扶持民营经济，促进其优质发展。民营企业通过积极创新提升竞争力，为地区经济持续健康发展贡献力量。

（2）达州市。达州市委、市政府高度重视民营经济的发展，密集出台了促进民营经济高质量发展举措，旨在营造利于民营经济发展的政策环境、市场竞争环境、债事处置环境、商事投资环境、权益保障环境。同时，达州还进一步加大对民营经济的支持力度，聚焦融资难等问题，设立了民营企业应急转贷金等针对性举措。

民营经济在达州经济中占据重要地位，实现了"679"贡献（即全市 60% 以上 GDP 占比、70% 以上纳税占比、90% 以上的就业占比）。达州市 2022 年实现民营经济增加值 1528.6 亿元，同比增长 3%，占 GDP 比重的 61.1%，经济贡献率 51.1%。"个转企"完成 2036 户，新设各类市场主体 4.19 万户，累计完成 28.5 万户，其中私营市场主体 27.7 万户，同比增长 7.4%，全部市场主体总数中占比 97.7%[④]。

作为达州经济增长的强劲动力，达州民间投资增速远远超过四川省，甚至全国水平。此外，达州还进一步激发民营经济的活力和创造力，通过采取拓宽民间投资空间、鼓励支持科技创新、优化营商环境等措施，确保民营经济加快发展。

（3）开州区。近五年来，开州民营企业数量持续增长。民营经济发展稳中有

---

① 资料来源：万州五大重点产业撑起工业一片天　加速集聚成群，持续提升能级 [N].重庆日报，2025-01-07.

② 资料来源：万州区发展改革委：《关于重庆市万州区 2023 年国民经济和社会发展计划执行情况及 2024 年计划草案的报告》。

③ 资料来源：央广网，https://cq.cnr.cn/xwsd/20240429/t20240429_526686270.shtml。

④ 资料来源：《达州市 2022 年国民经济和社会发展统计公报》。

升，呈现量质提升、效益并进的良好态势。2023年上半年，全区民营市场主体突破10万户，新增市场主体12229户。开州区民营企业涉及行业广泛，包括制造业、批发零售业、服务业等多个领域。其中，制造业是民营企业的重点发展领域之一，特别是电子元器件产业等特色产业集群的发展，为地区经济发展提供了新的增长点。

2023年1~5月，开州全面落实国家、市级稳企惠企政策，新增减税降费及退税缓费约1.27亿元。针对4769项行政权力事项，审批时限实行极限压缩，开办企业承诺办理时限压缩93%，竣工联合验收事项压缩50%，办理时限压减42%，单个事项验收总压减率达92%。"信易贷·渝惠融"平台线上授信40.45亿元，助力解决民营企业融资难题。开州区民营企业注重技术创新和研发投入，不断提高产品质量和市场竞争力。全区民营企业有较强的技术实力，在科技创新方面取得了系列成果。其中，市级企业技术中心13家、中小企业技术研发中心38家。

民营企业对开州区经济增长的贡献日益凸显，经济增加值占地区生产总值比重正逐年提升。例如，开江县近年来积极为民营企业提供发展支持，2022年民营经济增加值为103.1亿元，增长2.8%，实现税收3.2亿元，对经济增长的贡献率达71.2%，居全市第二位。

3. 万达开地区民营经济的主要特点

（1）政策支持方面。万达开地区在政策上给予民营经济以极大的支持，如开江县出台了一系列政策措施，其中包括关于促进民营经济高质量发展意见、稳经济增长33条、助企纾困12条等，以"真金白银"的政策支持民营经济发展。

（2）产业集聚方面。万达开地区依托产业优势，已形成了具有自我特色的产业集群。例如，开江县的四川信连电子科技有限公司生产的接线端子广泛应用于航空无人机电源、新能源汽车、轨道交通等领域，并与多家知名企业建立了合作关系，在行业内市场占有率稳居全国前三名。

（3）创新驱动方面。该地区的民营企业注重科技创新，区域内多个企业与科研院校建立合作机制，并荣获多项专利授权，致力于将企业打造成总部经济，利用核心技术整合资源，争取早日上市。

（4）市场活力方面。万达开地区的民营企业展现出强大的市场活力，通过不断创新和市场开拓，实现了快速增长。数据显示，开江县2022年民营经济增加值达103.1亿元，对经济增长的贡献率高达71.2%[①]。

（5）区域协同方面。万达开地区注重区域间的协同合作，共同打造特色产业

---

① 资料来源：《开江县2022年国民经济和社会发展统计公报》。

带和品牌，如共建万达开现代高效特色农业带，联合举办三峡柑橘国际交易会等活动，提升区域公用品牌效益。

（6）环境优化方面。万达开地区营商环境成为民营企业发展的重要突破口。近年来，持续优化营商环境，引导企业家增强信心、大胆发展。例如，开江县积极为民营企业解忧、解压、解惑、"解渴"，推动民营经济步入"快车道"。

（7）目标明确方面。万达开地区在民营经济发展方面设立了明确目标，例如，开江县力争到2025年民营经济增加值总量超200亿元，民营经济市场主体达3.55万户以上，民间投资占比达60%以上。

4. 万达开地区民营经济高质量发展举措

万达开地区积极探路县域民营经济改革，从降本减负、融资增信、惠企服务、纠纷化解等方面持续推进民营经济高质量发展。重点包括以下四个方面的探索：一是积极探索融资增信新模式：推动金融机构和政府性融资担保机构开展担保业务，引导民营市场主体主动积累商业信用；二是探索降本减负新路径：支持设立政府专项资金并大力降低要素成本，建设高效顺畅的流通体系，提高物流服务效率；三是探索惠企服务直达新方式：支持依法依规自主选择"个转企"转型，鼓励出台相关奖励和补贴优惠政策；四是探索多元化解纠纷新方法：探索构建"一站式"多元解纷体系，健全快速响应机制，为民营企业提供化解纠纷"一条龙"服务。

（二）案例点评

万达开地区紧抓成渝双城经济圈建设的战略机遇，积极推动政策协同、资源共享、产业共育、知识产权保护、交通与物流协同，为民营经济的发展提供有力的政策保障。

在政策协同方面，建立了多层次的协同机制，如万达开统筹发展分管领导协调会等，加强区域间的沟通协调，推动各项合作事项的落实。在资源共享方面，万达开地区积极整合区域内的各类资源，包括人才、技术、资金等，实现资源共享，为民营经济的发展提供了丰富的资源支持。此外，还共同建设了多个平台，如万达开协同创新示范区、三峡科技创新服务平台等，为民营经济的创新发展提供了有力支撑。

在产业共育与市场开拓方面，注重产业协同发展，共同培育壮大优势产业，形成了一批具有竞争力的产业集群，为民营经济的发展提供了广阔的空间。同时，积极开拓国内外市场，共同举办经贸合作论坛、展览会等活动，推动区域产品的知名度和影响力的提升。在知识产权保护与营商环境优化方面，万达开地区重视知识产权保护工作，建立了知识产权协同保护机制，共同推动知识产权的创新、服务、保护等五大平台建设，为民营经济的发展提供了良好的法治环境。积极推动营商环境的优化，简化行政审批流程，提高政务服务效率，为民营经济的发展提供便捷、高效的服务。

在交通与物流协同方面，万达开地区积极推动交通基础设施的互联互通，加强铁、公、水、空等多种交通方式的衔接，构建了便捷高效的交通网络，为民营经济的发展提供了有力的交通保障。同时，共同打造川渝水上综合客货运枢纽，构建东中西大宗物资双向进出综合物流大枢纽，推动区域物流降本增效，构建智慧物流体系，为民营经济的发展提供了高效的物流服务。

# 第四节　四川民营企业健康高质量发展典型案例

近年来，四川不断优化营商环境，助推民营经济高质量健康发展，成渝地区双城经济圈、新西部大开发等国家战略多重机遇叠加，为民营企业构筑起发展空间。四川涌现出诸如新希望集团、通威集团、极米科技等具有行业影响力的民营企业，为民营经济健康高质量发展做出了巨大贡献。

## 一、新希望控股集团有限公司：坚持长期主义和深耕"一带一路"

（一）案例概述

1. 公司简介

新希望控股集团有限公司（以下简称新希望）是一家以现代农牧与食品产业为主营业务的民营企业集团，由著名民营企业家刘永好先生于1982年创立。新希望拥有世界第一的饲料产能、中国第一的禽肉加工处理能力，是中国最大的肉、蛋、奶综合供应商之一。历经40多年的发展，新希望立足农牧行业并不断向上下游产业延伸，形成了农牧食品、乳品快消、智慧城乡、金融投资等相关产业，由创业之初的家庭养殖场发展成为年营业收入超2700亿元并在全球拥有分子公司超600家、员工超13万人的世界500强企业。

积极参与国际竞争是新时代新希望的重要战略布局。1995年，新希望确立了要"走出去"的计划；1997年，四川省政府、国家有关部门大力支持民营企业"走出去"；1999年，新希望通过积极探索，在越南投资建设了第一家海外工厂——胡志明市新希望饲料有限公司，正式拉开了海外发展的序幕；2013年，在国家提出共建"一带一路"倡议后，新希望立足海外发展基础，以"一带一路"国家为重点，加快开展全球布局。

2. 聚焦"一带一路"建设的产业布局

作为较早走出国门的民营企业，新希望的海外投资主要聚焦在饲料、养殖、肉蛋奶加工、保健品、宠物食品、城市建设等民生行业。2013 年，在前期向越南、孟加拉国、菲律宾、印度尼西亚、柬埔寨等国家投资布局的基础上，新希望围绕共建"一带一路"倡议，陆续向斯里兰卡、老挝、埃及、土耳其、缅甸、新加坡、尼泊尔等国家拓展，累计投资建设近百家工厂，海外员工超过 2 万人，海外年营业收入超过 200 亿元。

在"走出去"的初期，新希望围绕较为熟悉的农牧行业积极投资。1996 年以后，由于国内外大量企业进入饲料行业，市场竞争日益加剧，饲料行业的利润日益摊薄。为满足企业的进一步发展，新希望开始积极寻找新机遇。1998 年，新希望正式在深交所上市，完成了饲料企业的市场化融资。此时，投资方向成了一个摆在眼前的大问题。这一年正值东南亚金融危机席卷而来，东南亚诸国货币纷纷贬值，而人民币此时依旧坚挺，这对我国外贸出口产生了不利影响。经全面评估，中国企业"走出去"实施跨国农业投资经营的条件相对成熟，我国政府也出台了一系列鼓励国内企业到海外投资、开展境外加工贸易的新举措。新希望顺势而为，开始了"走出去"发展历程。

1999 年，越南胡志明市新希望饲料有限公司在胡志明市工业开发区正式投入建设。2001 年，新希望又开工建设越南河内新希望公司，并开始在菲律宾邦邦牙市筹建菲律宾（邦邦牙）新希望饲料有限公司。为打开越南当地业务局面，充分利用当地资金和社会关系助力业务发展，新希望主动从越南当地的农业大学招聘专业人才，通过培训后成为公司业务代表并派遣到各地发展代理商，很快在越南的二级、三级分销网络建立完成。随着业务在越南市场逐渐站稳脚跟，2008 年前后新希望饲料业务成功跻身越南饲料行业前三名，并收获了较好的市场表现。

在越南市场取得的初步成功，提升了新希望海外拓展的信心和动力。随后，除了在越南继续布局外，新希望还逐步在东南亚、南亚地区的其他国家投资建厂。到 2012 年，新希望业务的触角延伸至亚洲、中东、非洲等地区，并尝试在中欧地区投资发展。

总体上看，新希望第一阶段的海外拓展比较成功，如孟加拉国饲料有限公司实现了当年投产当年盈利；柬埔寨新希望农业有限公司实现了首次与外资企业合资合作的经营模式。但是，新希望也依然遭遇了不少困难，如投资国政局动荡给经营和投资带来了风险和不确定性。2011 年，埃及政局发生变化，很多在埃及的外资企业都选择了撤离，但新希望综合评估后选择了坚守阵地，在 2011 年4 月完成土地选址的考察，购入一块土地用于饲料厂的建设，为新希望在埃及的发展打下了基础，也增强了新希望在埃及和非洲其他国家投资的信心。

基于对行业和市场的深刻洞察与判断，新希望在东南亚的发展战略上不断探索并做出重大调整，从聚焦饲料变为打造"两端"，即养殖端和消费端，坚持走农牧食品产业链一体化道路。目前，新希望在印度尼西亚、孟加拉国布局了禽养殖，在越南、菲律宾发展了猪产业，正在积极探索肉食品加工等，以期在饲料产业的上下游寻找更多发展机遇。

3. 纵深发展建立核心供应链和产业链能力

伴随共建"一带一路"倡议，新希望在澳大利亚、新西兰等一些农业资源相对丰富和发达的国家建立了肉蛋奶核心供应链及产业链。产品不仅供应当地的市场，也布局到整个国际市场。在此阶段，国内出现消费升级，国内普通消费的肉蛋奶已经基本得到了满足，但高端的动物蛋白还明显不足，高档的牛肉、羊肉、奶制品市场也有空缺。于是新希望的投资向纵深发展，在拥有优质土地资源和技术的澳大利亚、新西兰等国家进行了积极的布局。

新希望在加大对澳大利亚投资力度的同时，以实际行动积极创新了中澳农业与食品领域联合共赢的方式。2014年，刘永好联合几十家中澳企业设立中澳农业与食品安全百年合作计划（ASA100计划），得到了两国政府和企业家的支持。

4. 坚持长期主义，参与投资共建"一带一路"成效显著

在国内饲料行业利润严重缩水和多数农牧企业处于亏损的情况下，新希望凭借自身在饲料行业多年积累的经验以及敏锐的判断，大胆实行"走出去"战略，在与世界其他大型农牧企业竞争过程中不断提升自己的行业竞争力，实现工艺升级、产品升级、价值升级。

新希望海外业务开展吸引了国内其他农牧企业关注。近年来，不断有国内同行纷纷布局海外市场，如通威、特驱、东方希望等。随着这些企业加速"走出去"，客观上也带动了我国农牧企业开拓国际化业务的趋势，推动了我国农牧企业将业务发展的舞台由国内延伸至国外，同时竞争的领域也从单一的产品、价格竞争发展为品牌、品质、技术研发、供应链、渠道、推广等多方面的综合性角逐，促进了各家企业更加注重创新等要素的全面提升和把控。

此外，新希望在海外建厂的所有机器设备基本都是从国内采购，部分原辅材料诸如饲料、添加剂和兽药等，也有不少来自国内。除自用外，新希望还协同上下游供应链企业一同"走出去"，扩大相关产品在海外的销售，不断巩固自己的产业链渠道和销售网络，在一定程度上带动了农业机械、大宗农产品、相关产业技术和产品出口贸易的发展。

新希望在海外树立了中国民营企业的良好形象，海外的每家公司根据当地的

民俗、民风开展温暖工程，比如在伊斯兰国家建立祷告房等。同时，培训和重用本土员工，海外本土员工都以能到新希望工作为荣，企业在当地的口碑极好。

5. 面向未来总结海外发展的主要经验

在新时代新格局下，如何在共建"一带一路"国家生根、发芽、壮大，新希望总结了七大经验。

一是坚持主业、做好实业。新希望从创立起就扎根农业，在扩大对外投资和跨国经营时，依然聚焦农牧食品领域。

二是制定清晰的海外投资策略和战略目标。新希望看重被收购企业的行业差异化竞争力、团队的管理能力、企业的市场布局及未来的成长性，在海外并购企业的管理上也高度围绕集团的海外投资策略和战略目标，在海外并购中不跟风、不盲从，有明确的业务目标、管理目标和人才目标。

三是构建"战略管控—组织赋能—价值创造"三位一体的董事会治理体系，通过制度创新驱动产业升级与管理变革。新希望看重海外企业收购第一年的投后整合及未来 3~5 年的商业规划。在跨国并购实践中，集团独创"1+3+5"分阶式战略管控模型：在并购首年战略解码期，由董事会主导设立投后整合专项委员会，实施百日攻坚计划；针对 3 年战略攻坚期，建立动态授权机制匹配商业计划迭代需求，同步推行管理层对赌激励；面向 5 年战略跃升期，构建股权激励与超额利润分享的长期价值绑定体系。该治理模式以《董事会权责清单》明晰决策边界，依托《战略实施路线图》规范运营路径，最终形成治理赋能产业发展的闭环机制。

四是培育本土团队，积极搭建国际化的管理人才梯队。一方面在收购后保留海外企业的核心管理层，另一方面积极搭建其国际化的人才梯队。

五是建立积极、可持续的合作伙伴关系，在合作中求发展。新希望刚开始的海外投资更多是依赖集团派驻总经理、财务总监，依托集团的产业能力建厂经营。如今，新希望整合在全球的合作资源，积极联合当地的商业伙伴，在持续良性的合作中去共同打造商业目标。新希望作为中国农业食品企业的典型代表，在海外企业的管理上联合国际合作伙伴帮助海外本土企业国际化，帮助本土企业走向国际市场。

六是遵守、熟悉并适应当地的法律环境，尊重当地的商业文化，积极践行当地企业的社会责任及社区义务。新希望积极帮助共建"一带一路"国家提升产业能力，解决市场需求、降低生产成本，让消费者获益，并在环境治理、节能环保方面积极践行企业的社会责任，从而提升中国制造的品牌力。

七是因地制宜，建立差异化的海外区域管理模式、有效的风控及投后管理机制。新希望会根据不同国家的政治经济情况及商业传统，匹配不同程度的授权及风控体系。财务、审计是集团直管，所有的投资并购会遵守集团统一的投资决策流程。因地制宜，不断迭代对海外企业的管理路径，形成了新希望可操作、可落地的海外企业管理模式。

（二）案例点评

深耕共建"一带一路"国家，和经营企业一样同样需要长期主义，需要有坚定的战略导向和克服困难、持续踏实推进的决心。新希望作为中国农业食品领域在海外拓展的先行者，怀"大家"精神走发展"正道"①，既抬头看路，又埋头拉车。走过了海外发展二十余年，深度参与了海外企业的投后整合和公司治理，新希望在中国民营企业的"一带一路"实践中走出了自己的高质量发展道路。

## 二、通威集团：传承绿色发展，共赢"双碳"未来

（一）案例概述

1. 公司简介

通威集团是深耕绿色农业、绿色能源的大型跨国集团公司，现拥有遍布全国各地及海外地区的 300 余家分、子公司，员工近 6 万人，系农业产业化国家重点龙头企业，是全球光伏行业首家世界 500 强企业。

自成立以来，通威一直保持稳健、快速发展，得到了社会的广泛认同。2023年通威荣登《财富》世界 500 强，连续多年入列"中国企业 500 强""全球新能源企业 500 强""中国民营企业 500 强""中国民营企业制造业 100 强""中国民营上市公司 100 强""中国最具竞争力民营企业 50 强"，并五次荣获国家科学技术进步奖二等奖。2024 年，通威品牌价值再创新高，达 2305.59 亿元，位列中国500 最具价值品牌 50 强，蝉联全球水产和光伏两大行业第一位。

2. 公司助力全球能源绿色低碳可持续发展

近十年来，随着全球环境问题的加剧，通威大力发展清洁能源产业，以实际行动推动全球能源革命。通威将光伏发电与现代渔业有机融合，于全球首创"渔光一体"发展模式，实现"渔、电、环保"三丰收。通威在全国各地推广和建立"渔光一体"基地，优质清洁的光伏电力正源源不断地惠及千家万户②。

（1）聚势聚焦，续写"双碳"目标下可持续发展之路。可再生能源已经成为"双碳"目标落地的主力军。历史上从工业化进程到"碳达峰"普遍用了

① 海楠.新希望集团：怀"大家"精神走发展"正道"[N].中华工商时报，2023-10-17（001）.
② 胡静波.为了生活更美好——通威集团"双绿色发展"之路 [J].中华环境，2019（1）：63-65.

100~200 年的时间，而中国只用了 50 年的时间。在实现"双碳"目标的过程中，以光伏、风能为代表的可再生能源无疑是其中的主力军。过去十多年里，随着技术的持续迭代升级，产业规模不断扩大，光伏发电成本下降 90% 以上，我国光伏发电成本已降到 0.3 元千瓦时以内，预计"十四五"期间降到 0.25 元千瓦时，低于煤炭的发电成本。从对外贸易来看，以光伏电池、电动汽车、锂电池为代表的"新三样"已逐渐成为我国出口产品中的爆款，2022 年，"新三样"出口总额超过 1200 亿美元，其中光伏电池含硅片出口额超过 500 亿美元，为经济高质量发展擦亮了低碳底色，增添了创新功能。

（2）推动产业进步，为绿色可持续发展注入通威力量。作为全球光伏行业的主要参与者，通威股份顺应当前国家"双碳"目标要求和行业发展趋势，持续开展组件环节的技术研发、产能规划及渠道建设，目前形成了更具竞争力的光伏产业结构。高纯晶硅年产能超过 42 万吨，全球领先；2024—2026 年，通威太阳能电池将形成 130GW~150GW 产能；具有通威特色的全柔性、零铅型、环境友好型叠瓦组件及全方位覆盖市场需求的半片组件产品，远销海外 40 余个国家与地区。持续为产业链提供优质优价的高纯晶硅和太阳能产品，也为终端用户输出更高功率、更高效率、更高可靠性、更低衰减的组件产品。

（3）精细化管理，将低碳理念贯彻到每个生产环节。通威集团从 2006 年开始进入光伏领域，在硅料和电池片领域均成长为龙头企业。在光伏多个领域有着领先实力的通威集团，把绿色低碳发展理念贯彻到每个环节中①。

在产业链上游，通威旗下永祥股份各生产基地选址时就优先考虑邻近可再生能源资源富集地区，以促进当地绿色电力消纳。同时，通过多年技术积累和科研创新，永祥股份已形成完整的化工与新能源结合的循环经济产业链，提高产出的同时，降低资源、能源消耗，实现工业废水、废气、固废的循环利用和"零排放"。

在产业链中游，通威新能源产业链的中游——通威太阳能打造光伏电池绿色供应链，不断升级智能制造，提高生产效率，降低能源消耗。截至目前，在节能减排方面，通威太阳能实现单位电耗低于国家标准 30%，单位水耗低于国家标准 52%，废水排放中的氨氮排放低于国家标准 96%，工厂颗粒物排放低于国家标准 87%，挥发性有机物排放低于国家标准 80%。

实施绿色技术创新，减少生态环境影响。截至 2023 年上半年，通威太阳能

---

① 马腾跃."渔光一体"绘就绿色画卷——通威股份践行 ESG 打造可持续美好生活［J］.中国金融家，2023（12）：74-75.

光伏电池全球累计出货量 160 吉瓦，每年可生产清洁能源电力 2219 亿度，减少二氧化碳排放 1.45 亿吨，满足城乡家庭 1 年用电需求 13144.16 万户，年节约标准煤 6690 万吨，减少二氧化硫 2.24 万吨，相当于种植森林 797784 公顷、种植树木 14.56 亿棵。

2021 年 7 月 30 日，通威正式加入联合国全球契约组织和中国企业气候行动队伍，以实际行动积极践行可再生能源企业所肩负的社会责任，推动全球可持续发展。通威将在"碳达峰、碳中和"目标的指引下，借助新能源产业优势，持续推动我国能源转型升级，助力我国及全球"碳中和"目标早日实现。

3. 公司打造乡村振兴"通威样本"

多年来通威集团积极推动光伏产业与乡村的融合发展，不仅大力投入光伏扶贫，还开创了光伏与渔业协同发展"渔光一体"模式，为新时代光伏参与乡村振兴铺就了重要路径。

（1）推动"三产"融合：铺就光伏参与乡村振兴"坦途"。随着我国脱贫攻坚战取得全面胜利，如何实施乡村振兴战略成为摆在眼前的新课题。在探索路上，通威集团将光伏发电与现代渔业有机融合，在全球首创"渔光一体"发展模式，实现了水下养殖安全水产品，水上输出清洁电力，在有限的水面有效兼顾了渔业生产和清洁能源生产，实现了国土资源的高效复合利用。到 2024 年 12 月 31 日，通威在全国多个省份开发建设 56 个"渔光一体"基地，累计装机并网规模达到 4.67 吉瓦，优质而清洁的光伏电力正源源不断地惠及千家万户。

在新农村建设过程中，通过"渔光一体"模式成片的开发，将有力地推动乡村实现整体转型升级，农民向产业工人转变，传统渔业向规模化、集约化的现代渔业转型，有效解决了"三农"问题；同时，每亩"渔光一体"池塘每年可输出 5 万~10 万度电，相当于 10~20 吨石油所产生的等效能量，通过广泛发展"渔光一体"模式，为土地资源紧缺的中东部发达地区发展清洁能源提供广阔空间。

在全面推进乡村振兴，加快农业农村现代化的历史新征程中，通威紧跟国家政策节拍，与乡村振兴战略同频共振，赋能升级"渔光一体"基地，将其打造成为集"新渔业、新能源、新农村"于一体的"三新"产业园，并辐射周边，形成三产融合的产业集群——"渔光小镇"，集"新渔业、新能源、新农村"为一体的"渔光小镇"正在快速落地中国大江南北。

"渔光小镇"一二三产业链完整，且规模巨大，将在乡村振兴中扮演着重要角色，推动"三农"工作高质量发展。其中，在第一产业方面，发展渔业养殖需要养殖工人，这为当地农民提供了就近工作机会；在第二产业方面，光伏发电将不断产出绿色清洁能源，这为当地绿色发展注入了强劲动力；在第三产业方面，引进专业设计公司，因地制宜，打造乡村美学文化地标典范，引擎乡村旅游发展，大力助推乡村振兴发展。

（2）通威光伏扶贫：产业"造血"助力脱贫攻坚。2017年，通威集团董事局主席刘汉元在国内首次提出"光伏扶贫"概念，并率先捐资5000万元设立"思源·阳光计划"。该计划将中国西部地区、中部地区等经济欠发达地区，尤其是少数民族较为集中的农村山区列为重点帮扶对象，在山区、坡地等土地建设"农光/牧光一体"项目。经过多年坚持，通威在四川甘孜理塘、新疆阜康、河北丰宁、吉林乾安、山东高青、宁夏贺兰、内蒙古敖汉旗、四川喜德等地建设了多个光伏扶贫电站。这对于带动地方新能源产业发展、改善能源结构、促进地方经济发展具有重要意义，为精准扶贫工作探索出了产业扶贫、清洁能源扶贫和我国新能源基地建设的多赢、崭新道路。

（二）案例点评

历经40多年稳健发展，通威集团大力推进高端制造、智能制造，走出了高质量发展上扬曲线。数据显示，通威市值最高突破3000亿元，品牌价值突破2000亿元，蝉联全球水产和光伏两大行业第一名，彰显出中国式现代化民营企业的成色与底气，以实力挺进世界500强。通威集团不仅是带有四川基因的民营企业，其发展更是中国改革开放的生动呈现。成立之初，通威着眼中国农业高质量发展新生态，引领饲料工业从"质造"走向"智造"。近年来，通威在新能源主业深耕，已成为拥有从上游高纯晶硅生产、中游高效太阳能电池片和高效组件生产、到终端光伏电站建设与运营的垂直一体化光伏企业。新时代的通威紧随国家战略，将科技创新融入发展基因中，持续领跑光伏领域的新赛道[①]，充分发挥了融链固链延链作用，成为四川民营经济高质量发展的重要力量。

### 三、四川德胜集团钒钛有限公司：推动企业绿色低碳高质量发展

（一）案例概述

1. 公司简介

四川德胜集团钒钛有限公司是集团布局在四川的核心企业，是全国五大产钒企业之一。经过二十余年的发展，集团业务涉及钒钛钢铁、现代农业、新能源、先进制造等领域。公司聚焦习近平总书记提出的在建设现代化产业体系上精准发力的重要指示精神，围绕四川省委深入推进新型工业化加快建设现代化产业体系

---

① 曹原源.通威集团董事局主席刘汉元：突破核心技术，持续领跑光伏领域新赛道［N］.中华工商时报，2024–07–24（001）.

的部署方向，立足攀西钒钛资源，坚定不移地实施创新驱动发展战略，率先走出了一条由普通钢铁冶炼到以钒钛资源综合利用为核心的区域钢企转型升级高质量发展之路。

2. 公司绿色低碳的发展思路

"十四五"期间，公司认真贯彻落实四川省委、省政府"六大优势产业"提质倍增计划和乐山市委、市政府先进制造业倍增计划，以建设全国最具竞争力高端钒钛新材料企业为目标，确定了"把钢铁转化为副产品，打造钒钛新材料"的新发展思路，围绕钒钛钢铁、钒深加工、钛深加工等产业链延链强链，依托企业16个自建和共建科技创新平台，专注提升钒钛资源综合利用水平，力争在"十四五"末期实现钒钛产品高端化和总产值超300亿元、利税总额超25亿元的倍增目标，为地方社会经济发展作出新的更大的贡献。

（1）企业钒钛资源综合利用情况。公司始终坚守以钒钛为核心的竞争力打造，积极探索实践具有自身特色的发展之路，在全国民营钢企中率先实现了由普通钢铁冶炼到钒钛资源综合利用的升级转型，钒钛资源综合利用水平处于领先地位。

在矿山端，拥有开发利用低品位钒钛磁铁矿资源的核心先进关键技术：一是实现高品级含钒铁精矿低成本工业化生产，选铁回收率≥56%；二是实现高质量46钛精矿低成本工业化生产，选钛回收率从20%提高到了40%；三是突破利用攀枝花46钛精矿低成本加工生产50低钙镁钛精矿的关键工艺技术；四是实现综合回收利用钒钛磁铁矿资源中伴生的硫、钴、镍等有价元素，形成硫钴精矿产品（S≥35%），年产量达8000吨以上。在钒钛冶炼端，自建共建省级重点院士专家工作站、钒应用技术推广中心等16个科创平台，已取得钒钛冶炼领域授权专利487项，其中发明101项。

（2）企业绿色低碳发展情况。公司始终把绿色作为企业发展的底色，坚持贯彻绿色发展理念。一是全面推进超低排放改造，截至目前投资15亿元，完成超低排放改造项目20余个，污染物减排效果显著，相比2020年，颗粒物减排比例达到42.26%，二氧化碳减排比例达到63.84%，氮氧化物减排比例达到49.31%；二是固废实现源头减量及资源化利用，钢渣通过破碎、磁选、筛分等流程，筛选部分回收用于生产，水渣外售建筑企业，作为水泥、轻质隔墙板等建筑材料生产原料；三是能源二次利用，全面回收利用余热、余压、蒸汽等二次能源用于发电，在没有焦化工序前提下自发电比例达68%，节约标煤近20万吨；四是废水零排放，形成封闭式循环利用模式，园区生产污水经内部污水处理站处置后回收用于生产，不外排废水。具体实施方案包括积极打造绿色发展产业链条以及研发绿色发展重点技术。

（3）德胜的"智能智造"。智能制造和工业互联网是德胜高质量转型发展的核心，2017年公司提出了钢铁产品全生命周期管控体系和以财务为核心的一体化运营体系；利用信息技术整合上下游产业链信息流、资金流、物流的钒钛产业链信息化生态圈；立足管理变革，构建一套以工业互联网为载体，组织和管理变革为核心，服务增值化为目标的企业智能制造平台的"211"总体目标。

（4）钒、钛新材料创新平台建设。公司为破解钒钛新材料关键核心技术攻关中的"卡脖子"难题，自建省级院士专家工作站、钒钛资源高效利用中心、乐山市钒钛工程研究中心，共建了钒应用技术推广中心、四川省钒钛新材料制造业创新中心、川渝冶金绿色智造与资源循环重点实验室等16个创新平台。

（5）钒、钛技术创新。公司主要从四个方面推动钒钛新材料技术创新工作。一是高炉渣中钛资源回收利用，开展含钛高炉熔渣改性制备人造金红石技术研究；二是钒铬清洁联提技术，采用以钒渣为主的含钒原料，利用新型焙烧技术，对钒渣进行高效焙烧实现钒铬同步转化，通过分离提纯分别制取得到五氧化二钒产品和铬系产品，实现钒铬高效清洁低成本联提；三是钒液流储能电池，公司高度关注新能源行业及储能领域，看好全钒液流储能发展前景；四是钒钛磁铁矿非高炉冶炼技术，针对攀西地区钒钛磁铁矿品位低、多种元素共伴生的特性，开展非高炉冶炼技术研究，探索最适宜的钒钛磁铁矿非高炉冶炼技术，实现钒钛铁精矿中铁、钒、钛资源的回收利用，并较传统高炉冶炼减少碳排放50%~60%。

德胜钒钛从普通钢铁到钒钛钢铁，再到钒钛资源综合利用的产业升级，从传统制造到服务型制造的转型发展，得益于紧扣国家发展脉搏，紧紧抓住国家化解过剩产能等契机，依托四川攀西钒钛资源优势，及时调整战略发展思路和路径，坚定走特色钒钛钢铁发展之路，按"以钒为纲、钒钛并举，循环利用、绿色发展"的产业发展规划，致力于打造钢铁、钒、钛、装配式建筑、智慧物流五大产业链为主的全产业链，对内夯实差异化竞争力，对外打造产业协同优势，构建产业生态圈，加快推进了高质量转型发展。

（二）案例点评

四川德胜钒钛在差异化中"专而精"，在技术创新中磨砺"金刚钻"，找到高质量发展路径。在发展战略上，长期坚持以钒钛资源综合利用为核心；在战略规划上，不再盲目和片面追求钢铁规模化，而是致力于钒钛产业的升级发展、差异化发展，全力打造五大产业链，提升竞争力；在发展路径上，依靠科技创新、全员创新推进五大产业链的强链、延链，推进企业绿色化、低碳化、智慧化发展，促进企业技术进步和低成本竞争优势；在生产经营商上，坚持战略采购、战略营销理念，拓展以德致胜、合作共赢、竞合共生的德胜文化，与产业链上下游企业夯实战略合作关系，推动了内外双循环，打造了共生共荣、协同发展的钒钛产业生态圈，走出了一条符合西部内陆钢企实际的差异化竞争之路，进入了高质量发展的新阶段。

### 四、极米科技股份有限公司：深耕研发一线，颠覆式创新创造用户高体验

（一）案例概述

1. 公司简介

极米科技股份有限公司（以下简称极米公司）是一家成立于 2013 年的创新型企业，总部位于风景秀丽的四川成都。作为行业的领先者，公司专注于智能投影技术的研发、生产和销售。同时，公司致力于为消费者提供高品质的智能投影配件产品以及与之相配套的互联网增值服务。凭借过硬的技术实力和创新精神，极米科技于 2021 年成功在科创板上市。

围绕"成为积极创新影响世界的杰出科技公司"的发展战略，极米公司以"让光影改变生活"为使命，为全球用户不断提供品质一流、功能优异的智能投影产品。自成立以来快速发展，根据国际知名数据商 IDC 提供数据显示，极米公司在中国投影机市场份额达到 18.6%，连续五年蝉联中国投影机市场第一[①]。

2022 年 6 月 8 日，习近平总书记在四川考察时，来到极米生产园区，了解其自主创新、产品研发销售、带动就业和民营经济发展情况。在考察过程中，习近平总书记鼓励极米早日成为世界第一的投影仪品牌，并强调，推进科技创新，要在各领域积极培育高精尖特企业，打造更多"隐形冠军"，形成科技创新体集群。[②]

2. 公司创新高质量发展的主要路径

经过多年的不断深耕和积累，极米公司坚持以创新为导向提升用户体验，走出了独具特色的高质量发展道路。

（1）首创家用智能投影，革新投影设备形态。投影设备诞生以来长期主要应用于办公、教育等商用场景，该场景下投影设备摆放位置固定、对投影设备的智能化和音画质水平要求不高，因此投影设备最初进入消费级场景时面临使用调试复杂度高、音画质水平相对较差等痛点，绝大多数投影产品甚至无内置音响。极

---

① 张帆、李凯旋.自主研发制造彰显发展优势［N］.人民日报，2024-05-20（001）.
② 资料来源：四川在线，https://focus.scol.com.cn/gcdt/202206/58539384.html，2022-06-15.

米公司首次将音响、智能操作系统等功能融入投影设备中，是国内首家将投影设备应用于家用消费的企业，随着公司 2014 年发布投影行业首款智能投影产品 Z3，投影行业智能化时代开启，投影设备的智能化水平和音画质水平迅速提升，极大地推动了投影产品向消费级场景的渗透速度并进一步打开投影行业的市场增长空间。

（2）坚持创新驱动发展战略，采取"垂直整合"研发策略。立足于智能投影设备技术前沿，极米公司拥有行业内领先的技术实力和研究开发新产品的能力，这种技术优势主要体现在生产的技术水平和产品的技术含量上。公司以技术创新为本，以产品开发为核心，已具备全面的投影设备开发能力，在行业内率先突破多项关键核心技术，在光机设计、硬件电路设计、整机结构设计、智能感知算法开发、画质优化算法开发、软件系统开发等方面拥有多项自主知识产权，大幅提高了智能投影设备的性能和用户体验。

极米公司采用"垂直整合"策略提升创新研发实力。横向，是从研发、设计、生产、销售和服务等做到端到端全链路闭环；纵向，是从底层技术开始，在企业内部实现投影核心零部件的设计创新和生产的全链路闭环。多数厂商做投影的起点是整机组装，极米公司则是从最源头开始、从镜片开始。在影像底层技术光学研发方面，极米公司成立了光学实验室[①]。目前，极米公司已经成为中国投影品牌中唯一一家同时拥有设计制造光机以及光学镜片能力的企业。

卓越品质是企业的立身之本，极米公司从研发质量、物料质量、制造质量三个方面升级极米品质。在研发质量方面，极米公司进行了 IPD 集成产品开发流程变革，提升开发过程中一次做对的能力；同时，极米公司投入近亿元建立自有实验室，提升投影仪的测试能力和标准。在物料质量方面，极米公司和供应链合作伙伴们一起建立和优化了 41 类物料在投影仪行业的可靠性及质量管控标准和要求。苛刻的标准虽然会带来成本的上涨，但这是中国制造业走向世界的必由之路[②]。宜宾极米智能光电产业园总投入约 15 亿元，建立了从镜片到光机、再由光机到整机的全链条的智能制造能力，大大提升了对全生产流程的质量管控能力。极米公司已取得 IATF16949 国际汽车行业质量管理体系符合性声明、ISO9001 质量管理体系认证及 ISO14001 环境管理体系认证。

（3）线上线下、国内国外联动，拓展产品运营渠道。经过 10 年深耕发展，极米公司已建立了包括线上和线下渠道的全面营销网络。线上渠道覆盖了京东、

① 朱虹，王洪江.知小谋大 四川专精特新企业大显身手 [J].中国中小企业，2023（7）：37-39.
② 颜伟.奏响"质量三强"交响曲 [N].中国市场监管报，2024-09-21（003）.

天猫、亚马逊全球速卖通等主要电商平台，线下渠道涵盖经销商和直营门店。目前公司包含直营门店及加盟店在内的门店数量合计 170 余家，主要分布于北京、上海、深圳、杭州、成都、重庆等一二线城市，部分加盟店逐步向三四线城市拓展[①]。

此外，极米公司在海外市场主要通过线上 B2C 和当地经销商进行用户触达，并且从 2019 年开始，在海外市场推出经 Google 认证、搭载 Android TV 系统的产品，有利于公司在未来中国智能投影产品出海机遇中保持领先地位。目前极米公司产品在海外市场已覆盖美国、日本及欧洲等发达国家和地区的市场，其中在日本市场，公司的阿拉丁智能投影产品上市仅短短几个月，其出货量却位居日本智能投影市场前列。

（4）智能投影领域标准体系建设，促进行业健康有序发展。作为行业引领者，除了持续加大研发投入、加强自主创新工作以外，极米公司也在通过一些重点项目推动行业健康良性发展，其中关键一项就是推进智能投影领域相关标准体系的建设。目前，投影行业已经通过颠覆式创新构建了产业发展的新格局，正在经历"建设优质品牌、融入全球市场"的新阶段。这个阶段最重要的是完善质量基础设施建设，实施高质量发展标准。

家用投影是新兴行业，但在关键指标亮度上，行标和国标仍然采标美国 ANSI 流明的投影测试标准。作为投影行业的龙头企业，极米公司在各级市场监督管理局的指导和支持下，2022 年率先更新了企标，推出了全球投影行业最严苛的亮度标准——电影色彩亮度 CCB。2023 年极米公司和中国电子视像协会主导制定了国内首个投影亮度测试团体标准——CVIA 标准。标准公布后，得到了海信、坚果、峰米等行业的主要企业和京东、天猫、抖音等销售渠道的支持。多个质量技术服务机构和 CNAS 认证实验室也进行了测试标准备案，投影行业质量基础设施建设初见成效。

（二）案例点评

极米公司自成立以来，夯实内功着力底层技术创新，连续多年成为我国投影机市场出货量和销售额领先的品牌企业。极米公司贯彻的高质量发展策略是：一是加力研发创新，提升用户体验。2021 年以来，极米公司研发投入累计超 10 亿元，研发团队规模拓展到超过 600 人。截至 2023 年 6 月底，极米公司已获得授权专利 866 项。二是做强自主制造，管控产品质量。极米公司与国内主要投影品牌以及电商平台共同签署《中国投影行业高质量发展倡议》，倡导投影品牌加强

---

① 姚佳欣.专精特新企业竞争力水平的提升路径研究［D］.北京：北京外国语大学硕士学位论文，2023.

技术创新，提升产品质量和服务质量。三是拓展市场空间，扩大品牌影响力。特别是通过"研产销修一体化"助力企业进一步开拓市场。

### 五、纳爱斯成都公司：践行社会责任，做优绿色制造的典范

（一）案例概述

1. 公司简介

纳爱斯集团前身是成立于1968年的地方国营丽水五七化工厂，2001年组建集团，是全国首批、中国日化行业首家工业产品绿色设计示范企业。总部所在地浙江丽水素有"中国生态第一市"美誉，是习近平总书记"绿水青山就是金山银山"理念的重要萌发地和先行实践地。

纳爱斯成都有限责任公司于2002年7月在新津工业园区破土奠基，项目占地300亩，总投资8.5亿元。其作为川浙合作的第一批重点企业，成为响应国家西部大开发号召的一道亮丽风景线。

20年来，公司始终坚持创新与质量同行、发展与环保并重，切实履行社会责任，坚定地走在与新津携手发展、政企双赢的幸福历程上，不仅成就了我国西南地区最大的洗涤用品生产基地，更为地方经济社会发展作出了重要贡献，年产洗涤消杀产品40万吨，年纳税超5500万元，迄今已累计纳税超10亿元，在使用员工和原材料供应等环节上均实现了本地化，带动上下游产业链间接纳税6亿元。

2. 践行领跑，打造绿色制造典范

公司自成立以来，响应新津区委、区政府提出的"公园城市人人建，新津最美大家创"的号召，奋力打造"绿色最美厂区"，增种了三角梅、麦冬等，使厂区环境更加优美。在"最美厂区"的背后，是公司近年来全面实施清洁生产、节能降耗和智能制造等技术改造工作。

公司拥有国内行业中自动化程度与生产力领先的液洗产品生产线，从配料到灌装成品全自动一体化、封闭无菌操作；公司还持续优化各类生产工艺和设备，优化现场管理和实施生产线自动化改造，降低原材料及能源消耗、提高可回收材料的环保处理和再利用率等。这些扎实的举措使高质量发展这一理念落到了实处。

绿色发展还体现在细微之处。例如，通过实施技术改造努力提升能源利用率，如对电机进行变频改造和提升机电设备利用率等，使公司较好地实现设备经济运行及能源消耗水平优化；采用效率高、寿命长、安全、性能稳定的节能照明产品，并对厂区内不同场所进行分级设计照明，采用光控和声控等方式，实现绿色照明、节能降耗等。

公司正是以先进的理念和不断实践，成就了其在行业和区域经济中的领先地位，是名副其实的绿色制造典范：2020 年 10 月 29 日，工业和信息化部办公厅公布了新一批绿色制造名单，纳爱斯成都公司被命名为"国家级绿色工厂"，是新津目前唯一一家获此殊荣的企业，"绿色"成为纳爱斯最靓丽的名片。

3. 心怀大爱，勇担社会责任的楷模

纳爱斯的"领跑"还在于践行社会责任、改善民生等方面的可持续发展。时刻关注国家和人民所需，无论是洪灾、地震，还是抗击新冠疫情，在面临考验时，总是第一时间迎难而上、勇于担当。

2008 年的汶川地震，2013 年的雅安芦山地震，2021 年的河南水灾、四川泸州地震，2022 年的成都新冠疫情……一直以来，在公益援建、特困帮扶、抗震救灾和抗疫义捐等行动中，总能看到纳爱斯成都公司驰援的温暖善举。纳百川汇成善海，爱万众献上真情，斯之为美。纳爱斯人以自己的行动，诠释了"大爱无疆"的时代精神。

（二）案例点评

作为中国日化行业领军企业和"大国品牌"先行者，在长达半个多世纪的时间长河中，纳爱斯打造了一个个公众耳熟能详的知名品牌，陪伴千家万户，沉淀为全民共同的美好记忆，实现了以质量为本、品牌强企、强企兴国的发展之道。一方面，纳爱斯勇攀高峰，用创新成果提升生活品质，为杭州亚运会、亚残运会提供全场景绿色清洁解决方案，成为中国工业碳达峰"领跑者"企业。另一方面，积极践行社会责任，打造了"以奋斗者为本"的机制平台，在赞助赛事、抗击疫情、赈灾驰援、慈善捐赠、助学扶弱等公益服务中发挥了积极作用。

**六、鲁晨新材：坚持数字赋能，以科技创新转型智能制造**

（一）案例概述

1. 公司简介

成都鲁晨新材有限公司位于天府智能智造产业园区，专注碳纤维、芳纶纤维、玻璃纤维等高性能复合新材料制品和预浸料的研发、生产、销售。公司占地160 亩，注册资本 2.1125 亿元，现有员工 200 余人，拥有由高级工程师、博士、研究生、工匠等组成的技术研发团队 80 余人。

2010 年国务院出台了《国务院关于加快培育和发展战略性新兴产业的决定》，拥有敏锐商业触觉的王培勇立即触摸到了新材料行业发展的脉搏。经过深思熟虑之后，王培勇进军新材料行业，于 2013 年成立了成都鲁晨新材料科技有限公司。经多年飞速发展，公司已经逐步拥有复合材料的多项生产技术和一条龙服务能力，成为行业引领者。

鲁晨新材深耕高性能纤维复合材料领域，拥有核心的知识产权、闭环的商业战略、综合性的转化平台，是国家级专精特新"小巨人"企业、国家高新技术企业、中国科学技术协会产学研融合技术创新服务体系建设创新先锋企业。

2. 从"中国制造"转向"中国智造"

材料工业是国民经济的基础产业，而新材料是材料工业发展的先导，也是重要的战略性新兴产业。在激烈的市场竞争中，掌握核心技术和拥有自主知识产权是材料企业安身立命的资本。

鲁晨新材长期以来注重技术创新，大力推动自主研发，积极推行"产学研用"一体化发展，与四川大学、西南交通大学、武汉理工大学等知名院校广泛开展科研合作。初期将年产值的 40% 投入研发，随着产值的增加，研发投入占比也高达 15%~30%。2017 年重磅推出低温、快速、无白点模具系列预浸料，在复合材料界掀起一场技术革新，为复合材料企业节约成本、提高效率、提升品质做出重大贡献。2018 年鲁晨新材携"全新轨道交通专用快速固化阻燃预浸料"隆重亮相，产品满足轨道交通 DIN5510 和 EN45545 标准要求，成为复合材料在轨道交通领域的应用示范。

3. 以技术为导向，自主创新求合作

发展至今，鲁晨新材拥有由高级工程师、博士、研究生、工匠等组成的技术研发团队 80 余人，分别从事"材料研发""设计开发""工艺开发"三个板块，拥有专利 64 项。自主研发的"双面涂胶一步热熔法复合材料预浸料制备技术""高性能纤维制品一体化成型技术"等成果已成功转化为优势产品，填补了四川省该领域的空白；其中"航空内饰用碳纤维复合材料"被列入工业和信息化部"重点新材料首批次"应用目录；Inhousae 系列预浸料被评为四川省新材料省内首批次产品；新能源汽车用轻质高强复合材料车架市场占有率在四川省内位列第一名；医疗用耐低温绝缘纤维增强复合材料产品是国内市场占有率最高的国产自主产品。

同时，公司正在打造成开放、共赢的平台，不仅引进国际顶级复合材料生产设备，还与德国多家知名企业进行长期技术合作，通过卓越的经营及技术团队，不断进行技术改进和创新，将公司打造成为世界一流的复合材料制品制造商。王培勇董事长指出："以技术为导向是公司的发展主战略，只有集中精力进行技术和工艺研发储备，以高端制品国产化为方向，攻坚克难，才能不断扩大公司在材料行业的影响力。"

鲁晨新材在王培勇董事长的带领下始终不忘初心，聚焦战略前沿和制高点领域，立足重大技术突破和重大发展需求，以科技力量推动制造向智造转型，创造了多个"省内""国内"单项冠军。公司获评国家级专精特新"小巨人"企业、国家高新技术企业、中国科学技术协会产学研融合技术创新服务体系建设创新先锋企业、四川省"专精特新"中小企业、新津区"科技创新优秀企业""拟上市先进企业"等荣誉。

（二）案例点评

鲁晨新材深耕航空航天复合材料高端产业链，为高性能纤维复合材料深度开发、应用突破与产业链创新奠定了坚实的基础。作为一家坚持数字赋能、以技术为导向的民营企业，公司紧跟行业发展趋势，致力于碳纤维材料的应用开发，成为行业引领者。

**七、途远集团：以数字赋能创新打造乡村振兴服务运营商**

（一）案例概述

1. 公司简介

途远公司成立于2016年，以整合"黑科技智建＋互联网智营＋乡村振兴智库"为全产业链条，创造了"两途一趣"（途远、途礼、趣悠悠）商业运营模式。途远公司在国家"乡村振兴"等政策的推动下，通过"互联网＋分享经济"模式以天府农博园张河果园子社区为载体，推动乡村生产关系、资源链接、商业价值以及产业链、供应链重构，实现乡村资源配置优化，助力新津推进数字经济赋能实体产业，发展壮大以乡村为场景的新经济业态，助推乡村振兴。

2. 以智慧科技开启平台"分享经济"

途远公司以其"黑科技"——绿色低碳的装配式建筑为载体，利用乡村闲置土地打造乡村微度假目的地项目，结合会员制民宿预订平台"趣悠悠"与旅游特产分享电商平台"途礼"，提供项目运营、民宿预订、特产售卖等运营服务，为乡村振兴导入产业、盘活资源、回引人流。

2017年2月，途远运用智慧科技，秉承"振兴美丽乡村"的愿景，在河北雄安新区雄县大庄村创立了爱心书屋。按计划，书屋升级，开创出途远驿站模式。途远驿站由1栋爱心书屋、1栋共享小站与N栋主题民宿组成，其中，共享小站做当地农特产品展示、售卖，使农民获益，另外，可通过"途礼"——旅游特产分享平台，将当地农特产品销往全国；民宿的运营为乡村旅游带来客流量，其运营需要额外劳动力，也为村民带来了额外收入。

3. 响应"万企兴万村"战略带动张河"村社复兴"

张河村位于新津兴义镇，村里年轻人外出打工，是一个老年人和农村妇女留守的"空心"村。这里自然环境好、民风朴实，加之新津区位优势，具有带动周边游的潜质。

2018年8月，随着途远项目的落地，村口的四荒地开始发生翻天覆地的变化。11天的时间，7栋房子的主体拔地而起，在当地引起轰动。翌年4月，二期项目18栋民宿落地，11月竣工并投入运营。以这25栋创意民宿为载体，途远在兴义张河村实现了"田园变公园、农房变客房、农品变商品"，促进市民逆流，农民回流。

在打造共享农庄的过程中，张河村发生了很多变化，第一个变化是农民变股东。途远模式下的新型乡村民宿，不改变农民土地所有权，由村集体经济合作社入股参与建设，村民年底分红。目前，每年村集体保底收入达31.5万元。第二个变化是农房变客房。途远运营团队负责将村民的闲置房屋进行统一布置、统一化运营，在满足当地日益增长的旅游住宿需求的同时，实现村民的创富增收。

目前，张河果园子社区已有9户村民将自家房子进行改造并进行民宿运营，真正实现了"农房变客房"，在家中坐享丰厚盈利。第三个变化是农产品变礼品。途远旗下旅游电商平台途礼精选当地农产品，让游客有机会将特产分享给自己的朋友与家人，更让当地农产品有机会走出乡村、走向全球，带动乡村旅游与农业的融合与发展。

在途远"两途一趣"模式下，乡村实现农民变股民、农房变客房、农产变特产、田园变公园，让以乡村为场景的新经济有了发展平台和空间，激活空心村，实现村社复兴，带动"三产"融合，成为四川省乡村振兴样板示范项目。

张河果园子的实践，促进了乡村产业发展、壮大了村集体经济，也启迪了新津对贫困地区脱贫后实现可持续发展的思考。推动乡村资源价值转化，为贫困地区实现稳定脱贫植入一颗富有生命力的"芯片"，新津引导广大民营企业发挥产业帮扶"造血"功能，推动共享农庄模式复制到对口帮扶的阿坝州小金县。依托木栏村苹果林闲置资源，为乡村导入新兴产业，实现"造血"式扶贫。项目于2018年5月启动，9月投入运营，成为川西旅游环线上的重要点位，带动当地616户、2220名农户就地就业和增收，助力打造百万小康村。村集体年收入从2018年6000元提升至2019年的10万元；2019年，小金·苹果共享农庄实现苹果销售产值649万元，木栏村人均增收2311.54元。2020年1月19日，木栏村被评为实施乡村振兴战略示范村，该案例入选中央党校《从脱贫攻坚到乡村振兴》经典案例教材。

（二）案例点评

途远一直以"振兴美丽乡村"为使命，通过创新商业模式，成功打造了新津农博园·集趣共享农庄、小金·苹果共享农庄等乡村振兴标杆项目，其"造血式"扶贫入选中央党校脱贫攻坚典型案例[①]。其主要举措包括以智能化建造，盘活土地价值；以数字化平台，打通城乡渠道，发展壮大以乡村为场景的新经济业态。

途远"互联网＋共享农庄"新经济模式可以概括为"一房、一地、一产、一院"，通过数字赋能促进乡村资源与市场需求、消费需求精准对接。在推动乡村振兴和村社复兴中植入"互联网＋共享经济"思路，打造以"三途一斯"为核心的共享农庄，同时发挥中国天府农博园"省市县共建、市州联建、市场化运作"的机制优势，助力当地以数字经济为引擎，打造公园城市创新场景。

# 第五节　四川民营企业家健康成长典型案例

在当前复杂多变的背景下，民营企业在发展过程中遭遇的风险日益累积，面临着转型升级、有效治理与代际传承等挑战。解决这些问题的关键，在于培养和吸引更多具备国际视野、创新能力和社会责任的优秀民营经济人士。近年来，四川涌现出大批开拓创新、务实有为和敢于担当的企业家，为奋力写好中国式现代化的四川篇章提供了强有力的支持。

## 一、刘怀伟——担当全力推动"食品＋"的希望企业家

企业家名片：刘怀伟，现任新希望六和食品控股有限公司总裁，成都希望食品有限公司董事长，成都市政协委员，成都市食品商会副会长、成都市自热食品专业委员会会长、新津区政协常委、新津区工商联副主席。

1. 做强"链主"，构建圈与链

2021年新希望实现销售收入1263亿元，在2021年《财富》杂志评选的中国企业500强中位列第95位，在2021福布斯全球企业2000强中居第917位。在食品端，新希望成功打造了"美好""六和美食""千喜鹤"等品牌。"美好"品牌旗下产品种类丰富，有高温和低温肉制品、休闲食品、腌腊产品及方便食品。"美好"小酥肉系列产品更是成为小酥肉行业标杆，年销售额超10亿元。

---

① 庞森，赵利梅，张正霞，等.天府农博园建设背景下新津数字农业的运用与发展［J］.当代县域经济，2023（5）：48-52.

刘怀伟表示，让这样一个地方小吃站上全国舞台，得益于我们对于赛道的成功预判。我们未来会聚焦、依托小酥肉，把"美好"品牌打造成中国酥炸系列第一品牌。作为绿色食品链主企业，对于绿色食品产业链的建设，刘怀伟有自己独到的见解，他认为食品产业要在传统饮食文化之魂的基础上实现四个转变：从体力型向动力型转变、从经验型向科学型转变、从手艺型向工艺型转变、从工具向装备转变。促进食品产业技术水平由跟跑到并行、由并行到领先，做强食品产业创新技术链。

2. 当好民营"盟主"，抓好联与引

"美好"食品在西南地区以超过 50% 的市场综合占有率成为西南地区肉制品第一品牌，并先后荣获中国名牌产品、中国驰名商标、国家级科技创新型龙头企业、中国肉类食品行业强势企业等荣誉称号。作为成都市食品商会副会长，刘怀伟始终不忘发挥好链主"头雁"效应，加强新津区区内食品公司的联结与沟通，围绕品牌、渠道、场景、健康和技术等元素而产生新的消费，推动食品产业集聚、集群、集约发展，进一步促进农业产业强链补链延链，形成区域特色产业集群。

刘怀伟表示，新希望集团作为新津绿色食品产业的"链主"企业，要做强"链主"极核功能，充分发挥绿色食品商会的桥梁纽带作用，采取内联外引的方式，着力构建从"田间—车间—舌尖"的绿色食品全产业链，帮助新津食品企业实现资源共享；同时加强与省、市食品商会的对接，让更多的客户了解新津食品产业集群，吸引更多的食品企业落户新津。

3. 希望"回归"，续写新华章

2018 年 9 月 17 日，新津开启"同走希望路·共建公园城"民营经济主题活动。希望系企业大力支持家乡建设发展，特别是新希望集团陆续在乡村振兴、绿色食品、产融结合等领域布局了一批重大项目。

2022 年 5 月，由新希望六和股份有限公司投资 2.5 亿元，在天府农博园建设的数智生猪示范基地正式投用。基地计划存栏母猪 1700 头、年出栏高质量种猪 1 万头以上，高品质生猪 3 万头以上，年产值达 1.2 亿元。该基地以数字养殖为核心，开拓出服务都市圈的"5S 养殖"的新模式，打造集种植、饲料、养殖、销售于一体的"粮进肉出"生猪全产业链，助推"川猪"产业发展壮大。

此外，致力于投资泛食品饮料行业的 10 亿元新津昇望交子新消费股权投资基金，基于蔬菜、畜禽等生鲜产品储藏、分拨、配送于一体的第三方冷链配送平台——新希望·鲜生活西南总部项目，为乡村振兴培育以新农夫、新农工、新厨师为代表的"绿领人才"的天府希望绿领学院等新希望在新津的一系列探索与实践，共同为新津的乡村振兴注入了强大动能。

未来，新希望集团将持续瞄准乡村振兴重大战略，投资500亿元发展农业产业，建设智慧农村，助力国家粮食安全。新希望还要建5个乡村振兴的示范基地，其中一个就在新津。后续重点布局以生猪养殖、肉制品深加工为主的肉蛋奶产业，推动乡村生产、生活、生态治理的数字乡村发展，以及冷链物流、生态环保、乡村旅游等产业，带动当地农户及中小微企业发展，实现乡村振兴。

40多年栉风沐雨，以新希望集团为代表的"希望系"情系桑榆、共谋发展，把拳拳之心化为实际行动，积极推动总部回归、技术回归、人才回归、项目回归、资本回归。用一个个产业化项目，拼出了民营经济高质量发展的美好蓝图，续写"新津有希望、希望在新津"的精彩华章。

## 二、陈显祥——勇挑商会"大梁"彰显民营企业家情怀

> 企业家名片：陈显祥，成都市金橙包装制造有限公司董事长，四川省包装联合会理事、成都包装技术协会副会长，曾获得"阀口袋及其阀口结构"等多项发明专利、"秸秆镁质水泥轻质条板（SMC）"项目等多项科技成果和进步奖。

### 1. 创新贯穿企业发展

陈显祥，20世纪九十年代末创办企业，2006年成立成都市金橙包装制造有限公司。历经二十多年栉风沐雨，企业年产值达近3000万元，已连续3年保持27%的增长速度，每年上缴税收近百万元。同时，企业已逐步完成从粗放型向"专精特新"的精细化转型。

如今，金橙已成为西部地区集研发、生产、销售纸制品、塑料制品包装袋的专业生产企业；为西部各行业提供高品质包装。企业产品填补了成都、四川乃至整个西部的空白，打破了进口与沿海包装产品对西部地区的垄断；同时，产品出口日本、美国、欧洲等国家与地区，已成为世界500强企业中的多家企业的产品供应商。企业成就与陈显祥的创新发展理念息息相关。作为一家制造企业，创新是企业发展的灵魂。陈显祥说，"要人无我有、人有我新，其精神与信心比金钱重要"。

2014年，通过研究，容量为1千克、2千克、5千克的可再生可回收的环保纸袋包装不仅体现了绿色生态理念，投放市场后大大满足上班族的购物使用需求；2015年，陈显祥设计的水果挂袋简化了之前烦琐的水果套袋程序，"一套一

挂"大大提高了果农的工作效率；近几年，公司产品以可回收、易降解、再利用的"纸"为原料，力求做精做细"纸"产品，公司生产的纸袋，能耐80℃高温，持续8小时而不碳化，某些纸箱则可以承受更高温度。通过多年探索研发，企业拥有国家专利技术9项，曾获得四川省政府授予的科技发明二等奖。

2. 积极促进传统制造业转型升级

为了让行业企业认识、接受数字化转型，陈显祥组织企业家深入讨论数字经济即将带来的便利。同时，组织企业员工深入银鹭、格力钛、事丰医疗等企业去参观和学习，了解无人生产线、数字化管理模式、高度智能化的生产过程。

为了让同行看到转型实效，他做了"第一个吃螃蟹的人"。通过工业互联网平台开发公司——成都墨心科语，陈显祥在自己的企业里实现了数字化管理。由此，企业的合同签订、生产过程、质量管控、仓储管理、成本核算、设备运行状况监控等诸多方面得到一个闭环的一体化解决。经过转型升级，企业所需的劳动力减少了5%，生产效率却提高了16%，利润也上涨了4%。

行业企业对数字化转型有了共识，陈显祥对行业生产管理升级信心十足。他说，"我们用两三年时间建立工业互联网，这将是成都区市县中的首个行业商会数字平台。假以时日，中国制造业可以同欧美媲美。"

3. 情系商会推动包装行业发展

以前新津近百家包装企业的订单份额仅为全区包装业务的30%，其余全都流入区域外企业，这令陈显祥非常失落。2018年12月，经过多方筹备，新津区包装技术商会成立，这是全国第一个县级包装技术商会。

2019年4月，陈显祥竭力筹划于2019年7月在天府创享中心召开新津区第一届包装行业产品对接会。从企业邀约到展示展览，从会务安排到会场布置……每一环节陈显祥都再三斟酌。庞杂而繁重的工作使这位年过花甲的老人身心疲惫。但是，当看到商会企业签下了4.8亿元的订单，四川电视台等32家媒体对新津包装行业及活动的宣传与报道，他觉得所有的辛苦都是值得的。

2020年底，陈显祥又再次筹划了第二届包装产品对接会，剑南春等30多家全国各地企业齐聚新津，与商会企业签订了3亿元的产品订单。由此，新津包装产品打出了知名度，省内外多家食品饮料龙头企业成为了固定客户。商会成立四年来，产品销售收入逐年递增7.5%以上，这份成绩跟陈显祥的付出是分不开的。

2022年1月，包装技术商会换届。陈显祥全票当选为商会会长。来到新津18年，他已融进了这块土地。尽管已年逾花甲，但他做事有激情、有干劲，像年轻的小伙子，大家亲切地称他为"陈小伙"。如今，他挑起商会重担，要发挥余力，振兴本地产业，引领新津包装产业向智能智造前进。

商会工作要做好，责任主要在会长。陈显祥的想法很简单，"做商会是责任，不进则退"。不管是秘书长还是会长，陈显祥在搞好自身企业的同时，带领商会企业家勇担社会责任，在捐资助学、企村共建等活动中，捐款捐物价值百万元。企业员工生病住院、外地员工的小孩上学选校、会员企业缺"生意"……陈显祥都义不容辞、四处奔波。每天，他会花数小时料理商会事务；每年，他会将大量资金投入商会。他谨记职责和使命，竭尽所能营造商会温暖的氛围。

"长风破浪会有时，直挂云帆济沧海。"怀揣对企业与商会持续不断的成长渴望，陈显祥与他的员工插上了飞翔的翅膀。作为年过六旬的企业家，他积极推动数字赋能实体产业，实现行业产业振兴；秉持创新、坚韧、奉献，倾情商会，努力践行企业家精神。

### 三、李霞——以奋斗和担当谱写年轻企业家的创业华章

企业家名片：李霞，四川邛崃人，现任四川众信通用电力有限公司、成都鹏程路桥机械有限公司董事长，新津区第十一届政协委员、新津区工商联副会长，新生代企业家商会党支部书记。

#### 1. 敢为人先、踔厉奋斗闯出创业新天地

李霞来自农村，20多年的创业凭的就是一股子韧劲。1997年7月，李霞从绵阳技工学院机电专业毕业，在新津五河路开了一间机电维修门市。最初，生意并不好，可他潜心于维修技术、善于在经营方法上思考和研究，渐渐地熬过了"瓶颈期"。两年后，趁着国家农网改造，他把业务转向变压器的回收与再利用。那段日子，几百斤重的变压器被上下搬运他都身体力行。一次，变压器意外滑落，砸在他的腿上，顿时鲜血直流，疼得龇牙咧嘴，可他仍然咬牙坚持搬运。

之后数年间，李霞相继创建了成都欣瑞达电器、成都鹏程路桥机械有限公司。此后不久，通过资源整合，四川欣捷能电力有限公司应运而生。翌年，李霞又一次整合资源，创建四川众信通用电力有限公司，主营变压器、高低压配电设备的研发、生产及安装运维服务。

众信通用电力与全球500强、电力自动化技术领域的领导企业ABB集团建立了战略合作伙伴关系，引进了德国PC公司薄绝缘干式变压器工艺技术，采用德国巴克里特环氧树脂和H级绝缘材料，生产具有国际领先技术的SC（B）11、SC（B）13、SC（B）14系列树脂绝缘干式变压器和SH（B）15、SCBH15系列

非晶合金变压器。企业产品广泛应用于能源产业、工厂、矿山、重大工程项目以及民用建筑领域，是国家电网、南方电网、中铁、中交等国企和民企的主要供应商。

2021年，众信通用电力"双喜临门"——顺利跨进四川省"专精特新"中小企业行列以及年产300万/千伏安智能电力配电项目在2021年4月正式投产。

2022年，一场百年一遇的高温天气与人们不期而遇。为了"迎峰度夏"，无论何时接到供电公司的设备调配、客户设备订单信息，李霞及员工在第一时间就做出响应与配合；同时，公司变电设备广泛用于许多重大项目，天府机场、大运会水上运动场、天府农博园……自主研发的智慧众信云平台为安全用电及光伏、风电、锂电和储能等方面提供有效的电力配电大数据，为企业节能、省电、综合能源的服务及实现"双碳"目标提供有力的支撑与保障。

2. 积极助推传统产业转型升级融入新时代

近年来，众信公司与苏州"惠工云"合作，对配电柜车间进行数字化改造升级。公司联合工业互联网平台企业——安睿智达，基于物联网、大数据、人工智能等新技术，创建了"智慧电网与智能配电大数据平台"——智慧众信云平台。

众信通用电力的经营以"3+3"模式为核心：研发+生产+销售、安装受电+设备运维+储能保障；实现生产端+平台端+服务端三端融合，做到线下销售安装电力设备及储能保障方案，线上提供设备运维保障服务，实现"物联网+大数据+人工智能=设备生产+平台管理+精准售后"的数字化管理。

智慧众信运维电力大数据平台已广泛应用于各行业中，未来，众信通用电力以新装备、新平台、新服务为引领，建设行业公共赋能平台，构建行业网络服务体系。李霞说，"服务提升价值，数字改变未来。企业发展必将全面融入数字经济时代。"这些年，众信公司里的科研人员占比达到了15%，解决了220余人的就业问题，纳税超600万元；而且，围绕数字赋能，实现了产业格局提升，推动了企业转型升级新跨越。如今，众信通用电力已是国内名列前茅的高新技术企业，正向"科技小巨人"企业努力迈进。

3. 坚持党建引领助力商会新发展

李霞不仅是优秀的企业家，也获评新津区优秀共产党员。2020年4月，新津区新生代商会成立党组织，副会长李霞被推选为商会党支部书记，他注重带队伍强组织，以党建活动为依托，筑牢年轻一代企业家理想信念根基，传承红色基因赓续红色血脉，2021年获评新津区"先进基层党组织"。

他带领支部党员积极响应上级党组织号召，推动脱贫攻坚决战决胜之年的圆满收官：连续三年通过以购代捐的形式采购革命老区邛崃南宝山镇静室村贫困家庭滞销的猕猴桃；与新津区永商镇烽火社区签订《结对共建协议》；参与援藏结对帮扶工作；以捐代购采购小金花椒、苹果、土豆等农副产品；积极参加"我在雪山脚下有棵苹果树"新型互联网助农惠农活动，组织新生代企业家认领200棵苹果树。

聚焦"三个做优做强"和"产教融合"，李霞率先垂范，多次走进新津区高级实验中学，与中学生畅谈人生，讲述自己的创业经历，鼓励学生认准目标，实现自己的人生价值。这些年，李霞专注企业发展，深刻理解新时代背景下数字化变革的重要意义，勇担时代赋予的重任，把创新创业的激情和智慧融入经济社会发展大局，在专业领域"深耕细作"做精做优产业，为新津经济高质量发展贡献新生力量。

### 四、程杰——从山西到蜀地，厚德崇商的"二代"企业家

企业家名片：程杰，1985年10月生于山西省长治市，回族，山西大学毕业，现任四川中德塑钢型材有限公司董事长，四川省工商联理事、四川省光彩事业促进会理事、四川省山西商会常务副会长、成都市工商联常委、成都市青联会委员、新津区政协常委、新津区工商联副主席。

1. 战略眼光，领跑企业乘风破浪

程杰是山西人，其父程田青是山西省优秀企业家，中德集团董事长。汶川地震后，程氏父子决定在川渝地区开拓更广阔的市场。2009年，年仅24岁的程杰只身来到成都创建了"四川中德塑钢型材（铝业）有限公司"。2016年以来，中央经济工作会议提出要坚持"房子是用来住的，不是用来炒的"定位，中德铝业生产塑钢门、窗等建材产品，主要服务房地产企业。近两年，一些大肆扩张的房地产企业资金链断裂，加上银行收缩银根，房地产整体处于低迷状态。程杰一直在思考企业转型问题，早在2020年就开始布局，引导企业向新能源方向发展。

国家提倡"双碳经济"，新能源肯定是下一个风口，发展潜力巨大。看到商机、抓住商机、实现商机，程杰迅速组建四川中德新能源科技有限公司，将目标对准了工业铝型材新能源汽车零部件生产，启动新能源汽车铝合金电池托盘项目。中德铝业董事长程杰说："中德铝业自2009年入驻成都以来，一直走以市场为导向、以自主创新为引擎的创新之路。最先介入塑钢型材，后来生产建筑铝型材，如今转型做新能源汽车零部件，这一切都是顺应时代潮流、市场需求进行的。"

2. 大力研发，支撑企业升级换代

公司成立了以技术、质量、工艺和生产为主的研发团队，负责技术攻关。目前，中德铝业已通过汽车行业 IATF6949 质量体系认证。一条试制线上的所有机器设备全部安装到位并完成调试工作，试生产的电池托盘也因气密性严达到 IP67 等级的认证，受到客户的青睐。

对产品的包装、运输所带来的积压和运输成本问题，公司将依托地方政府与龙泉驿汽车城、宜宾宁德时代等大企业合作平台，采取本土作战，打通销售渠道，推动产品进入市场。

新能源汽车电池托盘主要由电池的管理系统和电池的热管理系统、蒸发器和风机风道、密封垫和下壳体以及温度采集系统组成。生产工艺主要是挤压、焊接、成品机加工、装配、检测等环节。据公司生产负责人张行艺介绍，该项目设备正在紧张安装调试中，建成后将拥有压铸机、CNC、自动焊接、机器人焊接、FDS 等现代化、自动化生产流水线，完整实现压铸—机加—焊接—装配—检测的全流程生产工艺，主要生产电池托盘、货车箱体、减震支脚、踏板等铝合金压铸件，相关产品于 2022 年实现量产。

3. 注重人才，护航企业做强做大

四川中德紧扣"创新发展"主脉络，以"引进＋培养"人才模式助推企业发展转型。发展转型不仅是产业的转型，更是观念的转型和人的转型。具体举措包括：一是外引。每年大量校招对口专业、高学历、高素质的大学生，到公司后作为重点培养对象。对高学历、高职称的社招员工给予中层干部或中层干部同等的福利待遇。二是内培。鼓励员工参加职称评定、学历晋升、技师技工评定等提升，相关费用公司予以一定报销，享受高学历高职称员工同等的学历补贴、职称补贴、福利待遇。总经理助理申慧刚介绍"目前，我们四川中德 3 家子公司的车间主任都是自己培养起来的年轻人，其中有一位车间主任还是由班长直接连跳两级提拔的。通过师带徒，老师做坚强后盾，使他们做起事来得心应手！"三是营造学习氛围。每月 6 日、16 日坚持 7：00 集体学习早会，学习专业知识、企业管理和企业文化。四是打造舒心环境。通过解决员工住宿就餐、配套设施、文化娱乐、回家探亲等问题和对骨干员工实行股权激励等举措，打造拴心留人环境。程杰率先在集团提出股权激励计划，以此调动员工的积极性。特别是对中层以上的管理人员，要求在完成当年指标和销售额的前提下，个人拿出部分资金参与公司建设，持股分红。

四川中德还与相关的科研机构、高等院校、职业培训学校等开展合作，组建四川省企业技术中心，构建产学研一体化，形成良性循环。2019 年，经过程杰和团队的共同努力，不仅还清集团 2000 万元借贷，且销售额成倍增长达 5 亿元。

从山西到蜀地，四川中德走过 13 载春秋，弘扬商德文化，践行厚德崇商，倡导"正己善为"，以文化的力量推动企业高质量可持续发展，从单一产品发展到目前拥有塑钢型材、建筑铝型材、工业铝型材、汽车轻量化零部件等支柱产业。而程杰作为"创二代"接班人，在公司重申父辈创业成功的管理方针——"开源、节流、创新、激励"，重启崭新经营模式：瞄准高端市场，主动与富力、蓝光、保利、新希望等大型地产公司合作，以此提升公司品牌知名度；结合品牌企业体量大、需求多的特点，改进生产工艺，降低能耗；严把质量关，跟进服务，抢占市场份额。

# 第七章　新时代民营经济健康高质量发展的对策建议

## 第一节　新时代民营经济健康高质量发展的路径方向

在经济由高速向高质量发展的时代背景下，党中央始终坚持"两个毫不动摇""三个没有变"，始终把民营企业和民营企业家当作自己人。进入中国式现代化的新征程，要引导民营企业和民营企业家正确理解党中央方针政策，实现民营经济健康发展、高质量发展[①]。要牢固树立"一体化"的系统发展理念，厚植民营经济的发展优势，稳定民营企业的市场发展主体，实现经济质的有效提升和量的合理增长。事实上，民营经济的高质量发展不是一朝一夕可以实现的，而是要贯穿全面建设社会主义现代化国家的整个过程，需要地方政府、民营企业以及民营企业家多方合作，形成竞相推动发展的强大合力。

"创新、协调、绿色、开放、共享"作为新发展理念，是破解民营经济高质量发展难题的主要方向。新时代要围绕经济高质量发展的主题，着力通过创新协同、绿色低碳、数字转型、共同富裕等方面来拓宽发展路径，为全面建设社会主义现代化强国奠定坚实基础。

### 一、发展方向

（一）在战略方向的引领上发展

把政治引领贯穿于企业的日常发展中，大力激发广大员工干事、创业的积极性，从党的百年奋斗历史经验中深化认识新时代企业工作的重要规律，营造风清气正的良好生态。

---

[①] 胡金焱.扎实推进民营经济健康发展、高质量发展［J］.理论导报，2023（4）：40–42.

（二）在企业的管理机制上发展

以党的领导融入公司治理体系为原则，坚持运用中国特色现代企业制度建设的重要成果，结合"有效市场"和"有为政府"，不断创新体制机制。完善企业法人治理结构，加强董事会建设，健全权责法定、权责透明、协调运转、有效制衡的治理机制，切实把现代企业制度优势转化为治理效能。

（三）在企业的动力活力上发展

现代化建设需要强化人才支撑，企业高质量发展同样要以专业化、素质化人才建设来为企业发展注入活力。人才引领驱动也是党的二十大报告中关于加快建设人才强国的重要要求。企业应该绘制人才"发展蓝图"，加强对人才工作的战略统筹与全局规划，遵循不同板块领域、不同专业人才成长规律，针对性地制定培养发展方案、评价标准和激励办法。

（四）在构建"亲""清"政商关系上发展

激发市场主体活力，全面从严治党和"亲""清"政商关系的构建是重要保障。着力构建"亲而有度""清而有为"的"亲""清"新型政商关系，制定"亲""清"政商关系的活动清单，推进政企良性互动，助力营商环境的迭代升级。

## 二、关键路径

走高质量发展之路对民营经济提出了更高要求。提升科技创新能力是民营经济高质量发展的应有之义，加快数字化转型是民营经济高质量发展关键之举。绿色低碳发展是民营经济高质量发展的重要途径。此外，民营经济高质量发展也需要完善企业治理、守住发展底线、助力共同富裕。

（一）路径一：强化企业科技创新自主地位

强化民营企业科技创新的主体地位，以引领现代产业体系，有利于推动民营企业高质量发展，实现创新体系的协同高效、深度融合与价值共创。民营企业应面向国家战略需求，推动各种创新要素集聚，实施原创性、引领性科技发展，打好核心的技术攻坚战。具体而言：

（1）建立以企业为主体的产学研融通创新体系。企业和高校、科研院所共同组建创新生态联合体，着力解决"由谁来革新""动力来自哪里""结果是怎样使用的"问题，推动创新主体焕发活力，创新链条实现有机衔接，创新效率显著提高。

（2）塑造中小微企业协同高效的创新布局。科技骨干企业要发挥支撑作用，与中小企业创新的柔性相结合，通过培育创新平台及基地，打造创新生态。通过优势资源的整合集聚，实现促进产业链企业协作和对接，从而涌现更多"专精特新"的中小型企业。

（3）促进"四链"的深度融合与健全。积极发挥市场配置资源的决定性作用，营造企业释放活力的创新环境，促进企业在"创新链""人才链""产业链"与"资金链"上深度融合。企业要以自主研发为导向，以人才队伍建设为动力，以优化金融功能为重心，积极提升韧性和竞争力，以巩固产业链、资金链和人才链。

（二）路径二：推进企业的数字化、智能化转型升级

党的二十大报告明确指出，加快推进网络强国和数字强国建设。企业想要获得高质量发展，就需要注重数字化与智能化的转型升级，在关键核心技术上取得突破性进展，做强战略性新兴产业。新经济时代企业应紧跟"数实深度融合"形势，特别是加大 AI、云计算、大数据等技术的应用，优化生产、销售和服务流程，提高效率和竞争力。

（1）推动数字经济、实体经济融合，实现产业领域的智改数转。加强信息化、数智化平台整体设计、构建、实施与研究，探索信息集成及综合利用路径。特别是鼓励先锋企业发挥优势资源能力，带动中小企业进入数字化场景并构建数字产业生态。

（2）加强关键核心技术研发攻关，突破数字化转型难题。企业应提升数字技术的基础研发能力，打通与数字化相关的业务链，包括研发、生产管理、供应链、营销服务等核心板块。同时，紧密以客户与订单为导向，建立全方位、一体化的数字化体系。着力于促进平台企业和数字服务企业实现跨界协同、融通创新，最终打造平台化参与、市场化运作、网络化布局的创新生态。

（3）加快建设工业互联网平台。构建以平台为核心、链接其他企业群体的产业生态圈，引导技术型企业释放"互联网 +"的能力，打造数字化、智能化转型的生态组织。强化对平台企业的治理与监管，通过制定标准体系，提升数据要素资产化的意识。

（三）路径三：坚持企业的绿色化、低碳化发展

民营企业积极向绿色化转变，实现碳达峰碳中和目标，是落实新发展理念，促进经济高质量发展的必然要求[①]。我国作为制造业大国，促进传统制造业积极实现"绿色化转型"，主动融入"双碳"的发展战略是必然趋势。但传统企业绿色转型也面临"转型难""转不动"等挑战。特别是面对环保压力和消费者对绿色产品的需求，民营企业要推进环保技术的应用，降低能耗与排放，实现可持续

---

① 李茜.着力打造"五个一"营商环境　全力推进民营经济绿色高质量发展［N］.闽北日报，2023-10-21（001）.

发展。

（1）提高绿色转型的"主动"意识。提高低碳发展能力，扩宽未来的发展空间。追求经济利益的同时，着眼于未来的可持续发展。把绿色可持续的发展理念贯穿于企业的整体战略中，塑造企业的核心竞争力。

（2）主动探寻适合的绿色"转型"模式。通过引进先进绿色技术，扩大"专精特新"的绿色产品并多维度培育绿色化品牌，走多元化可持续发展之路。对企业 ESG 环保信息进行全面披露，在发挥自身资源和技术能力优势、聚焦利益相关方诉求、赋能欠发达地区、扶助弱势群体、营造公平分配环境等方面，彰显企业使命和责任。

（3）以"数字化"手段实现提质增效。积极利用大数据、互联网和人工智能等新技术，促进企业快速融入数字经济，统一建设适合企业各个业务板块（如研发、生产制造、采购、营销等）的数字智能管理平台，促进数字技术和智能制造的综合运用。

（四）路径四：完善现代企业管理制度和"传承"创新

以现代企业制度的建立为契机，加强企业的家族治理与"二代"传承，突破传统家族管理模式的局限性。吸纳较分散的社会资本，组成产业龙头性质的股份企业或集团。积极探索适合地区特色的融资渠道和模式，为企业转型升级提供资金支持。优化生产流程和管理模式，对内部资源进行重新配置。例如，通过精益管理、六西格玛等方法提升生产效率和质量。具体而言包括：

（1）发挥老一代企业家"传帮带"作用。在继承老川商精神与弘扬新川商特质的融合中，建立接班培养机制，促进代际沟通与传承理解，助力新生代企业家接班"平稳过渡"。

（2）健全新生代企业家培育体系。坚持"分领域、分层次、分梯队、分步骤"原则，深入实施培养政治上有方向、经营上有本事、文化上有内涵、责任上有担当的新生代"四有"企业家。

（3）凝聚合力共建企业家平台生态圈。积极借助省市工商联、商协会等共创平台，推进资源共享、优势互补、交通互联、产业共兴与市场互促，构筑健康、活跃、具有竞争力的融通生态圈。

（五）路径五：勇担"共同富裕"的社会责任

推进高质量发展作出先行示范的行业引领，也是向共同富裕目标奋力迈进的必然选择①。以民营经济高质量发展扎实推进共同富裕，在发展中做大做优做强

---

① 郭钇杉.积极践行"两个健康" 扎实助力共同富裕［N］.中华工商时报，2021-11-25（2）.

民营经济，为民营经济高质量发展营造良好的营商环境，扎实推进共同富裕①。在"两个健康"政策措施中更加突出共同富裕的内容，促进农村平台经济、共享经济等健康发展。在发展中保障民生，引导社会资本进一步扩大对养老、医疗健康、教育文体等领域的投资。

站在新历史发展阶段，企业应以"推动共同富裕"为情怀追求，通过提升认知和采取实际行动来履行企业和企业家的社会责任。企业在规划"共同富裕"行动时，既要树立开放、共享的发展理念，积极开展公益慈善活动，又要结合商业模式以寻求全面化、系统性的规划逻辑，不断优化迭代企业社会责任未来发展的方向。高度重视员工权益保障，构建和谐的劳动关系，坚持以人为本促进全面发展。

## 第二节  新时代民营经济健康高质量发展的策略建议

### 一、政府培育策略建议

（一）立足"高站位"要求，健全完善政策体系

首先，坚持政治引领铸魂，增强精神信念。大力发展企业家党员，坚定跟党走的政治信念。组织提炼社会广泛认同的企业家精神，打造反映企业家精神的文化产品。研究明确"两个健康"科学内涵、评价标准，推动设立"企业家日"进入程序，表彰一批优秀民营企业家。

其次，结合地方民营经济发展实际，确定民营经济高质量发展的优先事项和要求，通过对组织资源的重新聚焦和界定组织边界，不断提高行政管理和公共服务的质效。例如，积极学习浙江温州模式，打造"双向规范、政企和睦"的政商关系，加速形成"政企共生和谐生态"。

最后，完善民营经济高质量发展中利益协调及行政运行机制。加大行政考核和监督力度，明确各相关部门（如市场监管局、发展改革委、工商联等）在民营经济高质量发展中承担的角色和职责，加强相关领域政策统筹协调，使不同利益主体之间的诉求得到平衡，矛盾得到化解。

（二）综合施策，着力破解企业多维难题

坚持以企业为核心，围绕企业的诉求对企业所面临的困难进行调研和解决，

---

① 黄欣.以民营经济高质量发展扎实推进共同富裕［J］.科技和产业，2024，24（17）：55-62.

其中重点关注用工成本难题、税负难题、融资难题以及市场需求疲软等难题。具体而言主要有：

第一，努力破解企业用工难题。一是充分利用全省重点高校或科研机构，开展校企合作定向培养企业输送人才。二是发挥就业和再就业资金的利用效率，积极做好各类职业培训工作，提供相应补助与激励。三是搭建高层次人才、重点人才与紧缺人才的相关平台。同时，政府部门应积极引导企业进行科学的生产管理，鼓励采用社会化用工模式实现降本增效。

第二，纾困惠企，加大减税降费力度。一方面继续加大对企业进行"减、退、缓"等税费优惠措施。另一方面还需加强政策研究储备工作，促进一些阶段性惠企政策在适当时机向可以长期执行的方向转变，持续增强政策连续性、稳定性和可持续性，从而进一步稳定民营企业对发展的期待与信心。还可借助减税降费赋能市场主体、降低企业成本等手段，挪出足够发展空间给企业。

第三，风险共担，缓解企业"融资难贵"问题。鼓励政策性金融机构对民企进行融资支持、政策支持。监管部门要积极支持以市场为导向，以服务民营企业为宗旨，提供特色金融产品系列和以风险可控为目标的金融创新。构建科学的财政金融互动政策体系，包括建立激励制度、贷款贴息、风险补偿等财政支持方式，从而引导金融机构为全省实体经济的发展提供支持。建立金融服务与企业的不定期对话机制。针对企业自身特点，推出专项金融政策并实现政银企深化合作。

第四，深化措施，加大企业精准培育力度。一方面，充分尊重头部企业在产业方面的领头羊作用，构建完善"链主"企业的引领主导机制和合作机制，共同推进重大规划、重大政策和重大工程的实施以及重点项目、重点工作的推进实施，加速建设世界级产业链和产业集群。另一方面，聚焦产业链的延链、扩链、强链和补链，引导中小企业走向"专精特新"。重点培育富有地方产业特色、聚焦细分市场和主业的企业，培育创新能力和成长性较高的"专精特新"企业。

（三）统筹规划，构建区域间融合互动发展新模式

以成渝地区双城经济圈建设为战略牵引，借力省域经济副中心以及"成德眉资"同城化等区域发展机会，引导支持民营企业通过抓住机遇、深化合作、优势互补，不断"走出去"融入区域一体化发展。

具体策略包括：拓展民营资本介入的领域范畴，建立为民营企业推介项目和银企对接的综合服务平台；发挥商会桥梁纽带作用，发掘企业创新源动力，聚集重点产业载体和更多优势资源支持发展；构建民营企业参与成渝地区双城经济圈、省域经济副中心的政策支持、要素保障和长效服务机制，坚定广大民营企业

家发展信心；主动为企业提供价值共创、互利共赢的资源平台，例如，推动百强企业、"专精特新"企业组建创新联合体，促进企业与高校、科研机构共建协同创新中心。

（四）立足地方实际，维护高质量的营商发展"软环境"

2022年以来四川打造一流营商环境等工作成效明显，但也存在政务服务标准化便利化程度较低，数据资源利用不足等问题。政府部门要进一步转变职能，推动营商环境向更高层次发展。

一是深入推进政务服务事项等改革举措。推进省市县村"一张网"服务系统，促使政务服务事项"全程网办"并提升办理深度。二是要持续优化营商环境。根据四川省实际情况及营商环境评估情况，深入开展营商环境对标与创新；继续推进创业促进就业和就业创业服务质量改善工程；鼓励民间投资，提升对外开放服务水平。三是建立和完善跨区域的协同监管机制，从而促使"川渝通办"等困局落地可行，激发新兴市场的主体活力；继续加强监管效能，进一步完善监管新机制，清理企业跨区域经营、迁移设置等不合理情况，规范监管执法，保障市场公平竞争；健全社会监督机制，处理好企业办事中的疑难问题、复杂问题。

（五）面向未来赋能，为企业发展排忧解难

首先，用好机制赋能。用好民营经济统战工作协调机制，统筹谋划民营企业家年度培训，厘清党委部门、政府部门主抓队伍、主抓经济的边界，减少工作交叉。整合政银校企等多方力量，强化民营企业家机遇意识，助推融入成渝地区双城经济圈建设等国家重大战略机遇，引导投身未来产业、发展新质生产力。

其次，统好资源强能。建立培训经费由财政、企业共同负担"新机制"，争取满足企业家对培训内容、师资的高层次、差异化需求。支持"双一流"高校，围绕转型升级等开办中长期培训专班，探索组织国有企业、民营企业负责人同班培训。适度赋予企业职称自主评审权，对新职业、技术工匠等给予倾斜。

再次，助力传承蓄能。重点关注民营企业家代际传承工作，组织遴选一批优秀骨干企业家担任青年企业家培养导师，千方百计蓄积后备力量。

最后，多措并举为民营企业家排忧解难。其主要体现在：一要解能力之忧。有意识地安排民营企业家到政府部门、国有企业见习，增进双向了解，培养"政策思维"。二要解发展之难。深化和推广"面对面""键对键"活动。健全涉企政策出台前征求企业家意见建议机制，提高政策精准性。完善涉企政策执行效果评估机制，提升企业对招投标、融资贷款等具体政策的公平感、获得感。三要解环境之困。优化营商环境评价机制，提高"民营企业评"权重。共建"亲""清"

政商关系，维护民营企业家合法权益，维护企业家队伍良好形象口碑，共同打造"把该放的放到位、把该降的降到位、把该给的给到位、把该扶的扶到位"的一流环境①。

## 二、民营企业健康高质量发展策略

在当前复杂多变的时代背景下，民营企业在发展过程中遭遇的风险日益累积。从企业自身来讲，要积极践行新发展理念，从企业治理、赛道选择、资源共享、人才引培等角度，引领企业文化、实施转型升级、提高风险能力。通过自身合规经营、转型升级不断提升发展质量，进一步坚守主业、做强实业，毫不动摇走高质量发展之路。

（一）坚持党建引领企业治理，培育有特色的企业文化

首先，坚持党建引领。充分发挥民营企业党委的政治核心作用、党支部的战斗堡垒作用和党员的带头作用。推进"党建＋业务"高度融合，建立"党统联带、政企联动、发展联促"的"两个健康"工作机制，凝聚全力拼经济搞建设促发展的思想共识和奋进力量。

其次，民营企业要注重企业文化的塑造，建立符合社会主义核心价值观的企业文化。依据新时期政策的指导与市场的需求，以文化建设带动管理建设，增强企业在发展过程中的科学性、社会认同感。企业要深入调研、制定规划、认真梳理、扎实推进、打造以主业为核心的品牌文化。企业管理者要不断解放思想、深度学习、开拓创新，理解企业文化的性质与重要性，统一员工的文化价值观并尊重员工的首创精神，持续增强企业的凝聚力、竞争力。同时，企业应守住发展的政策红线、道德红线、法律红线，在实现长期可持续发展的基础上，将文化价值转化成商业价值。

（二）找准未来产业领域及赛道，实施科学的转型升级

民营企业要紧跟时代步伐，找准自我定位，把握恰当时机，更加注重科学的转型升级。企业应面向政策和市场需求，把供给侧结构性改革放在转型升级的重要基础上，找准企业的市场定位，进行合理的产业结构调整与战略布局，找准发展赛道，深耕细作、不断创新，保持主营业务的企业战略与国家发展战略、四川发展规划高度契合。此外，企业要深耕数字化智能化发展，在绿色能源使用及创新产品研发等多个方面加大投入，定位"专精特新"发展方向，不断弥补发展短板，提升发展优势，实现科学的转型升级。

① 江云.打造高素质的新时代民营企业家队伍［N］.四川政协报，2023-09-26（002）.

（三）共享优势战略资源，注重上下游企业协同发展

首先，民营企业要以完善自身的供应链体系为基础，围绕建立特色产业集群为目标，注重产业链间上下游企业的协同发展，共享优势战略资源，参与整个供应链体系的"强链"与"补链"。其次，企业要合理利用政策红利，与"双核"高地相关企业协同发展。积极在产能、技术、供应链等领域深度合作，以企业间的合作交流推动企业自身的革新与发展，加快资源要素向高新技术产业聚集，着力破解产业发展的"卡脖子"问题，切实促进企业高质量协同、共赢发展。最后，积极参与产业链整合，加强与上下游企业的合作与协同，共同打造具有竞争力的产业链。例如，加入行业协会或产业联盟，与同行业企业共享资源、技术和市场信息。提高企业抗风险能力，以创新驱动民营经济的转型升级，实现经济发展方式的转变。

（四）坚持以人为本，构建切合企业需求的人才梯队

坚持"以人为本"的科学发展观，特别是着重科技型人才与复合管理人才的培养与引进。与高等院校、科研院所进行深度战略合作，扩大高端人才的选拔面。同时，加大人才梯队建设的资金投入，切实保障企业用人育人的物质基础。通过各类培训平台为人才赋能，并尊重员工的劳动成果，增强其主观能动性，提高人才的归属感、忠诚度及奉献精神，通过人才强企实现企业做大做强的目标。

（五）积极参与市场竞争，把握稳增长与防风险的平衡

面对不断变化的市场环境，民营企业应当坚定信心，并积极参与市场竞争，同时树立风险防范意识，增强风险抵御能力。提高应对突发公共事件的能力，注意防范营商环境波动、业务萎缩等风险，确保资金使用等资源配置的合理性。以利润及企业的良性发展为导向规划合理的投融资计划，调整企业的发展规模和速度。

### 三、民营企业家健康成长策略

多年来民营企业家不仅积极推进行业创新，带动各地域经济发展，同时响应国家号召，深度参与精准扶贫、乡村振兴，参与社会公益慈善事业，协同参与社会治理，已成为促进新质生产力发展、推动中国式现代化的生力军。新时代下，企业家群体迎来企业高质量发展关键期，同时也进入了新老交替代际传承期。如何坚守精神内核与弘扬企业家精神，如何推动其持续发展与健康成长，是发展壮大民营经济的重要议题。

（一）加强教育培训，树立评价标准

首先，加强对民营企业家的教育培训，构建科学的民营企业家健康评价体系

对民营企业家健康成长具有重要作用。应积极搭建专业人才的素质能力测评机构，构建企业家健康发展的科学评价机制，统一评价标准。建立健全民营企业家培训制度，规定企业家每年最低培训时长，切实提升民营企业家的经营管理水平与市场竞争力。

其次，科学的教育培训机制有助于民营企业能力素养的提升。为高效提升民营企业家的思想政治素质，应定期组织党建学习，及时传达党中央会议精神，保证民营企业家的思想与党中央时刻保持一致，引导民营企业家与党中央携手共进，深刻领会时代发展的精神和社会变革的需求。

最后，充分利用高校的资源，开设专业教育培训基地，以系统的学习模式提升民营企业家的全面素养。培训层次应进行梯级培训的区别划分，如小型企业管理人才、规模企业经营人才、高级经理人才等；培训内容应丰富全面，不仅需要对企业家进行管理知识的强化，也需要注重企业家实战演练的教育；培训方式应灵活多元，包括专题报告、研学参观在内等多种形式。

（二）营造社会氛围，优化营商环境

要为民营企业家的健康成长营造良好的社会氛围。首先，需要为民营企业家提供支持和帮助，进一步了解企业家合法经营中存在的困难，为其树立发展信心。其次，在法治环境层面，对企业家人身权利、民营企业财产权利依法予以保障。依法惩处各种侵犯产权的犯罪行为，对各种所有制经济的产权给予平等的保护。最后，通过有效措施加强对民营企业家的宣传教育，充分借助主流新闻媒体、网络舆论平台等多渠道，对民营企业家进行鼓励和支持，大力弘扬民营企业家的社会责任，充分释放企业家的成长潜能，以此建立"亲""清"共成长的营商环境。

（三）弘扬企业家精神，推动高质量发展

弘扬企业家精神是促进民营企业健康成长的重要路径之一。党的十九大报告强调，要积极推动企业家精神发扬光大，鼓励更多的人主动理智地参与创新创业。具体而言：

（1）坚持重要思想理念与发展的结合。全面贯彻民营经济"两个健康""毫不动摇""自己人"等重要论述、重要指示批示精神。全面树立民营经济是"强国经济"新观念，从根本上破除所有制"公好私坏"等陈旧观念。政府部门应在法律与政策层面承认并支持保护发展民营经济，充分认可私人财产与企业家财富的合法性、合理性与正当性。

（2）结合区域文化大力弘扬企业家精神。本书通过查阅历史文献、企业家访谈和问卷调查的形式深入剖析四川企业家精神内涵，并借助文本可视化分析生成了精神"词云图 [①]"（见图 7-1）。作为建设现代化经济体系和推动高质量发展的生力军，企业家要弘扬"明达有信、包容有义、拓创有韧、务实有乐"的企业家精神。

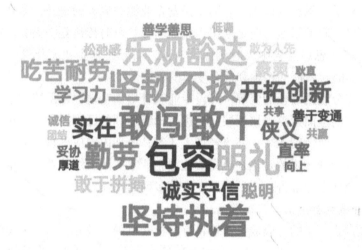

**图 7-1 "企业家精神"词云图**

第一，在睿智敏锐中坚守"信誉"。在企业经营中要坚持科学布局、审时度势，培养商业直觉和市场敏锐度，提升"见高方可见远"的战略研判力。践行契约精神、坚守商业原则和严守安全底线，坚持合法合规与诚信经营，做爱国敬业、热心公益的典范，树立企业家的良好形象和诚信声誉。

第二，在兼容并蓄中深藏"义行"。保持开放包容的新发展理念，主动融入新发展格局，积极拓展商业模式和市场业务，用好国内国际两个市场和发展空间。胸怀大局，坚持义利双行、知行合一，将家国情怀、民族大义与个人荣辱、企业兴衰紧密联系起来。

第三，在开拓创新中秉持"韧性"。发挥敢想敢闯、敢试敢干精神，在攻克"卡脖子"技术上勇于发力，在"无人区"探索中敢于先行。以脚踏实地的干劲和"咬定青山不放松"的韧性，走"专精特新""数实融合"和大中小企业融通创新之路。

---

① 词云图也称为关键词云或标签云，是将问卷调查文本数据中关键词通过不同颜色视觉图形表现的方式。

第四，在务实进取中保持"乐观"。聚焦主责主业，做好长期作战的准备和长期发展的规划。持有前景预期的乐观心态，不断优化和调整企业策略，努力在识变、求变、应变中加快发展。与团队成员共同面对挑战和享受成功，培养团队的凝聚力和向心力，实现共同成长。

（四）强化企业家责任意识并建立容错机制

首先，建设法律培训服务机制，通过法制教育促进民营企业家诚实守信、合法经营的法律意识。深入持久地开展理想信念教育活动，培育民营企业家历史使命感，从而自觉将企业自身发展与民族兴衰相连接，让企业在服务社会、实现自身经济价值的同时，也能为企业提供永续发展的不竭动力，实现企业与社会协同发展、企业与经济高质量发展两大双赢的局面。

其次，在"亲""清"政商关系构建中，要体现企业家"自己人"立场。在解决实际困难和问题中，以促进"两个健康"为着力点，立足工商联统战视角"三向发力"，持续激发民营企业家内生动力。

# 第三节　新时代民营经济健康高质量发展的实施保障

## 一、新时代民营经济健康高质量发展的政策保障

贯彻落实党中央和国务院以及国家、省级各部门的方针，激发民营经济发展的活力，保证四川省民营企业高质量发展的有效落实。为进一步激发我国民间投资的活力，要切实降低我国民营企业的经营成本，缓解中国民营企业融资难问题，增强我国民营企业的竞争实力，强化对民营企业合法权益的保护，搭建统一的涉企政策出台平台，加大对涉及民营经济有关政策的宣传和解读力度。健全各项涉企政策咨询、论证和公示制度，对政策措施实施效果进行第三方评估。各地各部门根据任务分工，全面落实目标培育企业的相关支持政策。同时以制度设计为依托，强化市场准入与产权保护，确保政策与管理的程序化与规范化，确保民营经济公平竞争的市场环境。

针对企业发展中出现的情况和问题，政府要及时研究分析并提出政策举措，及时进行政策落实和企业培育发展的督查通报。由各地工商联牵头，结合区域的实际发展需求，制定促进企业高质量发展的相关配套措施，推动政策落地落实。结合改革督察工作实际，开展强化产权保护和有利于民营企业发展重大改革方案的督察，做到政策落实、实施结果公开和接受监督。

## 二、民营经济高质量发展的组织保障

充分发挥省、区、市工商联和商业协会的平台作用，政府要定期研究四川省民营企业高质量发展指标体系评价与构建等发展情况，协调解决企业发展中遇到的问题，统筹推进四川省民营经济高质量发展工作。

加强四川民营企业高质量发展的统一领导、组织协调，深入研究有关政策，破解重大难题和统筹推进。完善相关工作机制，强化统筹协调与服务，不断扩大党的组织与工作的覆盖面。认真抓好相关工作的落实，确保四川民企高质量发展的指标构建与评价计划等各项任务落实到岗，监督地方政府在政商关系构建中的行政作为，实行联系制度、协调机制、监督机制，做到真正为企业服务。

建立"亲""清"新型政商关系，强化工商联动协同机制。建立各级党政机构、行业协会（商会）制度，定期听取民营企业与企业家的诉求，主动作为和积极服务并为解决实际问题提供帮助。其他相关部门按照职责分工，切实做好有关工作落实和反馈。分地区（地市州）为平台，以简报的形式把民营企业高质量发展情况反馈到省里。强化协同配合、细化配套措施，确保四川民企高质量发展的指标构建与评价计划各项任务落到实处。

## 三、民营经济高质量发展的要素保障

当前各种资源应按照公平公开的原则对四川民营企业定向倾斜，主要包括财政资金保障、用地用房服务、税收优惠、人才培训支持等要素。

首先，强化财政资金保障，支持企业积极争取国家相关资金。充分利用已有财政资金渠道，在产业发展的关键环节、重点领域增加投入。强化信贷的支持，构建金融机构绩效考核的激励机制。鼓励开展直接融资，支持民营企业开展市场化、法治化债转股和强化融资创新服务。鼓励融资担保机构对企业的融资进行担保，以多元化方式引导金融资源向民营经济转移。

其次，完善用地用房服务，盘活闲置的厂房、库房等物流资源。鼓励地方政府、工业园区和科技园区出台扶持政策，保障企业在用能、用地和物流等方面的保障支持。全面实施高新技术企业和西部大开发税收优惠政策。严把涉企收费关，全面贯彻落实国家对涉企行政事业性收费不断清理和规范的各项方针政策，加快涉企行政事业零收费步伐，严肃查处违法违规收费行为。

最后，健全人才支撑体系。支持"蓉城绿卡"制度，吸引和集聚创新人才、跨界人才；实施技术工人培训计划，开展提升培训班活动，优化人才发展环境。打造一支政治上有方向、责任上有担当、经营上有能力的民营企业家队伍。

### 四、民营经济高质量发展的监督保障

进一步加大监督保障和统筹协调力度。各级党委和政府要切实加强对推动民营经济发展的指导，完善相关工作机制，强化统筹协调与服务。加强民营企业党建，不断扩大党的组织与工作覆盖面。

首先，将有关高质量发展的各项指标纳入全省民营企业目标考核体系。对标年度目标任务，对相关部门的评价工作进行考核督查，包括组织计划、项目实施、执行开展和收尾总结、落地成效方面。建立企业高质量发展评价相关政策落实效果的考核体系。以地、市、州为平台，政府统筹，对口支持百强企业，民营办、统战部、经信委、财税、环保、电力等部门进行信息反馈和考核督促检查。

其次，建立民营企业点评政府有关职能部门的机制，对于民营企业举报的合理合法问题处理不当、政策落实不到位等问题，要告知并追究相关责任单位及负责人的责任，建立促进民营经济良性发展的软环境评估机制。

最后，加大激励考核力度，加强民营经济发展工作考核，将民营经济发展状况列入地方政府激励考核事项和干部考核，推动四川省民营经济的健康、高质量发展。

综上所述，新时代下，要全面贯彻党中央、国务院和省委、省政府部署安排，进一步推动促进民营经济发展系列政策落地落细落实，推动破解当前面临的突出问题，促进公平准入、强化要素支持、加强法治保障、优化涉企服务、营造良好氛围，从而激发民营经济发展的活力和动力。

# 第八章　研究结语

## 第一节　研究结论

### 一、我国民营经济高质量发展要求：深刻领会"两个健康"的理论内涵

改革开放以来，党和国家出台了一系列关于非公有制经济发展的政策措施，总结起来则是"两个健康"。"两个健康"的理论内涵主要包括民营经济健康发展和民营经济人士健康成长两个方面。"两个健康"既是重大经济问题，又是重大政治问题；既是重大实践问题，又是重大理论问题。

促进民营经济健康高质量发展，体现了"两个毫不动摇"中关于民营经济既要鼓励支持，又要引导的思想。同时，单纯提促进民营经济健康发展并不充分，还要促进民营经济人士健康成长。理解"两个健康"的时代背景应将其放在我国经济发展转入高质量发展阶段的现实背景中统筹规划。基于中央导向，"两个健康"也是促进共同富裕的重要手段。

### 二、我国民营经济健康高质量发展态势：成绩与问题并存

随着中国经济步入高质量发展阶段，我国民营经济取得了"56789"的改革贡献，在量、质、动能和地位诸多方面取得新发展格局。成绩主要包括数量规模持续增长、发展质量持续向好、发展动能不断增强、发展价值被广泛认可。

然而当前世界经济下行风险加剧，不稳定、不确定因素显著增多，同时受国内经济下行等外部制约，以及企业自身内部管理、资源要素配置不足等限制，较难实现有效率、高水平的"质升量长"。其主要表现在：一是内生要素不足，包括市场准入、土地、资金、人才等要素困难。二是外部环境制约。部分地方惠企政策准入门槛设置较高，国家产业分工布局锁定，使民营企业技术创新和高质量发展受到阻碍。

研究表明，民营企业高质量发展的制约因素主要集中在以下几个方面：民营企业经济效益滑坡明显，产业结构缺乏合理性，融资困难问题突出，拖欠账款回

收难度大，高素质人才较为缺乏，民营企业诚信经营有待提高。

### 三、四川民营经济健康高质量发展态势：企业与企业家的核心能力有待提升

本书以四川部分民营企业与企业家为样本案例，探讨了当前高质量发展的主要态势，重点剖析了当前面临的困境、时代契机与主要挑战，从而为我国民营经济的发展研究提供理论和实践支撑。

从企业发展来看，研究表明近年来四川民营企业整体规模实力稳定增长，营业收入总额持续增长，资产总额有所增加，产业与行业结构进一步优化。从经济效益来看，利润水平大幅提升，增速不断加快；盈利能力显著提高；资产效率与营运能力逐步改善；数字化转型升级取得初步成效，创新能力稳步提升。2023年四川民营企业百强与科研院所、高等院校合作情况从总体看呈现增强的态势。从企业竞争力来看，四川百强民营企业中企业规模竞争力分布较为不均衡。

但部分问题仍制约着民营企业的壮大发展，主要表现在：①企业总体实力弱："领航"企业、单项冠军企业和"专精特新"企业较少，产业引领带动能力不强；地区间的发展极不均衡。②企业技术创新能力的缺失表现为自主创新、成果转化和数字化转型的相对滞后。③企业发展结构不优，先进制造业多处于产业链、价值链的中低端。④企业现代化管理制度不够健全；企业发展环境有待改善；金融支持的获取渠道不畅通，招工难、人才短缺与流失的问题仍然比较突出；税费和成本负担仍然较重，市场公平准入难度较大。⑤部分地区政府的理政思路未能跟上经济发展步伐，存在行政垄断等现象。因此，探究四川民营企业高质量发展及其评价体系势在必行，企业需积极提升自身核心竞争力与发展力，以促进四川省经济的转型升级和高质量发展。

同时，民营企业家健康成长也面临多元挑战：一是理念转变的挑战。当前只有具备创新发展、绿色可持续等经营思想，才能促进企业高质量发展。二是企业代际传承问题。职业经理人制度不够完善，创二代的健康成长直接影响未来企业可持续发展。三是政商关系问题。民营企业家社会地位不高、政商关系存在部分扭曲。新时代重塑政商关系是民营企业家健康成长的关键。

从四川民营企业家队伍来看，总体扛起了"传承、接力"的高质量发展重任。一方面，以刘永好、刘汉元为代表的传统企业家，以"坚韧不拔、锲而不舍"精神，秉持"筑基立业、守正创新"理念实现转型与升级。另一方面，新生代创业者逐渐展现"新兴"特质，拥有较强专业知识储备和学习能力，且敢于突

破传统束缚，推出具有颠覆性的产品和服务。

但新时代企业家健康成长中存在"三个不足"。一是发展信心不足。调查显示，企业家对宏观预期持乐观态度的不足，有的处于艰难求生状态，有的奉行"躺平心态"、享受"佛系人生"。二是理性思考不足。社会负面情绪对民营企业家思想冲击很大，心生疑虑、思想波动。三是应对能力不足。部分企业家没有践行新发展理念，风险管控能力弱，盲目加杠杆、扩规模导致企业资金链断裂；有的对国情认识不深、社会阅历不足，战胜艰难困苦的意志力不强。

### 四、民营经济健康高质量发展的评价：多指标纬度并行

本书依据科学性、典型性、可比性、可操作性和可量化的原则，依据"两个健康"的内涵维度，构建了四川民营经济高质量发展综合评价体系，包括民营企业健康发展和企业家健康成长的评价。同时，本书采用文献研究、访谈调研、专家研讨、定量统计等方法，以确保体系构建的合理与先进。

具体而言，民营企业健康发展的质量评价体系由"党建引领、经济贡献、产业升级、创新驱动、营商环境、社会责任"6个一级指标，"乡村振兴带动、数字经济增长、工商联动协同"等26个二级指标以及77个三级指标构成；民营企业家健康成长的质量评价由思想政治、法律道德素养、身心素质、综合能力、企业家精神、社会担当6个一级指标构成，下设政治担当、战略谋划、危机管理等23个二级指标。该指标体系对于评价民营经济的健康高质量发展情况提供了理论依据与评价标准。

### 五、民营经济健康高质量发展的策略与保障：多管齐下

当前经济新问题新挑战与新趋势新变化叠加，面对经济"稳""进""立"的总要求，民营经济高质量发展需要地方政府、民营企业与企业家等通力合作，用新发展理念引领高质量发展，大力推动新质生产力发展和培育新发展动能，循新出发、向质而行。政府部门需要把握大势、惠企纾困，民营企业也要自我修炼、转型升级，企业家需要增强信心、轻装上阵。

1. 政府层面：因势利导把握发展"方向盘"

政府部门要把握发展方向，用高水平的"后勤保障"，切实为民营企业的发展排忧解难、添薪续力，让第一生产力、第一资源、第一动力相互促进催化。具体而言：

（1）优化营商环境，为企业保持定力担当"守护者"。持续破除市场准入壁垒，切实做好舆论引导宣传，落实公平公开的市场竞争制度，提供公正规范的法

治化保障，营造"鼓励创新、宽容失败"的舆论氛围，确保营商环境的公正、透明、稳定和可预期。

（2）强化政策支持，为企业稳定预期送上"定心丸"。全面梳理修订涉企法律法规政策，推进民营经济促进法立法进程。依法准确审慎适用涉产权强制性措施，依法保护企业家合法权益。以发展的眼光客观看待"不规范经营"等问题，加大对所在企业原始创新的保护力度。以政策及制度的连续性、稳定性来确保企业家的"安全感"与"归属感"。

（3）加强帮扶力度，为四川企业破解难题注入"强心针"。一要推动金融资源的配置，削平企业融资"高山"。二要优化聚才用才机制，构筑人才"金山"。三要鼓励企业激发唯质求新能力，筑造创新"火山"。鼓励川商把握发展新质生产力的实践要求，竞逐未来产业新赛道。

（4）搭建共享平台，为企业抱团共赢提供"资源池"，打通民众与企业家沟通渠道。

2. 民营企业层面：坚持转型升级拓宽高质量发展路径

民营企业要以新质生产力为发展导向，结合资源优势和现实需求，着力通过创新协同、绿色低碳、数字转型、共同富裕等方面拓宽发展路径。具体而言：

（1）提升企业在科技创新中的自主地位。构建以创新为主导的现代产业体系，并增强体系协同高效、深度融合。特别是以国家战略需求为导向，开展原创性和引领性的科技攻关。

（2）坚持企业"绿色低碳化"发展。关注产品的可持续性和环保性，着力打造"绿色智慧工厂"，实现碳达峰碳中和目标。

（3）实现数字化、智能化的转型升级。注重数字化与智能化转型升级，在关键核心技术上取得突破性进展，实现企业生产精细化管理。

（4）积极承担"共同富裕"的社会责任。通过"两个健康"的创建，实现高层次、大范围的共同富裕。促进农村平台与共享经济健康发展，引导社会资本进一步扩大对养老、医疗教育等民生领域的投资。

3. 民营企业家层面：苦修内功，当好自我成长的"答卷人"

作为建设现代化经济体系和推动高质量发展的生力军，民营企业家要以打造一支面向未来堪当大任的民营企业家队伍为主要目标，从自身健康能力发展和企业家精神培育方面着手。具体而言：

（1）提升健康成长的多维能力。主要包括思想政治坚定、道德素养高尚、身心素质全面、综合能力卓越等方面。重点培养"终身学习"理念，建立系统化知识管理体系，提升识人用人能力。特别是紧跟数字化发展趋势，提高"数实融合""智改数转"环境的领导能力，提高企业风险的研判和应对能力。

（2）弘扬企业家精神。强化主体意识，积极弘扬"明达有信、包容有义、拓创有韧、务实有乐"的企业家人文精神。重点倡导精益求精的工匠精神，坚持守正创新和适度冒险，敢于进入新市场或尝试新模式。

（3）勇担社会责任。以身作则树立正面形象、引领行业发展，将公益活动纳入企业文化和战略规划，提升企业的社会形象和责任感。

# 第二节　研究不足与展望

## 一、研究的主要不足

本书的研究主要采用文献研究法、访谈法和案例分析法。在梳理和总结相关文献的基础上，根据民营经济"两个健康"建设的相关要求，结合四川部分区县的民营经济发展实际，对四川民营经济高质量发展进行了初步分析，对于四川民营经济高质量发展提供了一定的参考。但因客观环境及研究能力的局限，本书仍在研究方法与研究样本方面存在不足，需要进一步加以完善。

首先，研究样本量较为有限。本书的研究数据主要通过百强民营企业、代表性企业家的调查问卷方式获取。其次，研究地区较为单一。重点以成都新津、四川乐山等"两个健康"示范地区为案例进行评价，深入访谈的企业达60家左右，回收问卷约200份，但显示结果是否覆盖四川省民营企业高质量发展的一般性特征还有待验证。

## 二、研究的未来展望

基于上述研究存在的不足之处，在今后研究中将从以下几个方面进一步探索。

首先，为了提高测评的准确性，需要扩大样本量，应用更多的数据进行分析，提高数据的可靠性和代表性。其次，为了提高研究成果的科学性，还需要加强对其他地区的民营企业、民营企业家的调查和收集工作。最后，为了更好地推动"两个健康"发展，即民营企业健康发展与民营企业家的健康成长，未来应结合多种研究方法、建立数据统计模型，利用计算机仿真等技术以提高研究的准确性和可靠性，从而为促进民营企业健康发展和民营企业家健康成长提供有力的支持，以支持民营企业转型升级，提升企业可持续发展的价值。

# 参考文献

［1］Anderson R C, Reeb D M. Founding-family ownership and firm performance: Evidence from the S&P 500［J］. The Journal of Finance, 2003, 58（3）: 1301-1328.

［2］Bauer R, Guenster N, Otten R. Empirical evidence on corporate governance in Europe: The effect on stock returns, firm value and performance［J］. Journal of Asset Management, 2004（5）: 91-104.

［3］Bennedsen M, Gonzalez F P, Wolfenzon D. The governance of family firms［J］. Corporate Governance: A Synthesis of Theory, Research, and Practice, 2010: 371-389.

［4］Berrone P, Cruz C, Gomez-Mejia L R. Socioemotional wealth in family firms: Theoretical dimensions, assessment approaches, and agenda for future research［J］. Family Business Review, 2012, 25（3）: 258-279.

［5］Bunnell T, Barter P A, Morshidi S. Kuala Lumpur metropolitan area: A globalizing city-region［J］. Cities, 2002, 19（5）: 357-370.

［6］Burkart M, Panunzi F, Shleifer A. Family firm［J］. Journal of Finance, 2003, 58（5）: 2167-2202.

［7］Cennamo C, Berrone P, Gomez-Mejia L R. Does stakeholder management have a dark side?［J］. Journal of Business Ethics, 2009（89）: 491-507.

［8］Cruz C, Larraza-Kintana M, Garcés-Galdeano L, et al. Are family firms really more socially responsible?［J］. Entrepreneurship Theory and Practice, 2014, 38（6）: 1295-1316.

［9］Gomez-Mejia L R, Patel P C, Zellweger T M. In the horns of the dilemma: Socioemotional wealth, financial wealth, and acquisitions in family firms［J］. Journal of Management, 2018, 44（4）: 1369-1397.

［10］Habbershon T G, Pistrui J. Enterprising families domain: Family-influenced ownership groups in pursuit of transgenerational wealth［J］. Family Business Review, 2002, 15（3）: 223-237.

［11］Hall P. World cities, mega-cities and global mega-city regions［J］. GaWC Annual Lecture, 2004（120）: 101-105.

［12］Hernández-Perlines F, Araya-Castillo L, Millán-Toledo C, et al. Socioemotional wealth: A systematic literature review from a family business perspective［J］. European Research on Management and Business Economics, 2023, 29（2）: 100218.

［13］Kropp Eva. How institutional pressures and systems characteristics shape customer acceptance of smart product-service systems［J］. Industrial Marketing Management, 2020（91）: 468-482.

［14］Kuznets S. Modern economic growth: Findings and reflections［J］. American Economic Review, 1973, 63（3）: 247-258.

［15］Lee J. Family firm performance: Further evidence［J］. Family Business Review, 2006, 19（2）: 103-114.

［16］Linneker B, Spence N. Road transport infrastructure and regional economic development: The regional development effects of the M25 London orbital motorway［J］. Journal of Transport Geography, 1996, 4（2）: 77-92.

［17］Maury B. Family ownership and firm performance: Empirical evidence from Western European corporations［J］. Journal of Corporate Finance, 2006, 12（2）: 321-341.

［18］Pindado J, Requejo I. Family business performance from a governance perspective: A review of empirical research［J］. International Journal of Management Reviews, 2015, 17（3）: 279-311.

［19］Schulze W S, Lubatkin M H, Dino R N, et al. Agency relationships in family firms: Theory and evidence［J］. Organization Science, 2001, 12（2）: 99-116.

［20］Shen G. Reverse-fitting the gravity model to inter-city airline passenger flows by an algebraic simplification［J］. Journal of Transport Geography, 2004, 12（3）: 219-234.

［21］Shleifer A, Vishny R W. A survey of corporate governance［J］. The Journal of Finance, 1997, 52（2）: 737-783.

［22］Steier L P, Chrisman J J, Chua J H. Entrepreneurial management and governance in family firms: An introduction［J］. Entrepreneurship Theory and Practice, 2004, 28（4）: 295-303.

［23］Steier L. Family firms, plural forms of governance, and the evolving role of trust［J］. Family Business Review, 2001, 14（4）: 353-368.

［24］Van Den, Berghe L A A, Carchon S. Corporate governance practices in Flemish family businesses［J］. Corporate Governance: An International Review, 2002, 10（3）: 225-245.

［25］Veneri P. The identification of sub-centres in two Italian metropolitan areas: A functional approach［J］. Cities, 2013（31）: 177-185.

［26］Villalonga B，Amit R. How do family ownership, control and management affect firm value?［J］. Journal of Financial Economics, 2006, 80（2）: 385–417.

［27］Wu Z，Chua J H，Chrisman J J. Effects of family ownership and management on small business equity financing［J］. Journal of Business Venturing, 2007, 22（6）: 875–895.

［28］Xiaohong Chen，Na Yi，Lu Zhang，Dayuan Li. Does institutional pressure foster corporate green innovation? Evidence from China's top 100 companies［J］. Journal of Cleaner Production, 2018（188）: 304–311.

［29］Zellweger T M, Dehlen T. Value is in the eye of the owner: Affect infusion and socioemotional wealth among family firm owners［J］. Family Business Review, 2012, 25（3）: 280–297.

［30］安景文，孟真，梁志霞，等. 京津冀都市圈经济增长收敛性测度［J］. 城市问题，2019，38（4）：66–71+103.

［31］贝洪俊. 民营企业二次创业问题研究——浙江省民营企业二次创业的调查研究［J］. 工业技术经济，2002（4）：2-6.

［32］蔡地，万迪昉. 民营企业家政治关联、政府干预与多元化经营［J］. 当代经济科学，2009，31（6）：17-22+122.

［33］蔡庆丰，田霖，郭俊峰. 民营企业家的影响力与企业的异地并购——基于中小板企业实际控制人政治关联层级的实证发现［J］. 中国工业经济，2017（3）：156-173.

［34］蔡双立，张潇璇，孙芳. 家族企业代际传承中关系网络异化研究［J］. 北京工商大学学报（社会科学版），2012，27（6）：37-43.

［35］曹清尧. 把成渝地区双城经济圈打造成西部高质量发展重要增长极——学习贯彻习近平总书记关于推动成渝地区双城经济圈建设重要指示的几点心得［J］. 经济，2020（4）：38-41.

［36］曹清尧. 成渝城市群一体化发展的战略思考［J］. 经济，2018（14）：74-81.

［37］曹清尧. 打造西部高质量发展重要增长极［J］. 当代党员，2020（9）：48-50.

［38］曹胜，杜裕禄. 新生代民营企业家现状及培养路径研究［J］. 中央社会主义学院学报，2016（2）：110-114.

［39］曹细玉，覃艳华. 民营企业可持续成长能力的灰色评价［J］. 统计与决策，2006（19）：34-35.

［40］曹原源. 通威集团董事局主席刘汉元：突破核心技术，持续领跑光伏领域新赛道［N］. 中华工商时报，2024-07-24（001）.

［41］常建坤. 中国传统文化与企业家创新精神［J］. 经济管理，2006（18）：

77-81.

［42］陈春丽.民营经济及民营经济发展概念初探［J］.特区经济，2007（7）：96-98.

［43］陈寒松.基于生命周期的创业精神研究［J］.商业时代，2007（29）：45-47.

［44］陈剑.论民营经济可持续发展战略——从知识经济时代的人力资源管理视角看［J］.科学·经济·社会，2005（1）：51-54.

［45］陈健.我国民营经济促进共同富裕的难点及其化解［J］.云南师范大学学报（哲学社会科学版），2022，54（4）：62-72.

［46］陈劲，张月遥，阳镇.共同富裕战略下企业创新范式的转型与重构［J］.科学学与科学技术管理，2022，43（2）：49-67.

［47］陈晶瑛，单明.民营企业家素质问题分析与对策研究［J］.企业活力，2006（10）：50-51.

［48］陈林.成渝双城经济圈将成第四级［J］.宁波经济（财经视点），2021（12）：20.

［49］陈林会，刘青.成渝地区双城经济圈体育产业融合发展研究［J］.经济体制改革，2020（6）：57-63.

［50］陈林荣.独立董事对家族高管薪酬治理效应分析［J］.上海管理科学，2012，34（3）：89-94.

［51］陈凌，陈华丽.家族企业主的政治联系、制度环境与慈善捐赠——基于全国私营企业调查的实证研究［J］.华东经济管理，2014，28（1）：1-6+184.

［52］陈仁荣，钱祚胤.基于个体视角的新生代企业家成长对策研究——以绍兴地区为例［J］.绍兴文理学院学报（哲学社会科学版），2011，31（1）：51-56.

［53］陈姝，陈芳.新生代民营企业家培育的路径选择［J］.理论导报，2013（12）：31-32.

［54］陈姝宇.互联网企业家解读工匠精神——专访"疯狂APP"80后创始人李翔［J］.职业，2016（19）：12-13.

［55］陈爽英，井润田，龙小宁，等.民营企业家社会关系资本对研发投资决策影响的实证研究［J］.管理世界，2010（1）：88-97.

［56］陈涛，唐教成.高等教育如何推动成渝地区双城经济圈发展——高等教育集群建设的基础、目标与路径［J］.重庆高教研究，2020，8（4）：40-57.

［57］陈伟俊.以"两个健康"引领民营经济高质量发展［N］.人民日报，2018-10-18（10）.

［58］陈云娟.企业家精神与民营企业创新动力机制研究——以浙商为例［J］.经济纵横，2010（4）：63-66.

［59］陈云娟.我国家族企业管理模式的现状及转型研究——以浙江家族企

业为例 [J]. 工业技术经济, 2010, 29 (2): 37-41.

[60] 陈钊, 陆铭, 何俊志. 权势与企业家参政议政 [J]. 世界经济, 2008 (6): 39-49.

[61] 陈钊, 王旸, 黄伟. 中国的企业在尽怎样的社会责任——来自民营部门调查的证据 [J]. 学术月刊, 2016, 48 (3): 37-47.

[62] 陈昭, 刘映曼. 政府补贴、企业创新与制造业企业高质量发展 [J]. 改革, 2019 (8): 140-151.

[63] 成宛芸. 利益相关者视角下企业高质量发展评价指标体系探究 [J]. 中国集体经济, 2021 (17): 51-52.

[64] 程霖, 刘凝霜. 经济增长、制度变迁与"民营经济"概念的演生 [J]. 学术月刊, 2017, 49 (5): 59-73.

[65] 程苗. 数字化背景下文化企业高质量发展的内涵构建与路径选择研究 [J]. 中外企业文化, 2021 (5): 38-39.

[66] 程钰, 刘雷, 任建兰, 等. 济南都市圈交通可达性与经济发展水平测度及空间格局研究 [J]. 经济地理, 2013, 33 (3): 59-64.

[67] 程子潇. 国有施工企业高质量发展评价指标体系研究 [J]. 企业改革与管理, 2020, 367 (2): 224-226.

[68] 代明, 郑闽. 企业家创业、创新精神与全要素生产率增长——基于中国省际面板数据的实证分析 [J]. 科技管理研究, 2018, 38 (1): 156-162.

[69] 戴国宝, 王雅秋. 民营中小微企业高质量发展: 内涵、困境与路径 [J]. 经济问题, 2019 (8): 54-61.

[70] 邓建平, 饶妙, 曾勇. 市场化环境、企业家政治特征与企业政治关联 [J]. 管理学报, 2012, 9 (6): 936-942.

[71] 邓俊荣, 张宁, 刘喜梅. 民营企业家社会资本与企业成长研究 [J]. 商业研究, 2012 (5): 31-37.

[72] 邓良. 产业转型期新型企业家培育问题研究——基于广东省非公有制经济"创二代"现状调查与培育引领问题的研究 [J]. 经济体制改革, 2014 (2): 117-121.

[73] 翟琨, 卢加强, 李后强. 成渝地区双城经济圈一体化"化学键"形成探析——基于轴心论的视角 [J]. 中国西部, 2020 (1): 1-10.

[74] 丁一文. 国外首都圈发展规律及其对我国"首都经济圈"建设的启示 [J]. 河南大学学报 (社会科学版), 2013, 53 (4): 63-73.

[75] 董辅礽. 市场经济漫笔 [M]. 南宁: 广西人民出版社, 1999: 23.

[76] 董志愿, 张曾莲. 政府审计对企业高质量发展的影响——基于审计署央企审计结果公告的实证分析 [J]. 审计与经济研究, 2021, 36 (1): 1-10.

[77] 窦军生, 贾生华. "家业"何以长青?——企业家个体层面家族企业代

际传承要素的识别［J］.管理世界，2008（9）：105–117.

［78］窦军生，王宁，张玲丽.家族涉入对企业多元化及其价值效应的影响研究［J］.南方经济，2017（3）：1–22+120.

［79］杜传忠，郭树龙.经济转轨期中国企业成长的影响因素及其机理分析［J］.中国工业经济，2012（11）：97–109.

［80］段小梅，黄志亮.成渝地区统筹城乡发展的典型模式及经验借鉴［J］.软科学，2009，23（2）：97–100.

［81］方创琳，张永姣.中国城市一体化地区形成机制、空间组织模式与格局［J］.城市规划学刊，2014（6）：5–12.

［82］方晓霞，李晓华.颠覆性创新、场景驱动与新质生产力发展［J］.改革，2024（4）：31–40.

［83］房红，顾福珍."成渝地区双城经济圈"建设背景下四川省康养产业发展对策研究［J］.商业经济，2020（12）：35–37+180.

［84］付朋霞，刘青松.中小企业高质量发展评价体系构建［J］.信息通信技术与政策，2020（5）：83–86.

［85］傅宁.浅析工匠精神与创新精神的对立统一关系［J］.四川省社会主义学院学报，2018（1）：50–52.

［86］高金德.地方民营经济发展与公有中小企业改革——以汕头特区为例［J］.开放导报，2000（6）：16–18.

［87］高静.创二代接班：成长的烦恼［J］.光彩，2011（12）：10–12.

［88］葛建华，王利平.财富、权利与声望：民营企业家行动的制度分析与实证研究［J］.经济理论与经济管理，2010（10）：74–80.

［89］葛永盛，张鹏程.家族企业股权融资偏好及治理效应的实证研究［J］.科研管理，2014，35（9）：87–97.

［90］耿新，张体勤.企业家社会资本对组织动态能力的影响——以组织宽裕为调节变量［J］.管理世界，2010（6）：109–121.

［91］关邨.践行习近平经济思想，坚持"两个毫不动摇"——《习近平谈治国理政》学习笔记［J］.中关村，2022（8）：88–90.

［92］官卫华，叶斌，周一鸣，等.国家战略实施背景下跨界都市圈空间协同规划创新——以南京都市圈城乡规划协同工作为例［J］.城市规划学刊，2015，59（5）：57–67.

［93］郭朝先，李成禅.新中国成立70年来我国民营企业发展成就及未来高质量发展策略［J］.企业经济，2019（9）：14–23.

［94］郭敬生.论民营经济高质量发展：价值、遵循、机遇和路径［J］.经济问题，2019（3）：8–16.

［95］郭钇杉.积极践行"两个健康"扎实助力共同富裕［N］.中华工商时

报，2021-11-25（2）.

［96］郭毅，朱熹.企业家的社会资本——对企业家研究的深化［J］.外国经济与管理，2002（1）：13-16+39.

［97］海楠.新希望集团：怀"大家"精神走发展"正道"［N］.中华工商时报，2023-10-17（1）.

［98］韩艳红，陆玉麒.南京都市圈可达性与经济联系格局演化研究［J］.长江流域资源与环境，2014，23（12）：1641-1648.

［99］韩云.从经营机制角度界定民营经济概念——兼对几种界定观点的评析［J］.桂海论丛，2001（6）：59-60.

［100］郝项超，张宏亮.政治关联关系、官员背景及其对民营企业银行贷款的影响［J］.财贸经济，2011（4）：55-61.

［101］何芳英.发展民营经济需拓宽民营企业的融资渠道［J］.企业技术开发，2004（6）：53-54.

［102］何镜清，李善民，周小春.民营企业家的政治关联、贷款融资与公司价值［J］.财经科学，2013（1）：83-91.

［103］何潇.我国民营企业家的素质现状及提高途径［J］.吉首大学学报（社会科学版），2009，30（3）：124-128.

［104］何轩，陈文婷.家族企业家工具理性与治理行为的选择［C］//中国社会心理学会.中国社会心理学会2008年全国学术大会论文摘要集.中山大学管理学院，中国家族企业研究中心（中山大学），东北财经大学工商管理学院，2008：94.

［105］何轩，马骏.党建也是生产力——民营企业党组织建设的机制与效果研究［J］.社会学研究，2018，33（3）：1-24+242.

［106］贺铿.诚信和工匠精神是企业家精神的基石［J］.中国商界，2018（6）：26.

［107］贺晓宇，沈坤荣.现代化经济体系、全要素生产率与高质量发展［J］.上海经济研究，2018（6）：25-34.

［108］贺正楚，张良桥."泛珠三角经济圈"区域经济合作的稳定性［J］.经济地理，2006（6）：912-914.

［109］洪成文，梁显平，韩少秀.成渝地区双城经济圈高等教育的超常规发展战略［J］.重庆高教研究，2020，8（4）：71-79.

［110］侯冠宇，张震宇.营商环境助推民营企业发展：历史、现实与路径［J］.重庆社会科学，2024（8）：29-43.

［111］胡金焱.扎实推进民营经济健康发展、高质量发展［J］.理论导报，2023（4）：40-42.

［112］胡静波.为了生活更美好——通威集团"双绿色发展"之路［J］.中

华环境，2019（1）：63-65.

［113］胡万钦，蒋泳．论民营企业家的"人本"创业精神［J］.零陵学院学报，2005（3）：106-108.

［114］胡旭阳，吴一平．创始人政治身份与家族企业控制权的代际锁定［J］.中国工业经济，2017（5）：152-171.

［115］胡旭阳．民营企业家的政治身份与民营企业的融资便利——以浙江省民营百强企业为例［J］.管理世界，2006（5）：107-113+141.

［116］胡序威，周一星．中国沿海城镇密集地区空间积聚与扩散研究［M］.北京：科学出版社，2000.

［117］黄嘉怡，张素红，陈听，等．我国新质生产力对经济发展的影响［J］.合作经济与科技，2024（21）：4-8.

［118］黄孟复．中国民营经济史·大事记［M］.北京：社会科学文献出版社，2009.

［119］黄孟复．中国民营经济史·纪事本末［M］.北京：中华工商联合出版社，2010.

［120］黄伟，陈钊．民营企业参与慈善捐赠的政治激励——兼论第三次分配的机制设计［J］.经济社会体制比较，2022（4）：40-52.

［121］黄文夫．澄清民营经济的概念［J］.中共石家庄市委党校学报，2001，3（3）：26.

［122］黄文夫．对民营经济性质与概念的界定［J］.经济研究参考，2000（25）：41.

［123］黄文夫．走向 21 世纪的中国民营经济［J］.管理世界，1999（6）：135-143.

［124］黄欣．以民营经济高质量发展扎实推进共同富裕［J］.科技和产业，2024，24（17）：55-62.

［125］黄新华，韩笑．在高质量发展中促进共同富裕的实现路径研究［J］.海南大学学报（人文社会科学版），2022，40（2）：118-125.

［126］贾志强．党建引领促民营企业协调发展［J］.共产党员（河北），2019（6）：31-32.

［127］简冠群．企业参与实现共同富裕的理论及框架构建［J］.广东财经大学学报，2022，37（5）：31-42.

［128］江怡．民营经济发展体制与机制研究［M］.杭州：浙江大学出版社，2016.

［129］江云．打造高素质的新时代民营企业家队伍［N］.四川政协报，2023-09-26（2）.

［130］姜力．新世纪 10 年新的社会阶层人士理论及实践的新发展［J］.吉林省社会主义学院学报，2010（3）：28-33.

［131］姜卫韬.中小企业自主创新能力提升策略研究——基于企业家社会资本的视角［J］.中国工业经济，2012（6）：107-119.

［132］蒋春燕，赵曙明.社会资本和公司企业家精神与绩效的关系：组织学习的中介作用——江苏与广东新兴企业的实证研究［J］.管理世界，2006（10）：90-99+171-172.

［133］蒋华林.推动成渝地区双城经济圈高等教育一体化发展的思考［J］.重庆高教研究，2020，8（4）：58-70.

［134］蒋勤峰，王重鸣，田晓明.基于内创业的组织内部创新机制设计［J］.中国人力资源开发，2007（11）：31-34.

［135］蒋学基，曹伟.新生代企业家价值取向与政治引导研究——基于浙江省的实证调查［J］.中央社会主义学院学报，2016（1）：77-82.

［136］蒋沂峻，潘宸谊.新生代企业家政治行为与跨代创业研究［J］.现代商业，2018（10）：96-97.

［137］蒋永穆，李想.川渝黔经济一体化助推成渝地区双城经济圈建设研究［J］.西部论坛，2020，30（5）：43-56.

［138］焦康乐，李艳双，胡望斌.家族企业传承模式选择动因研究——基于社会情感财富视角［J］.经济管理，2019，41（1）：71-88.

［139］康钰，何丹.分与合：历史视角下的成渝地区发展演变［J］.现代城市研究，2015，30（7）：45-51.

［140］柯江琴.新常态下民营企业家素质提升的策略研究［J］.现代经济信息，2017（12）：47+49.

［141］寇敏芳.四川制造业"智改数转"催生转型升级新动能［N］.四川日报，2024-05-11.

［142］隗斌贤.新时代民营经济"两个健康"的理论与实践探索［J］.治理研究，2019，35（2）：19-30.

［143］雷汉云，李棋，玉素甫·阿布来提.金融科技促进经济高质量发展的理论逻辑与实践路径［J］.新疆财经，2023（4）：37-47.

［144］李代红，牛丽琴，李苑凌.中国成功民营企业家素质特征研究［J］.企业活力，2006（7）：52-53.

［145］李东升.中国企业治理转型的演进路径研究［J］.首都经济贸易大学学报，2010（2）：54-58.

［146］李庚寅，王孝仙.家族企业中的信任机制、效用与信息成本［J］.财经研究，2004（7）：113-120.

［147］李海舰，杜爽.企业社会责任与共同富裕关系研究［J］.东南学术，2022（5）：125-140+247.

［148］李宏彬，李杏，姚先国，等.企业家的创业与创新精神对中国经济增

长的影响［J］.经济研究，2009，44（10）：99-108.

［149］李后强，石明，李海龙.成渝地区双城经济圈"圈群"特征探析［J］.中国西部，2020（5）：1-10.

［150］李辉，张晓明.中小企业家社会资本、自主创新能力与企业绩效——来自陕西省中小企业的经验研究［J］.中国科技论坛，2013（6）：135-142.

［151］李健，陈传明，孙俊华.企业家政治关联、竞争战略选择与企业价值——基于上市公司动态面板数据的实证研究［J］.南开管理评论，2012，15（6）：147-157.

［152］李健，陈传明.企业家政治关联、所有制与企业债务期限结构——基于转型经济制度背景的实证研究［J］.金融研究，2013（3）：157-169.

［153］李静娥.民营经济概念的发展历程及界定［J］.特区经济，2006（5）：80-81.

［154］李凯，刘涛，曹广忠.城市群空间集聚和扩散的特征与机制：以长三角城市群、武汉城市群和成渝城市群为例［J］.城市规划，2016，40（2）：18-26+60.

［155］李粮.同事关系与企业高质量发展——基于非正式制度视角的研究［J］.经济问题，2021（9）：83-96.

［156］李娜，王宣喻.制度视角的家族治理与企业绩效研究——来自中德上市家族企业的对比证据［J］.南方经济，2014（10）：82-99.

［157］李启字，张文秀.城乡统筹背景下农户农地经营权流转意愿及其影响因素分析：基于成渝地区428户农户的调查数据［J］.农业技术经济，2010（5）：47-54.

［158］李茜.着力打造"五个一"营商环境 全力推进民营经济绿色高质量发展［N］.闽北日报，2023-10-21（1）.

［159］李强."万人助万企"与培养企业家精神［J］.法制博览，2020（17）：103-104.

［160］李帅，彭震伟.信息流视角下的成渝城市群空间组织特征及其规划探讨——基于百度指数的城市网络研究［J］.西部人居环境学刊，2020，35（6）：49-57.

［161］李维安，等.中国民营经济制度创新与发展［M］.北京：经济科学出版社，2009.

［162］李维安，王辉.企业家创新精神培育：一个公司治理视角［J］.南开经济研究，2003（2）：56-59.

［163］李伟铭，崔毅.论民营企业二次创业的战略转型［J］.科技管理研究，2008，28（12）：312-313.

［164］李先军.供给侧结构性改革背景下中小企业内创业研究：模式选择与

路径设计［J］.商业研究，2017（10）：107-115.

［165］李迅.论成渝经济区形成及发展的基础［J］.现代企业文化，2008（6）：22-23.

［166］李洋，乔薇.四川推出促进民营经济发展"1+2"政策［N］.四川经济日报，2023-07-07.

［167］李翼恒.基于高质量发展的国有企业绩效评价改革探究［J］.科技经济市场，2020（5）：91-93.

［168］李勇.经济转型期民营企业家素质问题探讨［J］.中共青岛市委党校（青岛行政学院）学报，2007（6）：59-61.

［169］李月起.新发展理念下成渝城市群府际合作治理模式探索［J］.中国行政管理，2018，395（5）：155-157.

［170］李中."两个健康"蓝皮书发布［N］.温州日报，2021-11-01（2）.

［171］厉以宁.中国道路与民营企业高质量发展［J］.宏观质量研究，2020，8（2）：1-8.

［172］廉军伟，曾刚，滕堂伟.基于经济联系强度的中心城市功能扩散差异性研究——以杭州都市圈中心城市与紧密层城市为例［J］.地域研究与开发，2017，36（6）：54-58.

［173］梁菲.经济新常态下我国民营企业发展困境及转型研究［J］.财经界，2019（23）：15.

［174］梁雅楠，张成，王小广.以新质生产力赋能民营企业转型发展：困境、溯源和对策［J］.当代经济管理，2024（9）：1-12.

［175］梁子川，郭清梅.新生代民营企业家成长规律及其政治引导［J］.河北省社会主义学院学报，2019（3）：78-84.

［176］廖乐焕.民营经济概念考察［J］.晋阳学刊，2006（5）：61-64.

［177］廖世福.突破成长极限——民营企业可持续发展战略［J］.经营与管理，2005（11）：31-32.

［178］林国华.新生代民营企业家代表人士政治思想引导研究——以山东省为例［J］.新丝路（下旬），2016（8）：84-86.

［179］林雪芬，陈仪.新时代民营经济高质量发展的结构性冲击与风险防范［J］.新视野，2020（4）：32-38.

［180］林毅夫.有为政府应做到"因势利导"和"反弹琵琶"［J］.廉政瞭望，2020（14）：40-41.

［181］刘大明，陈钦，孙立定.加强对新生代企业家的培养［J］.江苏政协，2010（3）：43-44.

［182］刘海建.克服转型期民企发展的管理障碍［J］.中国人力资源开发，2003（8）：44-45.

［183］刘昊，祝志勇.成渝地区双城经济圈劳动力市场一体化及其影响因素研究［J］.软科学，2020，34（10）：90-96.

［184］刘灏萱.习近平关于经济高质量发展的重要论述研究［D］.昆明：昆明理工大学硕士学位论文，2023.

［185］刘和旺，袁震宇，郑世林."一带一路"倡议对中国企业高质量发展的影响研究［J］.湘潭大学学报（哲学社会科学版），2021，45（5）：44-50.

［186］刘宏.民营经济的概念、范围及特点［J］.湖湘论坛，1997（4）：27-28.

［187］刘怀山.中国民营经济发展模式的制度经济学分析［D］.西安：西北大学硕士学位论文，2009.

［188］刘剑虹.民营企业家的代际传承与区域教育现代化的策略调整——基于浙商的分析［J］.高等教育研究，2008（3）：46-50.

［189］刘婕.向"智改数转"进军 四川工业经济蓄势腾飞添新动力［N］.四川经济日报，2024-02-18.

［190］刘戒骄.增强要素流动促进民营经济高质量发展［J］.经济纵横，2019（4）：45-51+2.

［191］刘林.基于信号理论视角下的企业家政治联系与企业市场绩效的关系研究［J］.管理评论，2016，28（3）：93-105.

［192］刘凝霜.新中国民营经济思想研究（1949—2019）［M］.北京：经济科学出版社，2019.

［193］刘世庆.成渝经济区建设研究：川渝毗邻地区的发展差距与合作策略［J］.经济体制改革，2008（1）：137-141.

［194］刘思聪.成功民营企业家基本素质分析［J］.内蒙古社会科学（汉文版），2003（4）：102-106.

［195］刘泰山.四川出台"1＋2"政策组合拳促进民营经济高质量发展［N］.成都日报，2023-07-07.

［196］刘现伟，文丰安.新时代民营经济高质量发展的难点与策略［J］.改革，2018（9）：5-14.

［197］刘小差，冯瑜.统筹成渝双城经济圈产业要素合理流动和高效集聚［J］.中国发展观察，2020（12）：51-55.

［198］刘志彪，王建国.工业化与创新驱动：工匠精神与企业家精神的指向［J］.新疆师范大学学报（哲学社会科学版），2018，39（3）：34-40+2.

［199］卢海佩，钱翀.以"两个健康"引领温州民营经济高质量发展的策略研究［J］.农家参谋，2019（24）：183-184.

［200］卢红.民营企业家素质面临新的挑战［J］.企业活力，2003（10）：58-59.

［201］卢艳.围绕经营抓党建　抓好党建促经营——关于民营企业党建工作的思考［J］.人才资源开发，2016（20）：70.

［202］卢中辉，余斌，刘传明，等.都市圈边缘城市经济联系格局及发展策略研究［J］.长江流域资源与环境，2016，25（3）：365-374.

［203］陆汉蓬.我国国有企业经营业绩考核指标问题探析——基于高质量发展背景［J］.北方经贸，2021（11）：137-138.

［204］栾强，罗守贵，郭兵.都市圈中心城市经济辐射力的分形测度及影响因素——基于北京、上海、广州的实证研究［J］.地域研究与开发，2016，35（4）：58-62.

［205］罗锋.基于社会资本视角的民营企业可持续成长机理研究［J］.经济问题探索，2008（8）：114-118.

［206］罗守贵，金芙蓉，黄融.上海都市圈城市间经济流测度［J］.经济地理，2010，30（1）：80-85.

［207］罗永宽，杨娇.学习贯彻习近平总书记促进民营经济高质量发展的重要论述［J］.上海经济研究，2023（12）：5-15.

［208］罗永禄.民营企业家素质建设中存在的问题及提升策略［J］.中国西部科技，2006（29）：72-74.

［209］马茹，罗晖，王宏伟，等.中国区域经济高质量发展评价指标体系及测度研究［J］.中国软科学，2019，343（7）：60-67.

［210］马腾跃.“渔光一体”绘就绿色画卷——通威股份践行 ESG 打造可持续美好生活［J］.中国金融家，2023（12）：74-75.

［211］马卫寰.改善民营经济发展的外部环境［J］.改革与理论，2002（5）：31-32.

［212］毛泽东.毛泽东选集（第四卷）［M］.北京：人民出版社，1991：1255-1256.

［213］茅于轼，张玉仁.中国民营经济的发展与前景［J］.国家行政学院学报，2001（6）：43-49.

［214］苗莉.基于企业内创业的企业持续成长研究［J］.财经问题研究，2005（2）：68-74.

［215］木志荣.对民营经济概念的修正［J］.云南财贸学院学报，2002（5）：81-85.

［216］倪芳芳.新质生产力赋能共同富裕的价值主体和实践构想［J］.中国商论，2024，33（18）：31-34.

［217］聂辉华，林佳妮，崔梦莹.ESG：企业促进共同富裕的可行之道［J］.学习与探索，2022（11）：107-116+2.

［218］欧进锋，许抄军，刘雨骐.基于“五大发展理念”的经济高质量发展

水平测度——广东省 21 个地级市的实证分析［J］.经济地理，2020，40（6）：77-86.

［219］潘海彦.谈对发展民营经济重要意义的探讨［J］.中小企业管理与科技（下旬刊），2009（5）：134.

［220］潘如龙.民营经济发展的三大新机遇［N］.浙江日报，2023-03-10（4）.

［221］庞森，赵利梅，张正霞，等.天府农博园建设背景下新津数字农业的运用与发展［J］.当代县域经济，2023（5）：48-52.

［222］彭剑锋.数字化：不仅是一种技术变革 更是一场思维革命［J］.中外企业文化，2019（1）：12-21.

［223］彭颖，陆玉麒.成渝经济区经济发展差异的时空演变分析［J］.经济地理，2010，30（6）：912-917+943.

［224］蒲南溪.这里的民营经济占比为何多年居成都第一［N］.四川日报，2024-04-26（6）.

［225］齐嘉.促进我国民营企业高质量发展的政策思路——基于瞪羚企业扶持政策的效应分析［J］.学习与实践，2019（2）：13-19.

［226］钱先航，徐业坤.官员更替、政治身份与民营上市公司的风险承担［J］.经济学（季刊），2014，13（4）：1437-1460.

［227］秦海林.中国民营经济发展模式研究：一个制度理论的解读［D］.长春：吉林大学博士学位论文，2007.

［228］秦鹏，刘焕.成渝地区双城经济圈协同发展的理论逻辑与路径探索——基于功能主义理论的视角［J］.重庆大学学报（社会科学版），2021，27（2）：44-54.

［229］邱凯付，陈少杰，罗彦.治理视角下深圳都市圈协同发展探索［J］.规划师，2020，36（3）：24-30.

［230］裘益明."创二代"民营企业家成长现状及提升策略——基于慈溪市的案例［J］.宁波经济（三江论坛），2014（5）：27-29+26.

［231］任保平，文丰安.新时代中国高质量发展的判断标准、决定因素与实现途径［J］.改革，2018（4）：5-16.

［232］任保平.经济增长质量：理论阐释、基本命题与伦理原则［J］.学术月刊，2012，44（2）：63-70.

［233］任保平.新发展阶段我国区域经济高质量发展的理论逻辑、实践路径与政策转型［J］.四川大学学报（哲学社会科学版），2023（3）：81-90.

［234］阮兢青，陈文标.金融危机下民营企业可持续成长研究［J］.经济论坛，2009（20）：45-47.

［235］尚正.中央经济工作会议指明 2018 年大方向 这些内容与你的投资密切相关［J］.中国外资，2018（1）：22-24.

［236］邵传林，王丽萍.企业家创业精神与创新驱动发展——基于中国省级层面的实证研究［J］.当代经济管理，2017，39（5）：18-23.

［237］沈洪波.弘扬企业家精神，做深化国有企业改革的排头兵［J］.上海企业，2017（11）：11-12.

［238］沈乐平，段静，梁文光，等.国有企业社会责任评价指标体系构建［J］.财会通讯（上），2015（7）：22-26.

［239］沈慎.以"两个健康"助力民营经济做优做强［N］.贵州民族报，2018-10-19.

［240］沈勇涛，陈松，周睿，王红建.利率市场化改革与企业高质量发展——基于信贷资本流向的经验证据［J］.会计与经济研究，2021，35（1）：77-91.

［241］师博，任保平.中国省际经济高质量发展的测度与分析［J］.经济问题，2018，464（4）：1-6.

［242］石大千，胡可，陈佳.城市文明是否推动了企业高质量发展？——基于环境规制与交易成本视角［J］.产业经济研究，2019（6）：27-38.

［243］史榕华.民营企业的"第二次创业"与发展战略［J］.现代经济探讨，2000（10）：33-34.

［244］史晓露.2023年成渝地区双城经济圈GDP突破8万亿元［N］.四川日报，2024-03-06.

［245］史晓露.超四成企业已进行数字化整体布局［N］.四川日报，2023-11-08.

［246］宋宝香，彭纪生.基于角色认知视角的民营企业家素质研究［J］.科技管理研究，2007（10）：224-226.

［247］宋波.长兴培育"创二代"企业家［J］.中国人才，2013（13）：51.

［248］苏启林，朱文.上市公司家族控制与企业价值［J］.经济研究，2003（8）：36-45+91.

［249］苏庆华.从"富二代"到"创二代"［J］.当代经理人，2009（10）：35.

［250］苏显中.四川省民营企业社会责任报告（2023）发布［N］.中华工商时报，2024-01-15.

［251］苏星，杨秋宝.新中国经济史资料选编［M］.北京：中共中央党校出版社，2000.

［252］苏勇，王茂祥.工匠精神的培育模型及创新驱动路径分析［J］.当代经济管理，2018，40（11）：65-69.

［253］孙慧琳，张蓉，崔凯.企业家创新精神与企业财务绩效关系的实证研究［J］.华东经济管理，2015，29（2）：179-184.

［254］孙淑文，王勇.共同富裕中的企业参与：基于制度理论的视角［J］.

西安财经大学学报，2022，35（5）：17–28.

[255] 孙秀峰，宋泉昆，冯浩天.家族企业企业家隐性知识的代际传承——基于跨代创业视角的多案例研究 [J].管理案例研究与评论，2017，10（1）：20–33.

[256] 孙学军.中国上市家族企业治理机制与企业价值关系研究 [J].东岳论丛，2013，34（4）：110–115.

[257] 孙占元，张衍前.民营企业党建工作大有可为——济南高新技术开发区党建工作的调查与思考 [J].理论学刊，2003（6）：87–89.

[258] 谭福龙，王建刚.试论引导非公有制经济人士在创新驱动发展中弘扬企业家工匠精神 [J].经济界，2016（4）：17–21.

[259] 谭力文.有所不为才能更有所为——集中战略与企业的二次创业 [J].中国商办工业，1999（3）：4–6.

[260] 唐剑，何金泉.民营企业党建工作对企业文化影响力研究 [J].西华师范大学学报（哲学社会科学版），2008（6）：41–43.

[261] 田晓霞，程秀生.民营企业家能力的动态变化分析 [J].经济问题探索，2005（10）：47–51.

[262] 王春秀.家族企业控制权安排问题研究：一个文献综述 [J].生产力研究，2012（5）：251–253.

[263] 王风斌.加强民营企业党建工作思考 [J].理论探索，2007（1）：67–69.

[264] 王高哲.新生代民营企业家成长现状与引导 [J].辽宁省社会主义学院学报，2018（2）：82–86.

[265] 王国刚."入世"后民营经济发展中应着力解决的若干问题 [J].中国工业经济，2002（2）：11–19.

[266] 王璜，张聪群.试论民营企业持续性创业 [J].科技与管理，2013，15（2）：77–80.

[267] 王济民，赵奇."管资本"背景下国有企业财务绩效评价指标体系的构建 [J].财务与会计，2016（12）：22–23.

[268] 王昆.浅议民企新生代的政治引导 [J].中共济南市委党校学报，2013（6）：92–94.

[269] 王磊.推动民营经济高质量发展的制度创新研究 [D].北京：中国社会科学院研究生院博士学位论文，2019.

[270] 王磊.新中国 70 年四川省民营经济发展历程及经验启示 [J].邓小平研究，2019（4）：80–90.

[271] 王敏.基于企业家精神视角的中小企业创业创新研究 [J].理论学刊，2012（7）：48–52.

［272］王明琳，周生春.控制性家族类型、双重三层委托代理问题与企业价值［J］.管理世界，2006（8）：83-93+103.

［273］王宁，刘宏伟，龚宇润.新质生产力发展水平测度、动态演进与时空收敛特征［J］.统计与决策，2024（18）：103-108.

［274］王蕾，倪安平.基于知识的企业内部创业支持体系构建［J］.上海管理科学，2007（4）：64-67.

［275］王伟.中国经济高质量发展的测度与评估［J］.华东经济管理，2020，34（6）：1-9.

［276］王文婕，康玉梅.新质生产力、产业结构升级对共同富裕的影响［J］.统计与决策，2024（18）：10-15.

［277］王现宁，罗鑫月，高婷婷.基于效率视角的重庆装备制造业高质量发展内涵及评价维度研究［J］.产业与科技论坛，2021，20（12）：59-60.

［278］王翔鸿，季建华.民营企业在二次创业中的科技创新策略［J］.企业活力，2003（8）：44-45.

［279］王霄，李宗波.家族企业人力资源管理实践研究——基于社会情感财富理论的分析［J］.管理现代化，2013（1）：82-84.

［280］王延荣.基于激励理论的企业内创业机制设计［J］.经济经纬，2005（1）：111-113.

［281］王瑶，黄贤环.企业高质量发展的指标体系构建与实现路径［J］.统计与决策，2021，37（12）：182-184.

［282］王钰兰，魏景赋.基于空间交互理论的成渝经济区范围界定的研究［J］.特区经济，2008（12）：194-195.

［283］王振坡，朱丹，王丽艳.成渝城市群城市规模分布及演进特征研究［J］.西北人口，2018，39（1）：8-14.

［284］王志明，顾海英.家族企业治理的经济学分析——从科斯的交易成本理论说起［J］.价格理论与实践，2003（9）：60-61.

［285］魏春燕，陈磊.家族企业CEO更换过程中的利他主义行为——基于资产减值的研究［J］.管理世界，2015（3）：137-150.

［286］魏江，权予衡."创二代"创业动机、环境与创业幸福感的实证研究［J］.管理学报，2014，11（9）：1349-1357.

［287］魏良益，李后强.从博弈论谈成渝地区双城经济圈［J］.经济体制改革，2020（4）：19-26.

［288］魏宗财，陈婷婷，甄峰，等.对我国同城化规划实施的思考——以《广佛同城化发展规划》为例［J］.城市规划学刊，2014（2）：80-86.

［289］温刚.拓展企业家精神时代内涵　推动企业高质量发展［J］.军工文化，2020（8）：27-29.

［290］吴炳德，陈凌.社会情感财富与研发投资组合：家族治理的影响［J］.科学学研究，2014，32（8）：1233-1241.

［291］吴道友.创业研究新视角：内创业及其关键维度分析［J］.商业研究，2006（11）：20-22.

［292］吴海燕，莫婷婷.浙商二代接班进行时，民企面临接班愁［J］.中国外资，2012（12）：179.

［293］吴炯，马凤，肖杰杰.家族企业传承的合法性壁垒研究——基于8位企业家的观点［J］.华东经济管理，2018，32（4）：167-175.

［294］吴玲蓉.我国民营经济发展中的主要问题与对策研究［D］.上海：华东师范大学硕士学位论文，2012.

［295］吴婷.新经济形势下加强民营企业党建工作的思考［J］.经济研究导刊，2009（32）：7-8.

［296］吴维库.井底之蛙与打造企业核心能力的三种精神［J］.清华管理评论，2016（Z2）：54-57.

［297］吴先明，徐剑.我国民营企业家素质提升的对策研究［J］.经济研究导刊，2013（26）：22-23.

［298］吴跃农.温州"两个健康"先行区建设现状及经验启示——实地调研和理论思考［J］.辽宁省社会主义学院学报，2022（2）：3-14.

［299］晓亮.从战略高度看民营经济发展［N］.厂长经理日报，1999-09-22（3-4）.

［300］谢健，付映杰.民营企业党建与企业的制度创新——基于温州34家民营企业的调查分析［J］.赤峰学院学报（自然科学版），2013，29（8）：40-43.

［301］谢健.民营企业党建与有中国特色的企业管理理论——兼对温州民营企业党建实践的思考［J］.中共福建省委党校学报，2010（3）：15-20.

［302］辛金国，张梅，沈芊男.家族控制权、薪酬激励与企业风险承担——基于社会情感财富的分析视角［J］.浙江社会科学，2017（10）：51-59+156.

［303］辛岭，安晓宁.我国农业高质量发展评价体系构建与测度分析［J］.经济纵横，2019，402（5）：109-118.

［304］辛向阳.改变中国：二十年的二十个决策——邓小平的决策活动与当代中国的飞跃发展［J］.中国特色社会主义研究，1998（4）：20-24.

［305］徐辉，师诺，武玲玲，等.黄河流域高质量发展水平测度及其时空演变［J］.资源科学，2020，42（1）：115-126.

［306］徐建平，王重鸣.创业精神的区域文化特征：基于浙江的实证研究［J］.科学学与科学技术管理，2008，29（12）：141-145.

［307］徐礼伯，施建军.转型经济条件下中国需要什么样素质的民营企业家［J］.现代管理科学，2009（7）：3-4+8.

［308］徐万里，钱锡红，李孔岳.民营企业家政治身份与经济收益［J］.科学决策，2013（4）：1-16.

［309］徐细雄，淦未宇.制度环境与技术能力对家族企业治理转型的影响研究［J］.科研管理，2018，39（12）：131-140.

［310］徐细雄，刘星.创始人权威、控制权配置与家族企业治理转型——基于国美电器"控制权之争"的案例研究［J］.中国工业经济，2012（2）：139-148.

［311］徐政，郑霖豪，程梦瑶.新质生产力赋能高质量发展的内在逻辑与实践构想［J］.当代经济研究，2023（11）：51-58.

［312］徐政，郑霖豪.高质量发展促进共同富裕的内在逻辑与路径选择［J］.重庆大学学报（社会科学版），2022，28（4）：39-52.

［313］徐志军.江苏民营经济发展新质生产力的思考［J］.唯实，2024（8）：63-65.

［314］许旭，金凤君，刘鹤.成渝经济区县域经济实力的时空差异分析［J］.经济地理，2010，30（3）：388-392.

［315］许叶枚.家族企业治理研究述评［J］.南京社会科学，2009（11）：48-53.

［316］薛求知，宋丽丽.中国家族企业治理模式变迁的权变因素及过程——一个动态分析模型［J］.当代财经，2006（10）：69-73.

［317］严若森，肖莎.政治关联、制度环境与家族企业创新绩效——社会情感财富理论视角的解释［J］.科技进步与对策，2019，36（6）：75-84.

［318］严若森，叶云龙.家族所有权、家族管理涉入与企业 R&D 投入水平——基于社会情感财富的分析视角［J］.经济管理，2014，36（12）：51-61.

［319］严晓鹏，胡振华.如何加强党对非公有制企业的领导——温州民营企业党建工作的启示［J］.温州大学学报，2001（4）：11-13.

［320］颜伟.奏响"质量三强"交响曲［N］.中国市场监管报，2024-09-21（3）.

［321］阳小华.民营经济内涵问题探析［J］.江汉论坛，2000（5）：38-40.

［322］杨波，董振，王琦.成渝地区双城经济圈核心城市的博弈分析与对策研究——以交通物流基础设施建设为例［J］.数学的实践与认识，2021，51（4）：24-33.

［323］杨波，李霖瑶.成渝地区双城经济圈发展面临的主要问题及对策研究［J］.商业经济，2021（1）：20-22.

［324］杨波，李治霖.成渝地区双城经济圈的跨界问题与协同发展的激励机制设计［J］.商业经济，2020（4）：35-37+154.

［325］杨波.国有企业高质量发展评价指标体系分析［J］.会计之友，2019

（23）：45-49.

［326］杨博.继续大力发展民营经济［J］.经济研究导刊，2011（6）：161-163.

［327］杨臣.浅析我国家族企业的所有权与经营权的传承［J］.生产力研究，2010（9）：225-226.

［328］杨钢，李云.成渝地区双城经济圈中心城市知识密集型服务业与高技术制造业共生关系研究［J］.中国西部，2020（2）：24-35.

［329］杨蕙馨，王长峰.家族式管理与家族企业核心竞争力［J］.山东大学学报（哲学社会科学版），2006（2）：87-92.

［330］杨继瑞，杜思远，冯一桃.成渝地区双城经济圈建设的战略定位与推进策略——"首届成渝地区双城经济圈发展论坛"会议综述［J］.西部论坛，2020，30（6）：62-70.

［331］杨林，沈春蕾.减税降费赋能中小企业高质量发展了吗？——基于中小板和创业板上市公司的实证研究［J］.经济体制改革，2021（2）：194-200.

［332］杨美沂.浅论民营经济的二次创业［J］.上海大学学报（社会科学版），2004（3）：59-63.

［333］杨铭，周丽，盛秋生.民营企业生命周期与民营企业发展战略研究［J］.理论观察，2003（6）：27-30.

［334］杨思卓.创二代：不需模仿英雄，而要成为领袖！［J］.中外管理，2015（1）：62-64.

［335］杨卫敏.中国式现代化与"两个健康"的实现路径——基于浙江省的实践探索和前瞻分析［J］.上海市社会主义学院学报，2023（1）：62-73.

［336］杨晓波，孙继琼.成渝经济区次级中心双城一体化构建：基于共生理论的视角［J］.财经科学，2014（4）：91-99.

［337］杨新红，苏青场.沿海开放地区"创二代"民营企业家培育机制研究——以宁波市为例［J］.中共银川市委党校学报，2015，17（6）：86-89.

［338］杨勇.慈溪实施"创二代"培育工程助推经济转型升级［J］.宁波通讯，2011（20）：28-29.

［339］杨玉秀.家族企业社会资本治理下的代际传承［J］.环渤海经济瞭望，2016（12）：45-48.

［340］杨占锋，段小梅.成渝城市群经济增长的结构分析：基于扩展MRW模型的实证研究［J］.西部论坛，2018，28（5）：81-90.

［341］姚佳欣.专精特新企业竞争力水平的提升路径研究——以极米科技为例［D］.北京：北京外国语大学硕士学位论文，2023.

［342］姚作林，涂建军，牛慧敏，等.成渝经济区城市群空间结构要素特征分析［J］.经济地理，2017，37（1）：82-89.

［343］叶堂林，卢燕，潘鹏，等.京津冀企业发展指标体系构建与测度［J］.领导之友，2017（9）：59-74.

［344］易淼.新时代推动成渝地区双城经济圈建设探析：历史回顾与现实研判［J］.西部论坛，2021，31（3）：72-81.

［345］尹育航，郭晓顺，杨青.民营企业可持续成长核心能力的形成内因分析［J］.科技与管理，2008（6）：33-35.

［346］游家兴，刘淳.嵌入性视角下的企业家社会资本与权益资本成本——来自我国民营上市公司的经验证据［J］.中国工业经济，2011（6）：109-119.

［347］游雯.成渝地区双城经济圈绿色金融发展水平评价研究［D］.曲阜：曲阜师范大学硕士学位论文，2022.

［348］于洪君.中国现代化新征程发展三要素：新阶段、新理念、新格局［J］.人民论坛，2021（7）：6-10.

［349］余东华.制造业高质量发展的内涵、路径与动力机制［J］.产业经济评论，2020（1）：13-32.

［350］余汉，蒲勇健，宋增基.民营企业家社会资源、政治关系与公司资源获得——基于中国上市公司的经验分析［J］.山西财经大学学报，2017，39（6）：76-87.

［351］余楠.民营企业党建与思想政治工作制度化［J］.天津市经理学院学报，2007（5）：11-12.

［352］余向前，张正堂，张一力.企业家隐性知识、交接班意愿与家族企业代际传承［J］.管理世界，2013（11）：77-88+188.

［353］袁波，陈健.抢占数字经济发展制高点［N］.经济参考报，2018-08-27.

［354］袁红林，蒋含明.中国企业家创业精神的影响因素分析——基于省级面板数据的实证研究［J］.当代财经，2013（8）：65-75.

［355］岳瑨.论中国企业家的创新精神［J］.东南大学学报（哲学社会科学版），2001（1）：58-61.

［356］曾群华.新制度经济学视角下的长三角同城化研究［D］.上海：华东师范大学博士学位论文，2011.

［357］查志强.发挥好民营经济发展新质生产力的生力军作用［J］.政策瞭望，2024（6）：7-8.

［358］张晨雪，徐晓阳.新质生产力助力民营经济高质量发展的思路与路径［J］.老字号品牌营销，2024（11）：73-75.

［359］张成君，肖丕楚.我国民营企业的蜕变和"二次创业"——基于企业生命周期的视角［J］.商业研究，2002（8）：97-99.

［360］张德，潘文君.民营企业的二次创业与积累文化资本［J］.商业研究，

2006（12）：1-4.

［361］张东亚.希望"富二代"变成"创二代"［J］.中国企业家，2012（24）：118.

［362］张帆，李凯旋.自主研发制造彰显发展优势［N］.人民日报，2024-05-20（1）.

［363］张惠忠."民营企业"概念辨析［J］.上海统计，2001（3）：25-27.

［364］张健楠，梁显忠，赵宏杰.提高企业内创业能力的知识管理系统设计［J］.中小企业管理与科技（上旬刊），2009（3）：51-52.

［365］张京祥，邹军，吴启焰，等.论都市圈地域空间的组织［J］.城市规划，2001，25（5）：19-23.

［366］张蕾，王桂新.中国东部三大都市圈经济发展对比研究［J］.城市发展研究，2012，19（3）：1-6+14.

［367］张培丽.中小企业高质量发展的困境与出路探析［J］.中国特色社会主义研究，2019（5）：25-31.

［368］张青媛.新生代民营企业家主流价值观现状及培育［J］.中共郑州市委党校学报，2016（4）：31-34.

［369］张清.满帆快进正当时——乐山市民营经济发展综述［N］.乐山日报，2023-04-25（1）.

［370］张涛.高质量发展的理论阐释及测度方法研究［J］.数量经济技术经济研究，2020，37（5）：23-43.

［371］张余华.家族企业所有权结构的演变分析［J］.华中科技大学学报（自然科学版），2003（9）：22-24.

［372］张余华.家族企业治理结构研究［J］.科技进步与对策，2002（10）：24-26.

［373］张余华.中国家族企业治理结构研究［J］.江汉论坛，2003（3）：47-49.

［374］张占斌，毕照卿.经济高质量发展［J］.经济研究，2022，57（4）：21-32.

［375］张长江，张思涵，侯梦晓.企业高质量发展：内涵、测度与路径选择［J］.财会月刊，2022（13）：137-144.

［376］张志强，熊永兰.成渝地区双城经济圈一体化发展的思考与建议［J］.中国西部，2020（2）：1-12.

［377］张志强.论成渝地区双城经济圈建设的第三极［J］.中国西部，2020（4）：28-34.

［378］张宗和.政府对民营经济的引导和管理［J］.经济管理，2006（5）：21-23.

［379］赵昌文.以推动高质量发展为主题做好经济工作［J］.红旗文稿，2023，481（1）：10-14.

［380］赵川.城市群的产业—人口—空间耦合协调发展研究——以成渝城市群为例［J］.经济体制改革，2019（5）：51-59.

［381］赵华林.高质量发展的关键：创新驱动、绿色发展和民生福祉［J］.中国环境管理，2018，10（4）：5-9.

［382］赵丽，陈剑.民营经济高质量发展的困境及策略——基于新发展格局视角［J］.技术经济与管理研究，2021（12）：53-56.

［383］赵仁婕.成渝地区双城经济圈现状研究——基于成渝城市群11年数据分析［J］.中国集体经济，2021（8）：10-12.

［384］赵廷虎.只争朝夕 在苦干实干中实现新的更大作为——写在《成渝地区双城经济圈建设规划纲要》正式公布之际［J］.当代党员，2021（21）：6.

［385］赵薇，杰弗瑞·德登.企业家创新精神原动力研究［J］.山东社会科学，2010（7）：91-96.

［386］赵欣浩.传承浙商精神，优化新生代企业家培育机制［J］.杭州（周刊），2017（13）：34-35.

［387］赵宜一，吕长江.家族成员在董事会中的角色研究——基于家族非执行董事的视角［J］.管理世界，2017（9）：155-165.

［388］赵莹.民营企业二次创业制度文化的构建［J］.时代经贸，2006（4）：69-70.

［389］郑文涛.用好推动高质量发展的辩证法［N］.经济日报，2018-07-12.

［390］郑旭玲.民营中小微企业高质量发展：内涵、困境与路径［J］.中国乡镇企业会计，2020（7）：157-158.

［391］中国企业改革与发展研究会.中国企业改革发展2018蓝皮书［M］.北京：中国商务出版社，2019.

［392］钟海燕，冷玉婷.基于知识图谱的成渝地区双城经济圈研究综述［J］.重庆大学学报（社会科学版），2020，26（4）：13-26.

［393］周江明.发展县域经济亟需培养新生代企业家［J］.当代经济，2006（4）：21.

［394］周立新.家族企业创业导向与企业成长：社会情感财富与制度环境的调节作用［J］.科技进步与对策，2018，35（2）：90-95.

［395］周鸣阳.默会知识视阈下家族企业代际传承管理与创新［J］.商业经济与管理，2015（11）：88-96.

［396］周其仁.地方政府也要有企业家精神［N］.四川日报，2020-10-19.

［397］周启斌.发挥党建统领作用助推民营经济发展［J］.新长征，2013（8）：18-19.

［398］周文，白佶．民营经济发展与中国式现代化［J］.社会科学研究，2023
（6）：1-11.

［399］周文，李晓红．中国经济转型中的企业成长——基于分工与信任的视
角［J］.管理世界，2009（12）：180-181.

［400］周文，司婧雯．共同富裕：市场经济的理论逻辑与现实路径［J］.社
会科学战线，2022（4）：85-94.

［401］周文，叶蕾．新质生产力与数字经济［J］.浙江工商大学学报，2024
（2）：17-28.

［402］周颖，武慧硕，方索琴，等．金字塔持股结构与资本结构——基于中
国上市企业面板数据的研究［J］.管理评论，2012，24（8）：21-28.

［403］周跃辉．加快推动成渝地区形成有实力、有特色的双城经济圈——
《成渝地区双城经济圈建设规划纲要》解读［J］.党课参考，2021（22）：55-71.

［404］周志龙，邓茜，沈笑寒，肖轶伦．企业高质量发展评价的理论模型研
究——基于良品铺子的案例分析［J］.宏观质量研究，2021，9（1）：80-95.

［405］朱富强．界定家族企业的两个标准及其性质演变［J］.深圳大学学报
（人文社会科学版），2011，28（4）：94-101.

［406］朱沆，叶琴雪，李新春．社会情感财富理论及其在家族企业研究中的
突破［J］.外国经济与管理，2012，34（12）：56-62.

［407］朱虹，王洪江．知小谋大　四川专精特新企业大显身手［J］.中国中
小企业，2023（7）：36-39.

［408］庄贵军．基于渠道组织形式的渠道治理策略选择：渠道治理的一个新
视角［J］.南开管理评论，2012，15（6）：72-84.

［409］庄子银．创新、企业家活动配置与长期经济增长［J］.经济研究，
2007（8）：82-94.

［410］邹升平，程琳．论民营经济参与共同富裕进程的机理、原则与路径
［J］.内蒙古社会科学，2021，42（6）：114-122.

［411］左涛．成渝双城的前世今生［J］.红岩春秋，2020（9）：68-73.

# 附录 民营企业家健康成长评价调查问卷表

尊敬的企业家：

我们现在正在进行一项有关民营企业家健康成长评价的研究问卷调查工作，旨在了解四川省成都市新津区民营企业家的健康情况和现状，以便出台更有效率的政策，更好地服务民营企业。请您结合自身情况，对民营企业家健康成长的相关情况做出判断，完成以下问卷。

本问卷采用匿名的方式，所获得的数据仅供研究之用，不会对您产生任何不利的影响。非常感谢您的大力支持与协助！祝贵企业发展蒸蒸日上！

## 一、企业家基本情况

1. 您的性别：（　　　）

A. 男　　　　　　　　　　　　　　B. 女

2. 您的年龄：（　　　）

A. 29 岁及以下　　B. 30~39 岁　　　C. 40~49 岁　　　D. 50 岁及以上

3. 您的婚姻状况（　　　）

A. 已婚　　　　　　　　　　　　　B. 未婚

4. 您的最高学历：（　　　）

A. 初中及以下　　B. 高中或中专　　C. 本科或大专　　D. 研究生及以上

5. 您的政治面貌：（　　　）

A. 中共党员　　　B. 民主党派人士　　C. 群众

6. 您在企业的职务：（　　　）

A. 董事长　　　　B. 总经理　　　　C. 高级管理人员　　D. 其他管理人员

7. 贵企业主营业务所属的行业＿＿＿＿＿＿＿＿＿＿＿＿。（请填列）

## 二、企业家健康成长情况调查

下表给出了四个方面，共 35 条陈述，请您务必根据企业家的实际情况，客观地对每条陈述的真实性进行总体评价。1 代表"完全不符合"，2 代表"有点符合"，3代表"基本符合"，4代表"比较符合"，5代表"完全符合"。选择的数字越高，表示对该问项的认同程度越高。

| 一级指标 | 二级指标 | 指标描述 | 完全不符合→完全符合 | | | | |
|---|---|---|---|---|---|---|---|
| | | | 1 | 2 | 3 | 4 | 5 |
| 思想道德素质 | 爱党爱国 | 1. 请问您在拥护党的领导、坚定走中国特色社会主义道路，认真贯彻党的各项方针和政策方面做得： | | | | | |
| | | 2. 请问您在思想上、政治上与党中央保持高度的一致性的程度： | | | | | |
| | | 3. 请问您在不忘初心、坚定理想信念方面做得： | | | | | |
| | | 4. 请问您在坚决贯彻中央、省委、市委重大决策部署，推动工作落地见效等方面做得： | | | | | |
| | 爱岗敬业 | 5. 请问您获得劳动模范、五一劳动奖章、杰出青年、优秀党员等荣誉称号的次数为（0次为1分，1次为2分，2~3次为3分，4~5次为4分，6次及以上为5分）： | | | | | |
| | | 6. 请问您在热爱本职工作、带头履职尽责、带头担当作为、带头承担责任等方面做得： | | | | | |
| | | 7. 请问您在反映社会问题，为非公经济发展献计献策，参政议政能力等方面做得： | | | | | |
| | 诚信经营 | 8. 请问您认为您在严格履行承诺，信守合同，不欺诈、哄骗和损害消费者与用户利益等方面做得： | | | | | |
| | | 9. 请问您在加强企业管理，做好教育培训工作，培育诚信经营和积极向上的企业文化，让诚信经营成为全体员工的共同理念和行为准则等方面做得： | | | | | |
| | 遵纪守法 | 10. 请问您在严格执行国家有关的法律法规，在安全生产、规范劳动用工制度、加强环境保护、合法纳税、守法运作等方面做得： | | | | | |
| | | 11. 请问您在对利益输送、权钱交易等商业贿赂、腐败行为的坚决抵制情况，本分做人、干净做事的以身作则情况等方面做得： | | | | | |
| | | 12. 请问您所在企业每年开展廉洁自律教育、培训、宣传等活动的次数（0次为1分，1次为2分，2~3次为3分，4~5次为4分，5次及以上为5分）： | | | | | |

续表

| 一级指标 | 二级指标 | 指标描述 | 完全不符合→完全符合 | | | | |
|---|---|---|---|---|---|---|---|
| | | | 1 | 2 | 3 | 4 | 5 |
| 身体心理素质 | 心理健康 | 13. 请问您在人格健全、认知正常、态度积极，能够及时解决心理困惑和心理障碍等方面做得： | | | | | |
| | | 14. 请问您在自觉充实完善自己并积极乐观带领企业发展等方面做得： | | | | | |
| | 身体健康 | 15. 请问您在定期安排健康体检、坚持开展身体锻炼、生活方式健康、无不良嗜好等方面做得： | | | | | |
| | | 16. 请问您在身体状况足以领导企业向前发展、履行管理者职责等方面做得： | | | | | |
| | 情绪管理 | 17. 请问您对情绪活动的控制调节能力，包括对积极情绪的调动力、消极情绪的排解力与情绪冲动的抑制力等方面做得： | | | | | |
| | | 18. 请问您对生活、事业和社会的幸福感和安全感的感知度： | | | | | |
| 经营管理能力 | 战略谋划能力 | 19. 请问您在对不确定性环境的动态适应度以及利用环境变化为企业制定一系列重大、长期、根本性决策或行动等方面做得： | | | | | |
| | | 20. 请问您在及时更新经营理念、切实做到与时俱进、科学合理规划企业发展方向方面做得： | | | | | |
| | 学习变革能力 | 21. 请问您在对专业知识、管理知识、通识等知识的学习迭代和经验积累，以引领企业发展、适应市场变化等方面做得： | | | | | |
| | | 22. 请问您近三年来，在参加业务知识提升、管理能力培训等活动方面做得： | | | | | |
| | 识人用人能力 | 23. 请问您在识别和发掘下属的优势与潜能，用人之长，使其最大限度地发挥作用，实现团队与成员共同成长等方面做得： | | | | | |
| | | 24. 请问您将下属的成长和发展视为自己以及团队的责任，努力为员工创造发展的空间和机遇等方面做得： | | | | | |
| | 危机管理能力 | 25. 请问您在树立正确的危机意识、建立危机预警系统、成立危机管理小组、进行危机管理的模拟训练等方面做得： | | | | | |
| | | 26. 请问您在企业经营中突遇危机时，沉稳冷静、应变迅速、转危为安等方面做得： | | | | | |

续表

| 一级指标 | 二级指标 | 指标描述 | 完全不符合→完全符合 | | | | |
|---|---|---|---|---|---|---|---|
| | | | 1 | 2 | 3 | 4 | 5 |
| 企业家精神呈现 | 创新精神 | 27. 请问您在具备良好的创新意识，鼓励创新行为，对企业创新项目能提供人力、经费的支持程度等方面做得： | | | | | |
| | | 28. 请问您在赏识和认可有创新和进取精神的员工等方面做得： | | | | | |
| | 工匠精神 | 29. 请问您在开展个性化定制、柔性化生产，培育精益求精的生产服务精神和提升产品品质、创立企业品牌的追求方面做得： | | | | | |
| | | 30. 请问您所在的企业被认定为"专精特新"企业的级别是（未被认定为1分、市级专精特新企业为2分、省级专精特新企业为3分、专精特新"小巨人"企业为4分、重点专精特新"小巨人"企业为5分）： | | | | | |
| | 担当精神 | 31. 请问您在关怀员工的职业发展、提供合理的薪酬福利，关注员工身心健康，帮助员工解决实际困难等方面做得： | | | | | |
| | | 32. 请问您近三年在参加教育事业、弱势群体的帮扶、公共危机的援助等公益慈善事业方面做得： | | | | | |
| | | 33. 请问您每年自发组织企业员工面向社区居民开展关爱社区老人、为社区提供志愿服务的次数为（0次为1分，1次为2分，2次为3分，3次为4分，4次及以上为5分）： | | | | | |
| | | 34. 请问您所在企业的企业家在积极探索社企共建新模式，打造城市基层治理新格局，建立社企共建制度等方面做得： | | | | | |
| | | 35. 请问您认为您所在企业的企业家在以身作则、给予员工鼓舞、增强员工信心、潜移默化影响员工等方面做得： | | | | | |

# 后 记

第一次接触民营经济的研究是在 2018 年，四川首次召开"民营企业庆祝改革开放 40 年盛会"，发布四川民营企业 100 强榜单，以推动四川民营经济高质量发展。作为在读博士生，我有幸参与了首次四川百强民营企业调研分析报告撰写，也因这个契机开始接触校园外的世界，开始对民营企业和企业家有了更多了解。

从四川省民营企业百强分析、民营经济"两个健康"评价到川商精神，一系列课题的研究让我对四川民营经济健康高质量发展产生了更多兴趣。2022 年 6 月，我作为项目负责人承接了新津区民营经济"两个健康"评价体系构建工作，在项目团队的共同努力下，该项工作取得圆满成功。2024 年 4 月，基于项目成果，新津率先正式对外发布新时代"两个健康"评价体系，成为全省范围内率先出台关于评价民营企业健康发展和民营企业家健康成长区（市）县级标准，填补了区（县）级民营经济、民营企业家领域评价标准的空白。2024 年 6 月，四川省工商联川商精神的课题研究，让我再次对四川民营企业家的坚韧、乐观、实干等精神有了深刻认识。四川民营经济健康高质量发展离不开民营企业健康高质量发展，更离不开敢于创新、勇于拼搏、乐于奉献的企业家群体。

本书是四川省哲学社会科学"十四五"规划 2022 年度项目"成渝双城经济圈建设背景下四川民营企业高质量发展评价体系与路径研究"（SC22B076），以及万达开川渝统筹发展研究中心 2023 年度项目"川渝万达开民营经济高质量发展研究"（WB2023B01）、四川省工商联 2024 年"川商群体的历史溯源、发展传承、健康成长路径研究"和成都市新津区 2024 年民营经济"两个健康"评价项目的阶段性研究成果。

本书主要由方译翎和唐承林负责全书的设计、组织与统稿工作。方译翎参与了第一章、第五章至第八章的撰写工作。唐承林参与了第一章至第四章的撰写工作。谢至、王新辉、景乔松参与了第二章、第五章、第六章的撰写工作，刘倍成参与了本书的文献收集及整理工作。在此感谢本书团队成员的共同努力与艰辛付出。

本书在研究和撰写过程中得到四川省工商联、四川省乐山市工商联、成都市新津区工商联等有关部门与领导的指导与关怀，使本书内容翔实、资料丰富、数据可靠，特别是得到四川省哲学社会科学"十四五"规划 2022 年度项目"成渝双城经济圈建设背景下四川民营企业高质量发展评价体系与路径研究"（SC22B076）、四川省工商联 2024 年"川商群体的历史溯源、发展传承、健康成长路径研究"和成都市新津区 2024 年民营经济"两个健康"评价等项目资助，获得成都市新津区工商联民营企业发展与企业家成长的案例支持，在此一并表示诚挚的感谢。感谢经济管理出版社编辑对此书的艰辛付出。

本书在撰写过程中引用了大量国内外文献，对于绝大部分文献都做了标注，如有遗漏之处，恳请谅解，并向相关作者表示由衷的感谢！

方译翎

2025 年 5 月